U0053730

統計學

Statistics Explained

作　者：Perry R. Hinton

譯　者：謝智謀·林維君

校閱者：林曾祥

弘智文化事業有限公司

Perry R. Hinton

Statistics
Explained

A Guide For Social Science Students

Copyright ©1995 Perry R.Hinton
Published by Routledge

Chinese edition copyright ©2000
By Hurng -Chih Book Co.,Ltd..

ISBN   957-0453-20-6

Printed in Taiwan, Republic of China

原 序

　　本書主要是設計給一些主修心理學的大學生使用的，但它應該也能滿足那些修社會學、生命科學、教育、公衛、商學及傳播的學生所需；實際上它適用於任何需要懂得統計分析的人。本書中的範例可能和現實社會的情況有些出入，但都是在分析與人有關的資料。本書會說明許多重要的統計技巧，並解釋它們怎麼使用、為什麼要這樣用。

　　在我念大學的時候，我自己學會怎麼用適當的統計方法分析實驗資料，但讀統計書卻讓我一個頭兩個大，因為它只會叫我做這個、做那個，就像食譜一樣，根本沒解釋為什麼在這個狀況下要用那個奇怪的公式或計算這些數字。升上研究所後，必須用到更高深的統計學知識。因為一些機緣看到了不少很適合研究新手的書，唯一的問題是，它們都是大部頭，像百科全書一樣厚、一樣面面俱到。書裡一頁又一頁的數學公式，看了真是驚心動魄。

　　在其中，我發現那些謎一般的公式和計算過程其實是有意義的：實際上，它們可以稱得上是常識，而且統計檢定的邏輯不比心理學的理論難。後來我成為一個講師，我注意到學生們都認為統計檢定很難、很深奧，有部份原因是他們知道計算的公式，但不知道「怎麼做」跟「為什麼」這個檢定長成這個樣子。當了好幾年講師，每當我對學生說明：「就是這個意思啦！」往往看到學生恍然大悟的神情，而那些人常是視統計為一團迷霧的學生。

　　統計真的很有意思──它有許多的意涵。了解統計的關鍵就是了解它們演變的過程跟道理，它們的目的，以及要怎麼達成。很遺憾這些常是被遺漏掉的部份。不像其他對人類行為和經驗的理論和

解釋，本質上就是某個激烈爭辯的主題，統計只是一個在需要時才會被用到的技術。統計檢定是工具，像其他的工具一樣，你可以聰明或笨拙的使用它。就好比幾乎沒有人會用叉子喝湯，但人們卻會用不適當的統計檢定來分析資料。統計檢定就像湯匙跟叉子，如果你知道它們的功能跟用法，無疑地，你只要起身去用它們就好了。可是它們就像其他各種工具一樣，需要花點時間去了解運作的過程和道理，再慢慢熟悉怎麼使用，只要你熟練了，它們就很容易上手了。

對於想買本統計書的學生，我希望這本書能釋清統計分析謎一般的公式，但不會壓得讀者喘不過氣來。

我要謝謝 Sue Wilkinson，她鼓勵我寫這本書；Margaret Manning 提供了許多有趣的統計問題；還有 Davis French 幫我挪出時間來寫書。我還要特別謝謝 Paul Hartmann 對本書內容提出許多有幫助的建議。我在大學部教【實驗分析】這麼多年來，修這門課的學生所給予的回饋、問題和批評，都幫助我了解學統計會遇到的問題以及愉悅。我已經學了很多了，這本書是對過去經驗的一個回饋，我也心存謝意。最後，我要感謝 Anna、Anthony 和 Emma，沒有這些支持，我永遠都無法完成這本書。

Perry R. Hinton

譯 序

目前大專教科書市場，多半還是被美國的原文或譯本佔據，但學識無國界，如果美國人有他們共通的盲點，那麼由另一種文化的學者來解釋又是如何呢？本書是由英國的學者 Hinton 所著，他所著重的是一般美國或台灣教科書所忽略的統計學「原理」部分，而這其實正是你能不能讀懂「統計」的關鍵。

有時候你專心聽了課，也把統計課本念過了，即使解題時都能夠套入對的公式，但要你解釋數據及計算的意義，卻只能啞口無言。如果連基礎學科都念得知其然不知其所以然，那麼將來在學習或應用研究方法、實驗設計，甚至更高深的模型解析，又怎麼可能融會貫通呢？

所以，別小看這一本小書，它的頁數比一般的統計書要薄，卻是去蕪存菁後，用最淺白的統計語言及範例解說統計學的基本原理。你只要具備國中程度以上的數學概念、還不錯的圖像想像能力、以及學習統計的需求，就能夠經由這本書了解統計所有的常用概念。

教師們如果選用這本書當課堂上的教科書，可以有很大自我發揮的空間，因為基本概念書上都寫得一清二楚，教師可以在課堂上發揮所長，講解更深入的應用及運算部分，或是電腦軟體的使用方式等等。而所有需要用到統計學的學生，如果覺得上課聽不懂，或是統計課本看不懂，若是另外配合這本書的閱讀作為入門，對於課堂及其他教科書的理解也會非常有幫助。至於為了考試而想要自修統計的人，它也是相當好的工具。

統計並不是一門艱深難懂的學科，只看你用什麼態度、什麼方

式去學習、理解。希望這一本小書可以讓更多人了解統計學的美妙之處，並且善用會說話的數字傳達更具科學性的「證據」。

謝智謀・林維君

目　錄

第 1 章

導　論

　　進行研究可以找到問題的答案：什麼是人們一生中印象　　1
最深的事？我們能否從一個人的衣著判斷他的職業？疲倦對
執行各種作業的影響爲何？要發展出這些問題的答案,我們常
會蒐集各種資料,有時候,我們會閱讀一些研究資料看它是否
透露些什麼,但通常資料中眞正的意涵卻不是那麼明顯,尤其
是在我們蒐集了大批數字型式的資料時,如果只是看這些大筆
大筆的數字通常看不出什麼資訊,還可能頭昏腦脹的,最好能
從其中抽出針對研究問題的相關訊息,這就是統計最貼心的功
用。我們可以把一堆資料簡化,或者把不同組型的資料轉換爲
適當的統計量以比較。因此,不應該馬上就認定統計分析是難
以理解的,相反的,它是幫助研究者在回答一組問題時相當有
用的技術。

　　本書中大部份都在講述各種常用的統計量。在第五章中
可以看到一個操作型定義:統計量基本上是經由系統性歷程得
來的一個數字,比如說「總和」是一個統計量,我們可以算出
一個碗裡有幾個蘋果,或某學校中共有幾個學生:只要把它們　　2
一個一個總加起來就好了。有些統計量很容易得出(如我左手
手指頭的個數),也有一些不太容易算出來(像分析變異數時
的 F-ratio,還有一些我們會在書的後頭看到)。但是,計算統
計量的目的原本是要幫助我們找出問題的答案:學校裡男生比

女生多嗎？這兩種可樂消費者比較喜歡哪一種？這些計算的過程和結果並不是統計學中的重點（交給電腦做就可以了），而是統計量針對我們有興趣的問題所做的答覆，我們必須先了解統計的語言，這些計算和數字才有意義。但是，選出適合的統計方法的能力，和判斷計算是否正確的能力，決定了能否找到有效的答案，否則不斷試誤可能只會文不對題。就好比說費盡千辛萬苦算出一個時間的統計式，結果永遠都只會得到「今天是禮拜二」的答案，那麼還有什麼意義呢？

進行某些研究時，常需要計算統計量，同時也要了解用哪些式子運算以及爲何要用這些式子，如此可以讓我們在分析別人的工作時更具批評性。好比說有人告訴你他們的統計分析顯示豬會飛，不過人們有時會只看到研究結果就出毫無根據的宣稱，那麼你也許該懷疑他們的結論，或更進一步用統計學的概念來驗證是對是錯。然而，也有很多案例在推論結果時看起來沒有明顯錯誤，但只要用一些簡單的統計分析知識就可以看出缺失所在。

本書的目的在說明統計技術及運算背後的邏輯。個人經驗對於統計運算的進行相當重要，如果只是單純的計算，把資料輸入電腦或計算機分析就可以了，但那也就不容易知道我們做對沒有。了解某人爲何用某個特定統計方法來計算，在資料分析中非常重要。

本書一開始先解釋統計如何幫助我們描述資料：「次數分配」有助於使資料的呈現更清楚，也可以幫助決定使用那個統計式子使資料簡化；之後要講「常態分配」以及假設檢定的重要性；用來自樣本的資訊來估計母群樣態，同時也會看到母群

和樣本間有何差距；再介紹各種技術讓我們比較來自不同樣本的資料。

　　你可以直接按章節的順序念這本書，看看統計檢定是怎麼發展出來的，我會說明這些檢定的邏輯基礎，並針對計算時所使用的特定公式做說明。你也可以跳著讀，本書中對每種檢定都講解得很詳細，如果讀者要使用某種特別的分析方法，可以很清楚看到它的演算過程，並且可以依樣畫葫蘆，照著書中提供的範例把你要進行的分析計算出來。

　　然後，你就可以慢慢體會什麼是「統計之美」了。

第 2 章

敘述統計

◆ 「中央集中趨勢」的測量

◆ 「離散趨勢」的測量

◆ 敘述一組資料：結論

◆ 用敘述統計量來比較兩組資料

◆ 有關數字的一些重要資訊

計算統計量的重要目的之一在於簡要表示並敘述一筆資料，一堆數字通常看不出有什麼有用的訊息，我們需找到抽取出關鍵資訊的方法，用清楚且容易理解的型式來呈現資料。在這一章中我們要學習的就是如何簡化一筆資料並描述它們。

下面是一百個學生的考試成績，考試後，考卷都打上成績，滿分是 100 分。現在你手邊有這些資料，要對學校的一個委員會報告學生們的考試結果。學生們的成績如下。

22	65	49	56	59	34	9	56	48	62
55	52	78	61	50	62	45	51	61	60
54	58	59	47	50	62	44	55	52	80
51	49	58	46	32	59	57	57	45	56
90	53	56	53	55	55	41	64	33	0
38	57	62	15	48	54	60	50	54	59
67	58	60	43	37	54	59	63	68	60
46	52	56	32	75	57	58	47	75	52
55	51	50	69	63	64	49	56	52	
37	60	71	26	30	57	56	55	58	61

幸運地，有人告訴你委員會可能會問你哪些問題：

● 你能敘述考試結果嗎？

● 你能否摘要告訴我們這些結果？

● 平均分數是多少？

● 成績的分佈狀況為何？

● 最高分跟最低分各是多少？

● 這裡有去年的考試結果，今年跟去年比起來如何？

你坐下來看著上面的問題和成績列表，看來要直接從「原

始」資料中找出答案似乎不太容易。我們可以把資料加工一下，讓它清楚些，首先先把這些資料按順序排列，從最低分到最高分。

0	9	15	22	26	30	32	32	33	34
37	37	38	41	43	44	45	45	45	46
46	47	47	48	48	49	49	49	50	50
50	50	50	51	51	51	52	52	52	52
52	53	53	54	54	54	54	55	55	55
55	55	55	56	56	56	56	56	56	56
57	57	57	57	57	58	58	58	58	58
59	59	59	59	59	60	60	60	60	60
61	61	61	62	62	62	62	63	63	64
64	65	67	68	69	71	75	78	80	90

有了這樣的順序，有一些現象就變得很明顯：馬上可以看出最低分跟最高分分別是 0 分和 90 分。

我們還可以把那些成績相同的人數總加起來，就可以得出得出每個分數的**次數**（frequency），例如，有五個人得到 52 分，但只有一個人得 69 分。這讓我們看到最「普遍」的成績是 56 分，次數是七個人。我們不要忘了也有幾個可能的成績是沒有人得到的：例如，沒人的成績是 8 分或 35 分的，所以這些分數的次數就是 0。

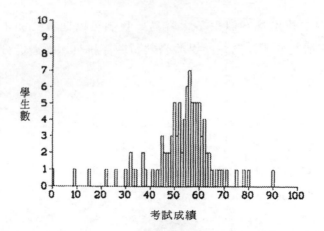

學生數

考試成績

【圖 2.1 考試結果的次數分配】

8　　　　如果我們把資料轉換成**直方圖**（histogram），就可以用圖表的型式呈現這些資訊，圖中分數的次數由縱軸表示。在圖2.1 的直方圖中，我們列出所有學生可能得到的分數，從 0 分到 100 分，並在每個分數上畫出一個長條，每個長條對應到結果中得到這個分數的人數。在 55 分的地方，我們畫了一個長度為 2 的長條。這樣看起來清楚多了。

這樣的直方圖叫做**次數分配圖**（frequency distribution），我們可以看見這些分數如何在可能的得分範圍上分配。在統計分析中，次數分配是很重要的，因為它們呈現了基本的訊息。次數分配圖很清楚地表現資料的性質，並提供一個方法以展現得分**樣態**（pattern）──它們的分配橫跨了所有可能值的範圍。我們希望把次數分配圖呈現給委員會看，因為它用圖表型式來表現全部的分數，但它仍無法摘要報告我們在考試結果上的發現。

「中央集中趨勢」的測量

能否有一個分數對結果有最佳的代表性？我們能否上呈給委員會一個典型的分數以簡化結果？在此最合理的分數是中央或中間的分數。用統計術語來說，我們試著要找出**中央趨勢**（central tendency）的測量值。問題是：在我們的次數分配中，「中央」在哪裡？

我們可以把出現次數最多的那個分數挑出來，也就是直方圖中最長的長條。在統計學上稱為**眾數**（mode）。你可以看見在圖 2.1 中最長的那一條落在 56 分，表示有七個人在此次考試中得到這個分數，在此例中，56 似乎可以合理的估計中央分數。但眾數並不常用做中央集中趨勢的測量值，為什麼呢？第一，如果有兩個分數出現次數一樣怎麼辦？如果同時各有七個人得了 52 分和 56 分，我們該選哪一個？第二，眾數可能很明顯不是中央的分數。假使有十個程度不太好的學生在這次考試都拿了 0 分，但其他的分配還是像圖 2.1 一樣，即使一大群人分數在五十幾分一帶，但眾數仍是 0。在這個例子中，眾數就是一個很差的中央集中趨勢測量值。

另一個比眾數更常被用到的中央集中趨勢測量法是**中位數**（median）。這是當我們將分數由最低排到最高時，最中間的那個分數。如果總共有九個學生，那中位數會是這由低到高依序算來第五個數。但是，如果有一百個學生，是偶數，那就沒有中間的分數了。中間數位於第五十和第五十一個分數間。在我們的例子中，第五十和第五十五個數都是 55 分，所以中位數是 55。（如果第五十和第五十一個分數不同，中位數會是它們中間的那個值。我們只要把它們相加然後除以二就可以得

9

到中位數[1]。）

當中位數是從該分配的中間位置抽出時，它是一個很好的中央集中趨勢測量值。如果硬要雞蛋裡挑骨頭說它有什麼缺點的話，就是，像眾數一樣，它沒有用到這些分數提供的所有資訊。中位數只是我們把資料切成兩半的那個點而已，在中位數兩邊分別是大於及小於中位數的分數。如果發現有某人分數登記為 9 分，但其實他的分數應該是 29 分或 39 分，修正這個分數不會影響中位數 55 位在資料最中間的事實。中位數對其他分數的變動並不敏感，它不考慮整個分數全部的值，只考慮資料依序排列時位在最中間的那個分數是多少。只要分數的變動沒有跨越中位數所在的位置，也就是說原本比中位數還小的數經過修正後仍是小於中位數，諸如此類的情況，中位數的值就不會受到這個變動的影響。因此，要做為代表整筆資料的中央值，中位數仍有其缺失。

在選擇中央集中趨勢測量值時，我們也許會視中位數比眾數好，因為它是用位置在最中間的分數，而不是最常出現的

---

[1] 在實際計算中位數時，若當相同的得分出現在中位數的附近可能會發生問題。在我們的例子中，55 分是第 48、49、50、51、52 和 53 這六個人得到的。第 47 個分數是 54，且第 54 個分數是 56。位在第 50 人和第 51 人間的中位數同時也是第 48 人和第 58 人的中間值。要完全精確的話，55 分實際上可能是 54.5 到 55.5 間任何一個值（因我們會把小數點四捨五入進整數，所以第 48 人的實際分數最低可能是 54.5，而第 53 人的最高分不會超過 55.5）。因為中位數值是這六個歸為 55 分的人的中間數，同時是 54.5 到 55.5 的中間數，也就是 55。這似乎是將明顯的事弄得更迂迴複雜了，但想像一下 55 分中有第 47、48、49、50、51 和 52 的人，那麼中位數就不是他們的中間值，而是 55 分這組中位於 4/6 處的那個值了。現在，再說一次，55 分可能是低到 54.5 或高到 55.5，那麼在第二個例子中的中位數實際上是 54.5 到 55.5 間 4/6 的那個位置的數，因此結果應該是 55.167。

分數。不過還有另一種更常用到的中央集中趨勢測量值，就是平均數（mean）。

平均數的計算比前面兩者複雜，所以我們用特殊的符號來表示計算平均數時會用到的一些數值。希臘字母 μ（念作"myu"）代表平均數，希臘字母大寫的 sigma，Σ，表示「這些數的總和」，X 是一個分數（在我們的例子中，就是考試成績）而 N 是分數的個數，符號 ΣN 表示「把所有的分數加起來」。平均數 μ 就是所有分數的總和除以個數 N：

$$\mu = \frac{\sum X}{N}$$

我們常用「平均」（average）這個字來指稱平均數（mean，「平均」這個字常用在比較不嚴謹的情況下，而「平均數」這個字有其統計意涵）。要計算平均數，我們把所有的成績加起來，再除以學生的人數。把所有的成績得分加起來後得到5262，除以 100 後就得出平均數 52.62。

有一個方法可以來解釋平均數的意義：想像一下有一個翹翹板，翹翹板中的長木條就是 0 到 100 的次數分配橫軸，每個學生依他們的得分坐在該分數的位置上（所以有七個學生坐在 56 那點，一個學生坐在 57，諸如此類）。如果要讓翹翹板完全平衡的話，支點要擺在哪裡呢？最好的位置就是平均數那一點。它是可以使位在它兩邊的分數可以兩相平衡的值，分數有任何的變動（把學生在木條上移動）都會使平均值有所變化（翹翹板會斜向一邊，直到我們移動支撐點到新的平衡點）。所以平均數不像我們前面提到的中位數和眾數，這個統計量對與它有關的所有分數都很敏感。

在翹翹板的類比中還可以看到另一個重點：平均數對極

10

端值非常敏感。一個很大或很小的分數會比位在分配中間的分數對平衡支點的影響更大。若有一群人坐在平衡的翹翹板上，此時一個新加入的人若坐在端點，會比坐在靠近中間的地方更容易使翹翹板斜向一邊。因此，平均數的位置，就像翹翹板的平衡點，是由各分數的次數和它們距平均數的距離同時決定的。

比較「中央集中趨勢」的測量值

在我們的例子中可以得出三個中央集中趨勢的測量值，眾數 56，中位數 55，以及平均數 52.62。我們該選哪一個好呢？答案是：都可以。單就我們的目的而言，只要選那個最能呈現分配中央值的測量值即可。一般人都會選平均數，因為它考慮到所有的分數，但在某些情況下，我們也可能選擇眾數或中位數。

只要作出次數分配，馬上就可以決定眾數了，所以我們會用它作為不需進一步計算的「粗略和馬上可得的測量值」。有一些型式的資料無法算出中位數和平均值。舉例來說，如果我計畫要跟一群朋友去旅行，也提出了一些地點，我可能會選那個最多人想去的地方，這種情況下只有眾數是有用的。注意到我們無法在此計算平均數或中位數，因為地點名稱無法以數字順序排列也無法進行加減乘除。

當分配中有一個異常大或小的值時就會用中位數來做中央趨勢測量值，這個太大或太小的值會使平均數在中央集中趨勢的表現被扭曲。像下面這個例子：六台飛機其最大速度分別如下：450km/h，480km/h，500km/h，530km/h，600km/h，和

11

1100km/h。我們可以看見大部份的最高速度都在 500km/h 上下，但若將那台速度 1100km/h 的波音飛機納入計算，得到平均數 610km/h。這個數似乎不適合用來做中央值，因爲 610km/h 這個速度遠高於其他五架可以飛行的極限。若挑選中位數，就是 515km/h（500 和 530 的中間數），用它來做中央點的代表值會比較好。

但是，在大多數資料收集的個案中，平均數是最常用的測量值。我們會在第五章更深入討論平均數的重要性。

「離散趨勢」的測量

到現在我們已經畫出次數分配圖並找到中央集中趨勢的測量值。另一個簡化資料的有用統計量是「離散趨勢」的測量值。就一些原因來說，找出分數們有多分散是很重要的。有兩群學生參加了同一場考試，即使這兩群的平均數相等，也可能會產生不同的次數分配。我們怎麼去表達分配的差異性？幾乎可以確定的是，其中會有一群學生的成績表現比較分散。研究中，離散程度很小常被視作一件好事，因爲那表示所有人（或是任何產生此分數的事物）的表現都很類似，平均數的值對這些分數就會有很好的代表性。離散程度很大的話可能會有問題，因爲那表示在各個分數間有很大的差異，且平均數也因此會比較不具代表性。但在測驗的設計上，研究者反而希望受試者在該測驗得出的結果是很離散的，因爲那表示測驗可以明顯區分出受試者的差異。因此，我們希望能找到一個統計量在分數們聚集時值很小，而在分數間分散的時候值很大。

全距

　　　　最簡單的離散趨勢測量值是**全距**（range），全距是最高分和最低分間的差值。在我們的例子中，最高分是 90 分而最低分是 0 分，所以全距就是 90。這個測量值有一點粗糙，它只設下分數分布的範圍，但卻無法看出它們較細節的分布樣態。實際上，全距相同的兩筆資料，它們實際的分布情況可能大異其趣，好比說該校另一次考試學生的成績平均分布在 0 和 90 間，而不是聚集在 50 附近，得到的全距仍是 90。全距只用了兩個分數的資訊，任何東西都可能出現在這兩者之間，它對分數的變化不敏感，能告訴我們的也就很有限了。

四分位數

　　　　利用**四分位數**（quartiles）也可以得出一個離散趨勢的統計量。我們在前面看到，中位數將由小到大順序排列的資料從中切成兩半；四分位數就是把按大小排序的資料切成四份。在我們考試成績的排序表單中，一百個成績中的四分之一是介在第 25 和第 26 人的成績間，所以**第一四分位數**（first quartile）是 48 和 49 分的中間數，也就是 48.5。我們在前面找出中位數時，就知道**第二四分位數**（在第 50 和第 51 人的成績間）是 55。**第三四分位數**是位在這一百個成績的四分之三處，也就是在第 75 和第 76 個人的成績間：那是 59.5[2]。如果我們用 Q 符號表示四分位數，那麼 Q_1=48.5，Q_2=55，Q_3=59.5。

　　　　比全距稍微複雜一點的離散趨勢測量值是**四分位距**

---

[2] 如果在四分位數周圍有相同的分數，那麼我們必須用與處理中位數時相同的步驟來處理它們（見上面註 1），以產生實際值。

（interquartile range），它是第三和第一四分位數的差值，即Q_3－Q_1。在我們的例子中，就是 $59.5-48.5=11$。這是位於分數分配中央那一半分數的全距。使用四分位距的理由是它不像全距，不會被一個特別高或低的極端分數影響，且可以更適切的表現出分配的離散趨勢。（有些人會用半四分位距，也就是四分位距的一半。在此例中是 5.5）。

　　四分位數相當有用，因為它暗示一些和分配有關的現象，尤其是此分配是否對應中位數呈對稱。Q_2-Q_1告訴我們在中位數以下四分之一分數的範圍，而Q_3-Q_2則是中位數以上四分之一分數的範圍。在上面的例子中，前者為 6.5，後者是 4.5，這表示我們的分數較聚集在大於中位數的那四分之一，而非中位數以下的四分之一，因為兩者分數個數一樣多，但 4.5 比 6.5 要小。

　　必須注意一下這些統計量所傳達的是什麼，有些訊息只要看資料分配就可得知，而只利用一個數字表示的統計量，雖然可以讓資料的呈現更清楚、明確，然而，這些統計量並不是魔術師從帽子裡憑空抓出來的兔子，它們是那些想要用最好的方式來敘述資料的人創造的。當我們想要敘述一筆資料，必須針對我們的目的選擇最適合的統計量。

　　計算四分位數並未用到資料中所有可用的分數，如同我們在談中位數時曾提及的，有些分數可能會被修改而變化，但得到的四分位距仍是相同的。因此這個問題就是，能否找出一種離散趨勢測量值可以將每個分數都納入考慮的？答案是，的確有一些這樣的離散趨勢測量值發展出來了。一般說來，它們都是以平均數為起點（再一次顯現出平均數的重要性）。其邏輯如下：如果我們採平均數為「中央」位置，那就可以拿其中的分數跟平均數來做比較，然後得出每個分數和平均數的差距。如果把每個分數跟平均數的差距總加，其總和就是資料中相對於平均數的總變異。之後再用這個總和除以分數的個數，就可以得到所有分數和平均數的平均差距。

　　我們可以簡單用 $X - \mu$ 計算一個分數對平均數的差距，在此，X 是一個分數，而 μ 是平均數，我們可以對每個分數進行這個計算。然而，還有一個問題：當我們將這些差值總加求得總變異時，這些差值可能會互相抵消。在我們的例子中，55分由 $55 - 52.62 = +2.38$ 可以得到一個差值，而 50 分的差值是 $50 - 52.62 = -2.62$。如果我們把這些差值加起來，會得到 2.38 加 -2.62，等於 -0.42。因為有一個負號，這兩個與平均數有差距的分數，最後將差值總加時反而小於一，我們並不想要這樣的結果；這個統計量沒有反應實際的變異。的確，因為平均數位在這筆分數中「平衡」的位置，所有正的差值和負的差值最後會互相抵消，因此把所有的差值總加起來會得到零。因為不管我們這一筆分數為何，其中差值的總和總會是零，如果這個統計量無法告訴我們一筆分數有多分散，那它仍然是無用

的。

　　我們可以想到，所有負的差值是表示該分數低於平均
數。但其實我們對某個分數大於或小於平均數並沒有興趣，只
想知道這個分數距平均數有多遠。我們要做的就是找出一個方
法，讓這些差值總加起來不會互相抵消，有兩種解法可以得到
一個對分數變化的合理估計值：

1. 絕對值解法

　　我們可以在解問題時忽略所有的負號，把所有的差值都
當成正值。若我們得到一個差值是－2.62，就把它轉為＋2.62。
我們放兩條垂直線把式子圍住以表示在此取**絕對值**，也就是
說，計算時把負號忽略且視它為正數。可得出**絕對差值**
（absolute deviation）為 $|X-\mu|$。把分數中每個絕對差值總
加，再除以分數的個數，以 N 表示，以求得平均差值。我們
稱此為**平均絕對差**（mean absolute deviation），用下面的公式表
示：

$$平均絕對差 = \frac{\sum |X - \mu|}{N}$$

用上面考試的結果計算，得到的平均絕對差是 9.15。

2. 變異數

　　另一種求絕對值的方法是將差值分別求平分數，因為一
個數平方一定是正的。－2.16 的平方是＋4.67，然後把每個差
值的平方數總加產生**平方和**（suns of squares）：$\Sigma (X - \mu)^2$。
這個式子翻譯成中文就是：「找出每個分數和平均數的差距，
把每個差值平方，再把差值的平方總加起來。」我們可以把這

樣求出的數除以分數的個數（N）以求出差值平方的平均。這個值就叫做**變異數**（variance）。

$$變異數 = \frac{\sum (X - \mu)^2}{N}$$

我們例子中的變異數是 176.52。

　　變異數將分數對平均數的平均變異量用一個數字代表，以差值的平方表示。它也達成我們想要的：分數越離散，其值越大；分數越集中，其值越小。很有趣的是，因為它是處理差值的平方數，變異數對越極端的值給的比重越大。舉例來說，一個和平均數差 2 的分數對變異數的影響是 4，但和平均數差 4 的分數會影響變異數達 16，所以即使第二個分數只是第一個分數和平均數差距的兩倍，其影響卻是四倍。

　　如果只是要一個變異程度的測量值，那麼變異數就可以了。但是，注意到剛才算出的數字 176.52 無法直接放在原本的次數分配圖上，因為變異數是差值**平方**的平均，而不是差值的平均，為了讓這個統計量更容易了解，我們得求出它的平方根才行。（因為先前先把差值平方以除去負號，為了最初的目的，在此須將它「復原」。）我們稱這個統計量，也就是變異量的平方根，為**標準差**（standard deviation），並以 σ（希臘字母中小寫的 sigma）符號表示。

$$標準差，\sigma = \sqrt{\frac{\sum (X - \mu)^2}{N}}$$

有個簡單的例子可以展現我們如何計算標準差。想像資料中只有四個分數 2, 2, 3, 5,。平均數是 3。我們計算 σ 如下：

分數	差值	差值平方
X	$X-\mu$	$(X-\mu)^2$
2	-1	1
2	-1	1
3	0	0
5	2	4
		$\Sigma(X-\mu)^2=6$

將平方和 $\Sigma(X-\mu)^2=6$ 除以分數個數 N=4，得到變異數 1.5。取 1.5 的平方根得到標準差 $\sigma=1.22$。在考試的例子中，這一百個成績的標準差是 13.29。

標準差是與平均值有關的離散趨勢測量值。通常大部份的分數（約三分之二）會被包含在比平均數大一個標準差和比平均數小一個標準差的範圍內，也就是說，在 $X-\sigma$ 到 $X+\sigma$ 的範圍內就大約涵蓋了所有分數中的 67%。標準差是一組資料中，一個分數和平均數「標準」差距的單位測量值。

注意！

上面計算變異數和標準差的公式只能用在資料就是我們**所有**有興趣的對象時，當我們只會用到整筆資料中的一小部份，或是用一組較大型資料中的樣本來代表整體表現時，所用的公式必須經過一些調整，平方和要除以分數個數 N 減 1，而不是除以 N，其餘都和前面所述一樣。如果有一個狀況是，我

16

們的 100 個學生是從 1000 個參加考試的學生中抽樣出來的，而非學生總數就是 100 人，那就要用這個調整過的公式。爲什麼要用不同的公式將在第五章中說明，那邊會詳細說明如何用樣本進行推論。現在我們只要想清楚如何將整筆的資料簡化就好了。

離散趨勢測量值的比較

和集中趨勢測量類似，離散趨勢測量值是否有用，要看它的推論性如何。

全距和四分位距的計算都很容易，它們提供了有侷限但可能還算適當的測量值，缺點在於沒有把資料中的所有分數都納入考慮，而限制了呈現整體分數變異情況的能力。尤其是全距，如果出現一個非常高或非常低的分數，可能就無法完善地反映出概括的離散狀況。

變異數是表現資料內變異一個很好的測量值。它用到了所有的資料，而且在分數集中於平均數附近時值很小，在它們離散時值會比較大。在後面講到變異數分析的章節中可以看到，這個統計量在某些統計分析中極爲重要，但在敘述一組資料時，變異數做爲分數離散的敘述值不一定特別有用，因爲這個數的單位和原先計算的分數不同，它是以與平均數差距的變異程度的平方數來表示。在我們的例子中，變異數 176.52 相當的大，很難馬上看出它所代表的意義爲何，那是因爲它以成績的平方值表達，而不是用成績本來的單位，所以才會那麼驚人。

平均絕對差和標準差對一筆分數的離散程度來說都是很

好的敘述統計量。它們都用到了一組資料中的所有資訊，且都產生了一個數字以表示和平均數「平均的」差值，這正是我們想要知道的（此例中的「成績」）。它們都用和原始分數相同的型態和單位表達，使得這兩個統計量比變異數更容易理解和應用，如果要更進一步應用，還可以在次數分配圖上的橫軸標出標準差或平均絕對差，因此它們也可以用圖表來表示。

　　爲何在研究報告結果中，幾乎所有的離散趨勢都是以標準差表示，而極少使用平均絕對差？如果我們使用的所有資料就是我們有興趣要知道的目標母群，那麼用哪一種表示都沒關係，但當資料是由一個龐大資料組（母群）中取出的樣本，而我們使用樣本的目的只是在於代表母群樣態，使用標準差的優點就很明確了：在原本的例子中，這 100 個學生就是我們有興趣的全部對象；但是，如果有 1000 個學生參加考試，而這 100個學生只是代表性樣本的話，那麼用標準差來做離散趨勢測量值會比較好。理由在第五章中會提到，不但要考慮樣本如何呈現母群，還要了解使用樣本統計學來估計母群數值有關的一些狀況。

敘述一組資料：結論

　　敘述一組資料時可以用兩種測量值來簡化次數分配的呈現：分數的集中趨勢是指位在資料中央的「平均」（average）分數，另一個指的是分數的離散情況。最常使用到的統計量分別是平均數和標準差。我們可以用以下的統計量來簡化檢驗結果：平均數 = 52.62 分，標準差 = 13.29 分。

用敘述統計量來比較兩組資料

　　前面介紹了幾個統計量可以將資料簡潔並簡短地表示，但通常人們希望把這些訊息更進一步應用。在前面考試成績的例子中，某個委員會成員可能會提問說學生水準是降低還是提高？或是篩選學生的過程改變是否會造成影響？簡化的統計量有助於回答這些問題。注意到委員會成員提出的這兩個問題都需要和前一年的結果比較。統計量的計算常可用於衍伸敘述性資料以回答特定研究性問題，當然也包含了拿不同組型的資料來做比較。

　　在我們的例子中，前一年的同一個測驗有 100 個學生參加，結果如下。注意到，只看這兩個原始資料的表單很難分辨這兩年的結果是否有任何相似性或差異性存在。這兩年都有各種分數混合其中，如果我們只是挑出某部份結果來探討，如最高分和最低分，這兩個表單能比較的訊息就很有限了。

24	56	54	56	55	43	55	52	45	58
54	52	65	50	60	57	47	62	7	58
51	60	53	81	59	61	56	63	57	49
68	61	39	59	49	63	54	60	57	60
66	53	36	50	59	52	37	70	66	30
61	50	55	55	65	58	51	22	68	57
87	64	50	35	56	54	60	72	58	51
46	62	56	15	63	59	39	60	58	76
65	36	4	59	57	53	49	69	64	53
38	58	48	58	66	62	56	54	61	63

19

和前面的做法一樣，如果我們將資料按大小排序並做出次數分配圖，就可以開始看有哪些地方不同。圖 2.2 是上一年考試成績的次數分配，光用眼睛看就可以比較圖 2.2 和圖 2.1 了，在這兩年結果的分布大致相似，就其本身而言可能是一個很有用的證據，證明學生們的表現在各年間有一致性。但是，若只用眼睛看無法確實告訴我們這兩個分配有多相似，或是否會遺漏二者間的細微差異。統計量可以幫助我們解決這個問題。

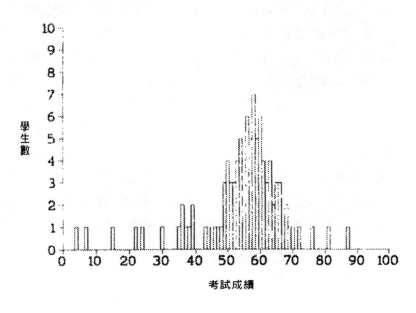

【圖 2.2　去年考試結果的次數分配】

19　　　　如果我們如果我們先考慮中央集中趨勢的測量值，就
可以直接比較這兩年：

	去年	今年
眾數	58	56
中位數	56.5	55
平均數	54.25	52.62

　　我們可以看見這兩年中的三個測量值，今年的都比去年
的低一些。眾數很容易受一小部份學生的影響而改變，因此在
這個例子中它不是最好用的統計量；中位數指出中央點在去年
較高；平均數的值顯示出今年比去年下降了 1.63。看起來數值
好像不會很大，但別忘了平均數是考慮所有學生所算出的，所
以是每個學生減少了 1.63 分，這可能來自一些需要更深入探
討的因素，比如說：是否今年有資質比較低的學生或是今年的
考試比較難？在繼續探討之前，我們想先排除一個簡單且與上
面類似的可能性：也許去年有一些特別聰明的學生參加考試，
或是今年有一些較差的學生，左右了平均數的值，別忘了平均
數對極端值是非常敏感的。即使中央趨勢的指標都比去年要
低，但不一定表示一般性的標準有所改變。有一個方法是考量
離散趨勢是否不同：也許兩年中有一年的離散趨勢較大，也就
是說在那一年中學生彼此間的能力差異較大。

我們可以比較各種離散趨勢的測量值：

	去年	今年
全距	83	90
四分位距	10.5	11
平均絕對差	8.82	9.15
變異數	169.93	176.52
標準差	13.04	13.29

去年的全距較窄，並且沒有低到 0 分或高到 90 分的成績，但在四分位距上差異不大，較特別的是，兩年的標準差沒有差很多。這值得進一步探究，看看為什麼平均成績會降低。如果單獨看這些結果，沒辦法確知兩年成績有差異的實際原因，它們只能用來表明可能有某種狀況發生。分數偏低的理由，可能是學生能力較差、考卷較難、改分較嚴或隨便什麼其他理由，都需要具備知識和技巧的研究者去發掘。

在前面的圖中可以看見，平均數和標準差是對某種特定分配而言能提供最多訊息的統計量。它們是最常被選用的統計量，但有時候其他的統計量更適合用來敘述資料，或可以更精確告訴你那些你想知道的事。由此可以推論出一個重點：統計量不是萬靈丹，在你知道為何要計算統計量及你要統計量顯示出什麼之前，**沒有必要**計算統計量。可能原始資料就可以告訴你所有你想知道的事，那麼何必花功夫去計算統計量呢？然而，通常要觀察一些資料的重要特徵，不得不進一步的進行分析，計算適當的統計量有助於決定問題的答案。敘述和分析資

料的難處不是統計量的計算（這用電腦程式來做就可以了），難是難在知道要為哪些問題找答案，而統計量可以幫助你更容易為這些答案找到相關訊息。

　　同時要注意到計算統計量只能提供資訊，並不表示這就是問題最終的答案，求出統計量之後，還要看你如何解釋和使用這些資訊。平均數或標準差的差異，可能是很有用的訊息，但如果你不懂得它們代表的意義或是如何應用，那也是枉然。統計量不會告訴你分配間有什麼相似性和差異性，它只是提供我們可以操作的片面資訊：統計量是針對我們的目的可加以利用的工具，得到統計量之後就得用我們的統計知識和判斷力了。

有關數字的一些重要資訊

　　到現在我們已經用一組考試結果算出了統計量。當考試結果是以數字型式出現時，計算平均數和其他統計量是有意義的，但並非對所有數字型式的資料都能算出平均數和標準差。我們要先知道資料型式為何，才能決定可以計算哪些統計量。

²¹

名目尺度資料

　　「名目尺度資料」（nominal scale data）有時也稱作「類別資料」（categorical data），它可以用來界定群與群或個體與個體間有不同，但並未暗示不同名目有層級性或順序上的差異，像性別、種族、血型等等均屬此類。

　　我們也可以用數字代表各種分類或個體，但該數字並不具「量」的意義，如在診斷與統計手冊第四版（DSM-IV）中，

300.21 代表的是有曠野恐懼症狀的恐慌症。又如，在一個 22個的球隊裡背號 15 的球員汗衫只能讓我們在球賽時界定他。這就不是說背號 15 的球員優於 1 號到 14 號的球員或比 16 號到 22 號的球員差。當數字以名目型式，也就是說像名字一般的型式出現時，對這些數字計算統計量是沒有意義的。

當我們將人或物分類時，可以用數字來標示其類別。例如用眼睛的顏色將--群人分組，可以把棕色標為 1，藍色標為 2，綠色為 3，諸如此類。注意到這些數字是任意被分配到各顏色的，我們可以選擇其他的數字或用另一種分派方法，對這些數字的使用就是名目的。這些數字無法用來算統計量：要說棕眼睛者（1）和綠眼睛者（3）的平均數是藍眼睛的人（2）是沒有意義的！

順序資料

順序尺度（ordinal scale）資料可以說是名目資料的一個特例，它是以大小順序區分群與群、個體與個體，它表示一個序列中的位置或排名。比如說考績的甲等、乙等、丙等，這些分類便隱含了甲比乙好，乙又比丙好的意義在內。

也可以利用數字來定義表現好壞的順序。例如，小珊是班上下棋下得最好的，後面接著是羅貝、瑪莉和阿德。有了這樣的訊息後，就可以標定第一名小珊為 1，羅貝為 2，瑪莉是 3，以及阿德為 4。這些數字除了告訴我們這些人的優劣順序外，就沒什麼其他的訊息了。它們**不能**說出 1 和 2（小珊和羅貝）間的差距與 3 和 4（瑪莉和阿德）的差距相同，只能說他們在順序位階上都是差一名。小珊可能是該地區中那個年紀的

人裡下棋下得最好的，而其他三人可能就沒同一年齡層中其他學校的學生下棋下得好了。因此，我們無法用順序資料計算平均數和標準差。在第 16 章會更深入討論順序資料，並考慮我們如何用它來計算統計量。

等距和等比資料

時間、速度、距離和溫度都可用等距尺度衡量，同時，我們可以用時鐘、計速器、皮尺和溫度計等工具來測量它們。因為這些資料中連續數字間的差距是相等的，所以稱其為**等距尺度**（interval scale）資料：1 和 2 間的差距與 3 和 4，或 10 和 11 間的差距是一樣的，不像順序尺度中，這些差距會不太一樣。舉例來說，6 分鐘和 7 分鐘的差，與 20 分鐘和 21 分鐘間的差都同樣是一分鐘。當我們的數字資料是由一個等距尺度中得來的，就可以計算平均數和標準差。

等比尺度（ratio scale）是等距尺度中的一個特例。在等距尺度中，0 是任意定義的，像溫度中 0 度的位置：華氏的 0 度位置就與攝氏的 0 度不同，但在等比尺度中，0 真的就是指分數量尺上「沒有東西」的那一點，好比計數器上的 0 是指完全沒有運動的狀態，因此不管我們用每小時幾英哩或每秒鐘幾公里的單位衡量，這個 0 都是指相同的東西，這樣的 0 稱為「絕對零值」。我們用下面的例子來說明其差別。在一個考試中有 100 個難度相同的考題，而學生被要求必須答對 50 題以上才算通過考試。主考官可能把通過的那個成績標定為 0。0 分就表示答對 50 題，＋1 表示答對 51 題，－1 表示對了 49 題，諸如此類。這是 0 任意定義的等距尺度資料：主考官隨便選了一

22

個位置給 0。現在我們來想想，同一個考試中，0 代表一題都沒答對，而把通過考試的成績訂在 50 分。在此，0 不是任意定義的，而是指考試的表現上「完全沒有」得分，等距尺度就變成了等比尺度了。

只有在等比尺度中，我們才能做出比率關係的解釋，如：小珊的分數是強強的兩倍，羅賓的分數是阿德的三分之一。如果在等比尺度的考試計分上小珊得了 80 分而強強是 40 分，那她的成績就眞的是強強成績的兩倍。如果是用任意定義 0 位置的等距尺度，他們的成績可能分別是 30 和－10（答對 50 題，分數是 0 分），若用等距尺度的資料，我們就無法用比率關係來做判斷或比較。

很多統計量要用等距或等比尺度的資料才能計算。這本書的主要部份（一直到 16 章）我們要思考的只有等距和等比的資料，因爲這些型式的資料在運算統計檢驗時是最常遇到的，因此，研究者常常會選擇等距或等比資料來分析。比如說以人爲受試者的研究常關注於操作一個作業時，這個人可以做得多快或多準確，在此，**速度**和**精確度**就可用等比尺度來衡量。

第 3 章

標準分數

◆　用不同的分配比較分數

◆　常態分配

◆　標準常態分配

用不同的分配比較分數

　　如果有某次考試你考了 58 分，你知道這個成績相對於其他的應試者而言有多好嗎？你的成績在班上是最好的還是最差的？光知道自己得了幾分還沒辦法回答這些問題，但只要知道班上的平均數跟標準差，大概就夠了。若平均數是 52 而標準差為 5，那麼你這次考試應該會是班上的前幾名。但是，如果平均數是 59 而標準差是 3，你的成績比平均稍低，但因大多數的人得分都在 59 上下，所以可能會有很多同學的分數跟你差不多。

　　期中考結束，你的心理學得了 58 分，而統計是 49 分，你覺得哪一科考得比較好？判斷出哪科考得好或許可以有助於決定下一年選擇哪一學門做為主修。你可能會覺得心理學考的比較好，因為看起來分數比較高。但如果你發現其他一起考心理學的人分數都超過 60 分，而他們統計都低於 45 分，那麼你可能會改變心意。即使你在心理學得到較高的成績，因為這兩科的整個分數分配是不同的，今年的統計學考試可能特別難，而 49 分相較於班上其他人而言是很高的成績，心理學考 58 分相對而言就比較低分了。

　　你可以看到，在統計學的考試中，全班平均 45 而標準差是 4；心理學的平均則是 55，標準差為 6。這至少可以告訴你，在這兩科考試，你的成績都高於平均，但卻無法看出你在哪一科排名較前面。

　　這兩個分數是由不同的分配中取出的，所以需先將之標準化，讓它們的衡量單位相同再來比較。要讓這兩個分數可以在同一個基準上比較，可藉由計算一個統計量得之，這個

統計量就叫做**標準分數**（standard score，或稱「z 分數」，z score），它的意思是以該分配的標準差爲單位，某個分數距平均數有多遠。比如說在一個平均數爲 55，標準差爲 6 的分配中，58 和平均數的距離是 3/6 個標準差，此分數距平均數半個標準差。基本上標準分數表示的就是在這個分配中，某個分數距平均數幾個標準差。我們用下面的公式來計算標準分數。

標準分數， $z = \dfrac{X - \mu}{\sigma}$ 25

X 是要被標準化的原始分數，μ 是平均數，而 σ 是此分配的標準差。

把原始分數換算成標準分數後就可以用來相互比較了，因爲無論一開始的分配爲何，轉換之後，z 分數的分配都是平均數爲 0，標準差爲 1，這樣一來，它們就可以在相同的基準上比較了。如果把考試成績轉換成標準分數，那麼我們可以拿它們來做比較，並看看哪個成績在班上排名較高。

心理學，X=58，μ=55，σ=6：

$$z = \frac{X - \grave{\imath}}{\acute{o}} = \frac{58 - 55}{6} = \frac{3}{6} = 0.5$$

統計學，X=49，μ=49，σ=4：

$$z = \frac{X - \mu}{\sigma} = \frac{49 - 45}{4} = \frac{4}{4} = 1.0$$

你在心理學的成績只比平均數高半個標準差，但在統計

學中，你的成績比平均數高一個標準差。統計學的標準分數較高表示在班上你的統計學成績排名會比心理學成績的排名前面。

在第二章，我們比較今年跟去年的兩組考試結果，注意到在今年得 59 分的話，其 z 分數如下：

$$z = \frac{59 - 52.62}{13.29} = \frac{6.38}{13.29} = 0.48$$

59 分若放在去年的分配來看，有如下的 z 分數：

$$z = \frac{59 - 54.25}{13.04} = \frac{4.75}{13.04} = 0.36$$

從這兩個 z 分數我們可以看到 59 分在今年的分配位置（z＝0.48）比去年（z＝0.36）要來得高，所以 59 分在今年是較好的成績，可能是因為今年的考試比較難，或是其他前面提到的原因。

26 常態分配

假如要收集女性身高的資料，一開始我會先測量一大堆女性的身高，然後再把所得的結果用直方圖畫成次數分配圖。這個分配看起來會像怎樣？進行這個工作的第一步要先決定直方圖的間距，也就是說，如果以 5 公為一間距，在同一個長條中所有女性的身高都是在某個 5 公分的範圍內。（為了不要讓各個範圍重疊，每個長條包含該範圍的最低點，但不

包含最高點：例如，160 公分到 165 公分的那個長條包含 160
公分及其以上的女性身高，但不含 165 公分，所以剛好 165 公
分高的女生會落在 165 公分到 170 公分那一長條的範圍內。）
間距大小是以整筆資料的全距，以及適於研究的組數共同決
定每個長條要包含多大範圍的分數。大略看過資料後，我決
定以 5 公分為每組的間距，並在收集完資料後將它們以 5 公分
為一間隔把該範圍身高的女性個數總加起來，會發現有很多
女性的身高在 160 到 165 公分間，或 165 到 170 公分間，但在
135 和 140 公分間或 185 到 190 公分間就不多了。非常矮和非
常高的女性不像介於中間身高的女性那麼多。實際上，畫出
來的直方圖看起來會像圖 3.1。注意到這個分配在中間有一個
圓丘狀突起，並且向兩端對稱地伸展下降。

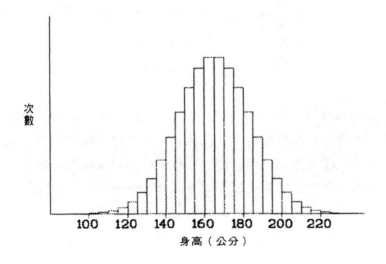

【圖 3.1　女性身高的分配：直方圖】

　　　　如果我再繼續測量更多女性，並且讓間距漸漸縮小（原來是 5 公分，改以 2 公分為一間距，然後再改用 1 公分、0.5公分等這樣畫下去，直到間距小得不能再小為止）最後會得到一個有很多女性身高資料，且間距很小的直方圖。最後這個直方圖會變成一個平滑的曲線，就像圖 3.2。

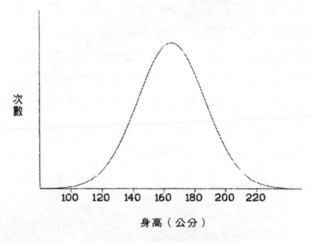

【圖 3.2　女性身高的分配】

　　值得注意的是，不管我們研究的變項是所有女性的身高、十歲男生的腳板長度、或是懷一個寶寶的時間，不管做多少次，都會得到同樣的鐘形曲線。因為常常會得出這種曲線，所以稱它為**常態分配**（Normal Distribution）。這種曲線有個有用又有趣的特色就是，它可以用數學的式子來表達，而且只要有平均數和標準差就可以知道整個分配會是怎樣。也就是說，我們只要知道平均數和標準差就可以開始運作一個常態分配了。

常態分配在統計分析上很重要，有以下幾個理由：

1. 在我們的研究中，許多要探究和測量的東西（雖然不是全部）都被假設為是來自一個常態分配的母群（比如說像女性的身高）。如果我們對母群中所有男性做一調查，那麼可預期的是，他們的身高、體重、腳的大小等等都會呈常態分配。我們會預期女性們的這些資料也是呈常態分配。

2. 在這本書中許多要拿來討論和檢驗的統計檢定，都先假設28它們要調查的分配是常態的。實際上這些檢定是基於這個假設：沒有常態分配的條件，檢定的邏輯就無法進行。

3. 很有趣的是，即使一個分配不是常態的，當我們從一個常態分配中取很多次固定樣本數的資料組，用平均數畫出一個分配，它也會和常態分配很相近。這對統計分析也相當有用。

在第五章討論樣本及抽樣時，這些重點會更深入探討，但需要注意的是，當我們知道一組分數的平均值和標準差，且該分配又是常態分配時，就可以從中得到很多有用的資訊。

標準常態分配

因為這種分配那麼好用，所以人們就畫了很多常態分配的圖表出來，但各種不同的平均數和標準差，做出的圖表數值就會各不相同，所以有一個常態分配的數值表，是以平均值 0，標準差 1 為準，這種常態分配就叫做**標準常態分配**。

如果分數是從常態分配中抽出（如身高、體重）那麼把分數轉換成 z 分數就可以把原來的分配轉換成標準常態分配

了。當我們把一個從常態分配中取出的分數轉換成 z 分數，在標準常態分配表中可以查出這個 z 分數在分配上的位置。這個表放在附錄中的表 A.1，在統計分析中非常有用。

　　這個表告訴我們此分配中有多少分數比我們要檢驗的分數高。它告訴我們的是在標準常態曲線下，在那個 z 分數某一邊的區域大小，如圖 3.3。在整個曲線下方的區域面積是 1（我們有一整塊區域，如同一個未切開的餅），而 z 分數（好比切開餅的一把刀子）把它切成兩部份，這個表告訴我們由那個 z 分數位置右邊的部份占了全部分配面積的多少比例。當這個曲線是對稱的時候，由平均值的位置切下去會把整個面積對分（也就是說有 0.5 的面積在平均值以左，另外 0.5 在平均值以右）。

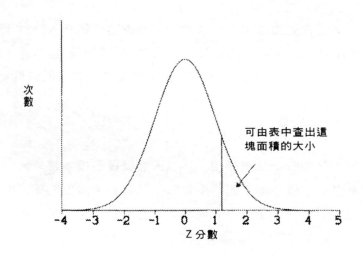

【圖 3.3　標準常態分配】

常態分配中，面積的比例和**機率**（probability）有關。我是個 180 公分高的男性，假設在男性身高母群中五分之一的男性比我高（在男性身高母群分配中，在 180 公分的地方切下去，右邊的整塊區域占該分配曲線以下總面積的 1/5），五分之一是 1 除以 5，也就等於是 0.2，便可說母群中比我高的男性占母群的 0.2（把整個母群當作 1）。從這樣的資訊中，我也知道在母群中找到一個比我高的男性的機會或機率是五分之一或是 0.2。由此可以看到常態分配與機率的關聯。在標準常態分配曲線下的區域總面積為 1，機率值的大小是由 0 到 1，一個等於 1 的機率值就是說某件事在這個情況下一定會發生。也就是確定我能找到的每個男性的身高都會出現在男性身高分配上的某一點，所以整個區域一定可以包含他們任何一人，得到這個結果的機率和此區域的大小一樣，都是 1（即 100%）。機率等於 0 是確定某件事在這個情況下一定不會發生。找到一個是我身高兩倍的男人（360 公分），其機率低到幾乎為 0，在標準常態分配圖中這一點切下的面積趨近於 0。當我們從機率為 0 移動到機率為 1 的地方，也就是從沒有面積的地方走到越來越大塊的部份，最後就能得到整個區域。

當人們說某事發生的機會（chances），他們往往不會用機率（probabilities）的說法（好比說「我通過這次考試的機率是 0.5」），而較偏好用百分比來講（「我有百分之 50 的機會通過這次考試」）。機率和百分比間有一個簡單的關係，百分比是機率值乘上 100，因此，機率 0.3 也就等同於 30% 的機會。

看標準常態分配曲線下，在 z 分數以左或以右的面積，可以知道從這個分配中抽出一個分數大於或小於某個特定分

數的機率。用這樣的方法可以算出那些由常態分配中抽出某個分數的機率爲何。

利用標準常態分配表的一個例子

在一次統計學考試中分數的分配是一個平均數 45，標準差 4 的常態分配。你得了 49 分。

(a) 某人分數比你高的機率爲何？

(b) 有多少百分比的人成績高於平均數但比你低分？

因爲這是一個常態分配，計算 z 分數可以把原分配轉換成標準常態分配。所以 49 分的 z 分數如下：

$$z = \frac{X - \mu}{\sigma} = \frac{49 - 45}{4} = 1$$

由標準常態分配表（附錄中的表 A.1）可以查到隨機抽出一個數，其 z 分數大於 1 的機率。我們在表中 z 分數爲 1 的地方得到一個數字 0.1587，所以一個分數比 49 大的機率是 0.1587。（這表示你在全班最好的 16% 裡，因爲班上有 0.1587 × 100%=15.87% 的人比你的成績要高。）

我們知道高於平均數的區域是 0.5（全部面積的一半），而且抽出一個分數其 z 分數大於 1 的機率是 0.1587，所以如果從 0.5 中減去 0.1587 就可以得到一個分數高於平均數又低於你的成績的機率了：0.5－0.1587＝0.3413。如果把它乘上 100 就可以得到百分比：0.3413×100%＝34.13%。全班有 34.13% 的人分數比你的分數低但高於平均數。

比 0 小的 z 分數

　　如果計算一個 z 分數得到的結果是負數，只是表示此分數比平均數小。所以你在標準常態分配表中查不到負的 z 分數。但是，就像我們前面看到過的，常態分配是對稱的，所以一個分數大於＋1.52 的部份會和小於－1.52 的部份一樣大。如果你想在這個表裡查到負數，那麼就先忽略那個負號再去查，此時從表中查到的數字是告訴你一個分數小於 z 分數的機率，要找到分數大於 z 分數機率的部份，就用 1 減去表中查到的那個數字。例如有一個 z 分數等於－1，這表示這個分數比平均數小。我們沒辦法在表中查到－1，所以先忽略負號，然後查 1 在表中對應的值，查出的機率值是 0.1587。這告訴我們一個分數小於 z 分數－1 的機率是 0.1587，而大於 z 分數－1 的機率是 $1-0.1587=0.8413$。

第 4 章

介紹假設檢定

◆ 檢定一個假設

◆ 假設檢定的邏輯

◆ 單尾與雙尾的預測

34   這本書進行到這邊，我們已經知道可以用適當的統計量來描述次數分配，通常是用平均數跟標準差。再者，可以用標準分數比較來自不同分配的分數。而如果分數呈常態分配，還可以經由標準常態分配的使用來找出有關機率值的相關資訊。接下來要看看如何善用這些資訊來幫助我們回答研究中提出的問題。在這一章，將學習如何用簡單的描述性資料來做假設檢定。

檢定一個假設

假設就是一個推測：描述一件我們推測會怎樣的事，並且搜集支持它的證據。有一次我跟一群朋友聊有關智力的事，彼得講了一句耐人尋味的話：他的「聰明才智」是因為他自小就是*溫室裡的花朵*。每個人都對他的說法不置可否，但他卻一直很認真，還解釋說，「溫室」就是一個良好的環境，是一個在兒童期，甚至是在小孩還不會說話的時候，就提供很多資訊的地方。他說他的母親以前常常給他看各種不同的汽車、建築物甚至是政治家的圖案卡，並且在小彼得發出咕嚕嚕的聲音時，一邊描述這是些什麼東西；兒童在這個年紀有一些未被剝奪、未被開發的學習潛力。他甚至開始講一些智力要如何才會發展得更好的歪理。現在大家都開始覺得有趣了，所以我們決定要去檢證彼得的說法。

要做這件事，我們得用一個叫做**假設檢定**（hypothesis testing）的程序，這個程序是這本書中所有統計檢定的基礎。假設檢定是一連串邏輯性的步驟，由提出一個假設，決定接受或拒絕它開始。

我們要面對的第一個問題是如何把假設變成一個可以用統計來檢定的型式，也就是說，必須要找到一個方法讓假設的內容可以被檢定。也許智力可以用解決數學問題或依目前政治情況寫出一篇論文的能力來衡量，在這個情況下，我們決定用智力商數（IQ）來對智力做**操作性定義**（operational definition），操作性定義是把原來抽象的概念用具體的、可以測量的樣子定義。所以在此我們用 IQ 得分來做為智力高低的定義，而天才就是在 IQ 測驗上得分很高的那些人。你可能會覺得用 IQ 測驗來當標準不太妥當，或許你是對的，那麼請你提供一個更適當的定義再繼續下去。在研究中，這種問題常常發生，不同的實驗者會為他們各自不同的操作性定義爭辯。很明顯地，我們要用自己的判斷力來產生一個適當的定義。在這個例子中，彼得同意用一個 IQ 測驗來測量他所謂的聰明才智。

　35

　　彼得聲稱良好的環境增長了他的智力；沒有良好的環境他就不會那麼聰明。類似地，其他的人沒有環境上的**優勢**，就沒辦法達到原本可能的聰明程度。因此，我們要檢定的假設就是「良好的環境（像彼得那樣）可以增加 IQ」，這叫做**研究假設**（research hypothesis）[譯註一]。注意到，我們特別去界定，也許有很多種良好的環境，但在此只考慮彼得經歷過的那一種。

　　要決定這個假設是否為真，唯一要做的就是比較兩個分配：其一是「一般人的 IQ」分配，另一個是「好環境者的 IQ」

[譯註一] 有的統計書上稱之為「對立假設」（opposite hypothesis），表示其假設是對立於虛無假設，與虛無假設的內容相反。

分配。前者代表的是沒有像彼得一樣有良好環境蔽蔭的一般人，他們在 IQ 測驗中得分的分配；後者則是像彼得那樣擁有良好環境的人，他們 IQ 得分的分配。現在把兩個分配畫在同一個量尺上，如果有良好環境者的 IQ 分配位在一般人 IQ 分配的右邊，平均數也較高，那麼我們就可以說良好的環境確實增加了 IQ 分數（也許沒辦法知道原因何在，但可以顯示出實際情況是如此）。在圖 4.1 上有兩個分配，顯示出良好環境的影響使 IQ 上升了 30 點，也就是說，在這個例子裡，研究假設得到了支持，因為將一般人的 IQ 分配向右平移就可以得到有良好環境者的 IQ 分配。

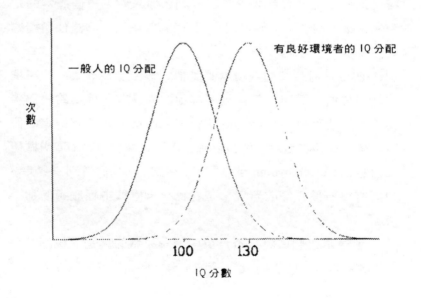

【圖 4.1　良好環境的影響在 IQ 量表上平移 30 分】

如果我們發現良好的環境並沒有造成智力表現的差異，那麼有良好環境者的 IQ 分配就會和一般人的 IQ 分配一樣了。還有一個不太可能發生的情況，就是如果良好的環境實際上是導致了 IQ 降低，那麼在 IQ 量表上，有良好環境者的 IQ 分配就會低於一般人的 IQ 分配，它會出現會在一般人 IQ 分配的左方，而不是像圖 4.1 所示在一般人 IQ 分配的右方。注意到這邊定義了三個可能性：良好環境者的 IQ 分配可能高於、等於或小於一般人的 IQ 分配。只有在第一個可能性成立時，我們才接受彼得的假設，若是後兩者任一成立，那麼就要拒絕這個假設。

這看起來好簡單，但事實卻非如此！我們怎麼去找到有良好環境者的 IQ 分配？怎麼確定在這個 IQ 分數的分配中每個人小時候都跟彼得有相同的環境？答案是，做不到，這個分配就是沒辦法找到。實際上，我們只知道這個分配中的一個分數，就是彼得做完某個智力測驗後得到的分數。

那我們找得到一般人的 IQ 分配嗎？若要給每個人都做一次智力測驗實在是不太可能，所以，我們能幹嘛呢？我們可以先假設說 IQ 分數是呈常態分配的，如果先這麼做，那麼關於這個分配就有很多資訊了。你可能會覺得這樣的假設太草率，但有一些基礎知識讓大部份學統計的人都接受這樣的假設：第一，如同前面講到的，很多有關人的統計都是呈常態分配，所以智力也一樣會呈常態分配；第二，研究者就是基於這個看法建構出一個智力測驗，使所有受測者得分的分配形成一個平均數為 100（ μ =100）標準差為 15（ σ =15）的常態分配。

注意到我們收集資料的對象是我們有興趣的那些人，然後再找出其分數分配或推測分配的形狀是如何。在第二章考試的例子中只有 100 個分數，但通常我們要面對的分配會涵概相當大量的分數，無法一一求得，好比一個國家裡所有成人的智力測驗分數。因此得先預設分配是什麼樣子的，否則就沒辦法繼續，而且，就像在第五章會看到的，預設該分配呈常態通常是有效的。

現在有一個已知的分配和一個未知的分配，但如果沒有「擁有良好環境者」的 IQ 分配就沒辦法檢驗研究假設了。不過，我們可以提供另一個假設，叫**虛無假設**（null hypothesis）。虛無假設的內容和研究假設恰恰相反，它預測兩個分配是一樣的，也就是說，良好的環境對智力沒有影響，如果我們知道一般人 IQ 分數分配的樣子，就可以先假設有良好環境者的 IQ 分配也是一樣。當虛無假設為真，彼得的 IQ 分數就可視作是由跟一般人 IQ 分數分配相同的分配中取出。

我們對彼得施予一個智力測驗，而他得到分數 120。我們可以先找出 z 分數，再從分配中找到他的分數所在的位置。

$$z = \frac{X - \mu}{\sigma} = \frac{120 - 100}{15} = 1.33$$

因為我們假設分配是常態的，所以可以從標準常態分配表（附錄表 A.1）中查出這個 z 分數對應的機率值，以找出分數高於彼得的機率。表中 z=1.33 對應的 p 值是 0.0918，表示在標準常態分配中隨機抽出一個 z 分數比 1.33 大的機率是 0.0918。若假設兩個分配相同，也就是說在一般 IQ 分配（沒

有良好環境的人）中有 9.18%的人分數比彼得高。我們能否用這個證據支持虛無假設，證明這兩個分配是相同的，或者這個證據支持的是兩個分配不同，且彼得的分數是由高於一般人 IQ 分配的另一個分配中得出？一般人的 IQ 分配中有超過 9%的人分數比彼得高的事實沒辦法證實良好環境的影響，因為在一般人的 IQ 分配中得分比彼得高的那些天才，我預期不會超過 9.18%（十一人中有一人），這麼說來普通人中比彼得聰明的人還不少，由這個證據我接受虛無假設。結論是找不到什麼證據可以支持彼得關於良好環境的說法。

現在想像一下彼得的分數是 145 而非 120，因此 z 分數是 3，得分高於彼得的機率是 0.0013。也就是說在一般人的 IQ 分配中，只有 0.13%的人分數比他高。像 0.13%這麼小的百分比，告訴我們在一般人的 IQ 分配中，769 人中只有一人的分數比彼得要高。由這個證據可以看出，如果這兩個分配是相同的話，那麼彼得真的很與眾不同。要在這個一般人的 IQ 分配中找到高於他的分數實在是太難了，他的分數看起來比較像是屬於另一個不同的、更高的分配。在此，虛無假設為假的機會較大。所以我拒絕虛無假設並接受另一個假設：彼得的分數是來自那個在 IQ 量表上比一般人 IQ 分配為高的「良好環境者的 IQ」分配。因此，假設檢驗可以說是基於機率的賭博：如果從和一般人的 IQ 分配相同的分配中抽出彼得的得分的機率很低，我就拒絕虛無假設，而接受研究假設（因為這兩種假設恰好相反，且涵蓋了所有的可能性，所以當虛無假設不成立時，研究假設就一定成立，反之亦然）；如果這機率不會很低，我就接受它。

38

如果我在機率為 0.0918 時接受虛無假設，而在機率為 0.0013 時拒絕它，那麼哪裡是我的區分點？在哪個機率點要從接受轉為拒絕？答案是：都可以！但在第九章討論了一些理由，習慣上當機率小於或等於 0.05 時拒絕虛無假設（寫成「p<0.05」或「在 p=0.05 達顯著」）。這表示我們只能知道受檢驗的分數從已知分配抽出的機率高不高，當從已知分配抽出此分數的機率為 5% 或更小時，我們就拒絕虛無假設，並且說這筆分數實際上是從另一個不同的分配中得出的。基本上我們是在用機率賭賭看該分數（像彼得的 IQ 分數）所從出的未知分配（有良好環境者的 IQ）是否與某個已知的分配（一般人的 IQ 分配）相同。當從與已知分配相同的分配中抽出此分數的機會是 20 取 1 或更低的時候，也就是說，機率等於或小於 0.05 時，我們會把賭注轉到另一邊，而認為兩個分配是不同的。因此，0.05 的機率叫作**顯著水準**（significant level）。如果抽出彼得分數的機率大於顯著水準，那我們就接受虛無假設，但如果小於或等於顯著水準，就拒絕虛無假設，並下結論說原先我們的想法——研究假設——是正確的。

　　顯著水準 0.05 表示有 95% 或更高的信心說我們正確接受分配是不同的這樣的結果。當然這樣的結論也可能發生錯誤，因為即使由已知分配中抽出這個分數的可能性很低，還是可能因隨機的機率效果使得這種不太可能發生的情況出現，也就是說這個分數其實是從一個和已知分配相同的分配中抽出，這種狀況發生的機會大概只有 0.05 或更低（你可以看一下圖 9.1，可以看出在已知分配中，顯著水準右邊那一塊標為 α 的區域面積很小，在標準常態分配中，分配曲線下的

部份面積就是抽出此範圍分數的機率，這表示在此抽出分數的機率很低，所以如果受檢驗的分數落在此區域，我們就會認定它由另一個不同的分配中抽出的機率比較大，請看未知分配在顯著水準右邊的面積明顯大很多，但其實它還是有 0.05 的機率可能由已知分配中抽出。這些在第九章有詳細說明，我們在此先了解假設檢驗的邏輯即可）。有時候我們希望能更確定地說兩個分配有差異的結論是正確的，在這個狀況中，取顯著水準 p=0.01，我們得出錯誤結論的機會就只有百分之一或更低了。用這個顯著水準，我們有 99%或更高的信心說，在聲稱兩個分配不同時，是做了正確的選擇。

對假設檢定做摘要

我們用以下的步驟來檢定「彼得的好環境造成他的聰明」這個假設：

1. 選用 IQ 作為測量智力表現的工具。這是操作性定義。

2. 設立研究假設：彼得經驗過的那種良好的環境會使人的 IQ 增加。

3. 設立虛無假設：彼得經驗過的那種良好的環境不會使人的 IQ 增加。

4. 因為這兩個分配我們並非完全了解，所以無法直接檢驗研究假設，但可以檢驗虛無假設，因為我們知道一般人的 IQ 分配是常態分配，且平均數是 100，標準差是 15，於是先推測：那個未知的有良好環境者的 IQ 分配和它一樣。

5. 對彼得施以 IQ 測驗以得到他的分數。

6. 在標準常態分配表中以彼得的 z 分數查出在一般人的 IQ

分配中，等於或高於這個分數的機率。我們只能這樣做，因為先前已經推測說一般人的 IQ 分配是常態分配。

7. 如果在已知分配中得到分數等於或高於彼得的機率很低，比顯著水準還低，那麼我們說，要在跟一般人 IQ 分配一樣分配中取得像彼得這樣高的分數，實在是不太可能，所以就拒絕虛無假設，並得到一個結論：良好環境者的分配與一般人的不同，那是在 IQ 量表上比一般人的 IQ 分配要高的。如果出現機率比顯著水準大，那麼我們就接受虛無假設，而且不會認為兩個分配是不同的。

假設檢定的邏輯

雖然我們在這本書裡有各種的統計檢定，但它們的基本邏輯都是相同的。研究假設預測兩個分配是不同的，而虛無假設預測兩個分配一樣。如果我們有這兩個分配的詳細資料，那就只要比較它們就好了。通常這些詳細資料不太可能完整收集到，但在一個分配已知而一個未知時，就可以繼續分析了。有一個分配已知，因為可以假定它是我們所熟知的常態分配；然後選定顯著水準，這就是決定接受或拒絕虛無假設的臨界值，習慣上會設定在 p=0.05 或 0.01。在收集資料前要先設定顯著水準，就好像賭馬一樣，除非先知道勝率，不然是不會下注的。我們收集資料，以提供一個來自那個未知分配的分數。先假設這個分數是從已知分配中取得的，查出它的機率以決定是否接受虛無假設，並且下結論說兩個分配是否一樣。如果機率低於或等於顯著水準，我們就拒絕虛無假設，並且說分數從一個異於已知分配的分配中取出的機

會較高。如果此機率比顯著水準高我們就接受虛無假設。

單尾和雙尾的預測

假設檢定是有關於決定一個未知分配是否等同或相異於一個已知分配。這兩個分配的安排有三種可能性：

1. 未知分配和已知分配一樣。
2. 在量尺上，未知分配高於已知分配。
3. 在量尺上，未知分配低於已知分配。

我們總是在虛無假設（上面的 1）中預設說兩個分配是相同的，但研究假設卻有好幾種不同的型式。研究假設可能像上面 2 所述，例如前面關於良好環境者的 IQ 分配會高於一般人 IQ 分配的例子中所述。我們也可以預測第 3 種情況發生，即未知分配低於已知分配，想像一下有個朋友大衛因為車禍使頭部受了傷，我們預測他腦傷後的 IQ 會比之前要低。有些研究假設的最後一步，就是要在 2 和 3 兩種預測中選一個。這裡預測的是未知分配和已知分配不同，但誰高誰低則保留開放的可能性。比如說，有個叫蘇珊的朋友是吃她奶奶的特殊料理長大的，我們可以預測說她吃的食物會影響她的智力表現，但我們無法確定要預測這種特殊的食物會使 IQ 增長（或許蘇珊剛好得到促使智力增進的食物組合）或是降低 IQ（或 41 許她無法攝取到某些重要的維他命）。

良好的環境和腦傷的例子中，我們可以預測兩個分配間差異的方向（direction），因為研究假設中所謂量尺上的未知分配只是已知分配往左或右平移所得出的分配，此種預測稱

作**單尾預測**（one-tailed prediction）。若你回頭看圖 4.1 可以發現我們預期良好環境的分配只和一般人的 IQ 分配中較高分的那一端重疊，也就是說只與已知分配的單尾有重疊。如果有良好環境者的 IQ 分配與一般人的 IQ 分配相同或是更低，那麼這個結果就不支持我們的假設了。只有在這個分配是在我們有興趣的那一端出現，也就是在一般人 IQ 分配的高分端出現時，原本的假設才會成立（如圖 4.1）。我們觀察到彼得的 IQ 分數落在一般人的 IQ 分配中較高分的那一端（最高分的 5%）再做推論，之後就可以聲稱他的分數是來自另一個分配，是在量尺上較高的一個分配。

上面腦傷的例子也是一個單尾的預測，因為它和良好環境那個例子的邏輯一樣，但在此我們對已知分配的低分端較有興趣。只有在大衛的 IQ 落在一般人 IQ 分配中最低的 5%時我們才接受原本的假設：腦傷者的 IQ 分配會低於一般人的 IQ 分配。

特殊料理的例子則是**雙尾的預測**（two-tailed prediction），因為我們的推測比較保守，蘇珊吃的那些食物可能增加或降低她的 IQ。吃特別食物者的 IQ 分配可能與一般人 IQ 分配的較高分端或較低分端重疊，任何一種結果都可以支持「兩個分配是不同的」這樣的假設。只有當這兩個分配一樣時我們才接受虛無假設。

也有許多例子是我們無法找出特定方向的單尾預測的。舉例來說，在一個有關壓力與工作滿意度的實驗中，我們可能會預測有某種型態的壓力會降低工作滿意度，因為它使人產生焦慮感；但是，如果它使人感興趣或覺得興奮，也可能

提高工作滿意度。在這邊還沒有足夠的證據可以決定要做何種假設，實驗者必須先做一個雙尾的檢定，看看這種型態的壓力是否有任何影響，不管是正面的還是負面的。在這種情況，分配中的任何差異都會支持研究假設。

顯著水準和雙尾預測

當我們在做一個單尾檢定時，我們會說如果檢定分數有可能低於顯著水準，那麼它就會落在已知分配中我們有興趣的那一端。我們把這樣的現象解釋為：這個分數不太可能是由一個和已知分配相同的分配中抽出，而是來自另一個不同的分配。如果此分數是由顯著水準切出的那一尾以外的部份抽出，則我們拒絕研究假設。示於圖 4.2，注意到這是一個未知分配高於已知分配的單尾預測。自己練習畫畫看未知分配低於已知分配的單尾預測圖。（畫完之後，你可以看看圖 6.1，就是這一種預測。）

和單尾預測不同，雙尾預測中已知分配的兩端都是我們感興趣的，因為未知分配可能出現在任何一邊。但是，如果在雙尾預測中把顯著水準設為兩邊各 5%，就會增加犯錯的危險。回憶一下前面曾經提到，如果這個分數從已知分配中抽出的機率小於 0.05，那麼結論是這兩個分配不同，在這種情形下，結論出錯（或說兩個分配是相同的分配）的機率會小 於 0.05。如果我們想做雙尾檢定而在分配兩邊各取 0.05，那麼就犯錯機會就會變成 10%，這樣一來便增加了犯錯的機會。

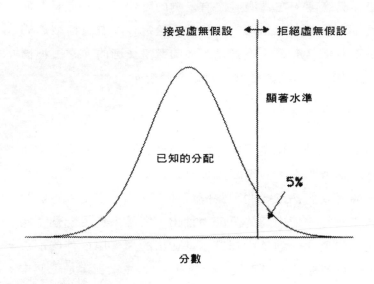

接受虛無假設 ←——|——→ 拒絕虛無假設

顯著水準

已知的分配

5%

分數

【圖 4.2　單尾預測及顯著水準　】

　　我們希望能維持犯錯的危險**總共**小於 5%（風險的固定量），否則會增加聲稱兩個分配相異時犯錯的可能性，如果不夠嚴謹而因此犯錯，其他的研究者可能就不願意正視我們的研究結果了（誰都不能太常喊「狼來了！」）。要猜測未知分配是在已知分配的**兩邊**，還要維持全面性的犯錯機率為 5%，必須將 5%均分給已知分配的兩尾，因此每一邊的顯著水準設為 2.5%。如果分數落在大小為 2.5%的其中一尾，我們可以說該分數是來自另一個不同的分配。因此，當我們採用一個雙尾預測時，其結果落在每一尾的區域範圍會比單尾預測時小，在聲稱分配相異時，會互補地限制了下在該預測的賭注大小。這個情況可在圖 4.3 看出。

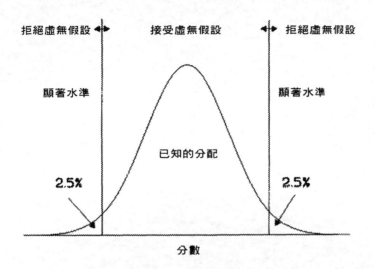

【圖 4.3　雙尾預測及顯著水準】

第 5 章

抽 樣

◆ 母群和樣本

◆ 選取一個樣本

◆ 樣本統計量和母群參數

◆ 摘要

這本書從開始到現在介紹的都是所謂的**母群**（ populations ），也就是我們有興趣的全部事物所涵蓋的範圍。以第二章曾提到的例子來說，我們有興趣的是所有學生成績的次數分佈，也就是今年參加考試的**全部** 100 個學生得到的成績。母群不一定是一群人的集合，雖然常聽到這種用法，像英國的總人口數。母群可以是涵蓋任何事物的一個完整組成。在統計學上，它指的是一個完整組成的分數，比如說圖書館中每一本書的頁數，所有居住在倫敦的 15 歲女孩的智商，在某個週末舉行的橄欖球聯賽射門的數目，魯賓遜家的成員們鋸倒一棵樹要拉鋸的次數，在動物學習實驗中被老鼠吃掉的食物丸數量。簡單地說，母群就是我們要研究的特定種類中每個組成份子的集合。

我們常無法對一個完整的母群進行研究。為此，要選出**樣本**（ sample ），樣本就是母群下的一個子集合，可以幫助我們推論出母群的一些資料。通常我們想要知道的是母群而非樣本，但卻往往只能檢驗到樣本，這是統計分析的基本問題。樣本何時及怎麼提供有關母群的訊息呢？下面一節會處理這個關鍵問題。但得先舉個例子來說明它的困難性。

一個醫生想要知道五十歲以上的男性其呼吸道疾病的發生率。這個母群很大，而且不太可能檢驗到所有的人，所以須用一個樣本來替代。但醫生實際上對樣本本身沒有興趣，重要的是，樣本要能傳達出有關母群的資料，如果無法從樣本中估計出母群的詳細內容，那研究樣本也就沒什麼意義了。所以這位醫生以及其它的研究者們要找出的是可用於估

計母群細節的樣本資訊。

選取一個樣本

　　用樣本來呈現母群的困難之一是樣本成員的選擇。我們希望樣本可以**真實**的呈現母群，如此一來，就可以把在樣本上的發現概化推論到母群，並且聲稱母群的樣態就像這個樣本一樣。如果某個樣本的特徵和母群相同，它就是一個**代表性樣本**（representative sample）。如果樣本特徵異於母群特徵，那麼任何基於這個樣本的發現就會有所偏誤，並且無法對母群做出有效的推論。民意調查人員有時會試著從有投票權的母群中抽出代表性的樣本來問他們問題，並確定樣本的特質與母群相同，例如說男女比例一樣等等。

　　看一下呼吸道疾病的例子。醫生要知道的是五十歲以上的男性中有呼吸道疾病者占了多少比例，所以小於 50 歲的男性或超過 50 歲的女性，都無法代表我們要推論的母群。但是，是否任何一群超過 50 歲的男性都可以用來作為樣本呢？如果從一個空氣清新的高山小鎮，或是從一個空氣都被煤灰污染的產煤小鎮找到這些男性做樣本，就很有可能產生偏誤，因為母群裡的所有人並不是都住在山上或是產煤小鎮裡的。我們必須由很多不同的地點做取樣，或是選取一個不會因為所在地而造成某種特定偏誤的抽樣地點。年齡也必須納入考慮：如果樣本中只包含 50 歲到 60 歲的人，那我們能否由此推論超過 60 歲的男性會有多少人患有呼吸道疾病呢？

　　任何樣本和母群間的差異都會導致推論上的問題：地點、年齡、社會階級，是否抽煙等等。但要得到一個完全具

有代表性、每個特徵都與母群相合的樣本，實在是不太可能。研究者們仍然盡其所能運用可得的資源，並試著找出樣本跟母群間可能的差異，而不是放棄抽樣。決定一個好的樣本不完全是統計學上的問題，同時也有賴於研究者在研究主題上的專業程度。一個開業醫生會知道哪些是呼吸道疾病的重要因素，就可以用這些關鍵的因素來選取具有代表性的樣本，例如抽煙與否，而不會以一些與研究主題不太可能有關的因素來做抽樣，例如頭髮的顏色。這需要研究者的專業素養來評斷哪些特徵是樣本必須與母群相符，而哪些因素是可以忽略的，基本上與統計知識沒什麼關係。

48 　　選取能代表母群的樣本還有一個方法，就是隨機選取。在一個**隨機樣本**（random sample）中，樣本中的每一份子都是由整個母群中隨機抽出，母群中的每個份子都有相同的機會被抽到。如果我手邊有 100 個乒乓球，在上面從 1 標號到 100，把它們放進一個袋子裡然後混勻，矇起眼睛再從裡面隨便抽出五個球，於是我就從編號 1 到 100 的母群中得到了五個數字的隨機樣本。類似地在做調查時，我也許會從電話簿中隨機選出一些名字然後把問卷寄給他們。我不曉得這些被選出來的人會是怎樣的人，全由機會決定。隨機選取的過程可使樣本中不會有故意造成的偏誤，所以任何母群和樣本的差異都是隨機的，也因此對資料不會有任何系統性的影響。[註]

註二

　　然而，即使叫它隨機抽樣，也有可能不那麼隨機。如果我隨機選了街上的路人來做調查，那麼那些沒經過這裡的人

[譯註]：選取隨機樣本也可利用「亂數表」求出一組隨機排列的數字。

就被排除在外了；若在下午三點作調查，那麼這個時間在辦公室裡工作的人就不可能被選到。可能因此無法從我有興趣的那個母群中選出隨機樣本。從電話簿裡隨機選出名字來也排除了那些名字沒被登錄的人；如果我的母群是「電話簿裡所有的人」那就還好，否則就得小心一點了。我們往往無法從被研究的母群中選出真正隨機的樣本，如同前面曾說到的，選取隨機樣本時仍要盡量以研究中的關鍵因素來決定，並在這些因素內達到隨機的要求。

要達到真正具代表性或隨機是不太可能的，但一個好的研究者會清楚呈現樣本的產生過程，這樣一來，其他的研究者就可以判斷在重要的因素上是否會產生系統性的偏誤。最後，研究者們常採用一些實用的抽樣方法，相關的重點如下：

1. 如果只有一個樣本，或是只有一個樣本可供檢驗，即使它可能有一些抽樣上的問題，我還是會去檢驗這個樣本。如果結果很有趣，那麼就再更深入研究，並且要了解抽樣潛在的困難。

    當我們只用一個方便取得的樣本，這叫作**方便樣本**（opportunity sample）。有很多心理學實驗採用心理系的學生當樣本，可能對一般人而言不具代表性。但這種樣本很容易取得應用，如果產生了一些有趣的結果，就再去檢驗其他非學生的樣本。再者，我們或許會認為沒什麼必要假定這個實驗中，學生和一般母群成員會有不同的表現，所以用方便樣本並不會有太大的缺失。

2. 如果在這個方便樣本（可能有偏誤）中未發現我感興趣的

事情，那麼也就不必再多浪費資源去找一個更具代表性的樣本了。

　　若要檢驗一個「人們喜歡看電視甚於聽收音機」的假設，我也許會故意反其道而行去選一群剛買了新收音機的人做為我的樣本。大家可能會認為這些人應該要比一般人更喜歡聽收音機才對，所以如果我發現他們真的比較喜歡聽收音機，那就沒什麼好驚訝的。但如果我發現即使是樣本偏向於喜歡聽收音機，而這樣的人也偏好看電視甚於聽收音機的話，那我以此推論一般人比較喜歡看電視就不是沒道理的了。

樣本統計量和母群參數

統計量和參數

　　在這邊有一些術語要先說明一下。要區分樣本與母群的細部資料，**統計量**（statistic）是用來指稱樣本特徵的，而**參數**（parameter）則是代表母群的特徵，所以樣本平均數是一個統計量，但母群平均數則是一個參數。（在前面幾章，我提到幾次「統計量」，但實際上那應該要用「參數」這個詞才對，那是因為統計量這個詞比較常用。全書只有在這邊我覺得一定要做此區分。）母群的特徵用參數表示，所以在第 16 章之前本書所介紹的檢定稱做**母數檢定**（parametric tests），在這些檢定中，我們用樣本統計量做為母群參數的估計值。以下要介紹其中兩個最重要的樣本統計量：樣本標準差和樣本平均數。

樣本標準差

　　在各種離散趨勢的測量中，平均絕對差和標準差都有把所有的分數都納入計算。但已經有人發現樣本的平均絕對差對母群數值而言是一個**不穩定**的估計值，也就是說，在樣本統計量和母群參數之間沒有一致的關係，因此很難用樣本的平均絕對差來預測母群的平均絕對差。而樣本標準差對母群數值來說，是個信度較高的估計值，因此當母群標準差未知時，就可以用樣本標準差來估計。這是統計分析上一般偏好用標準差的主要原因。

50

　　母群標準差的公式在第一章曾經出現，以符號 σ 表示。但如果我們用這個公式來計算樣本分數的話，算出的樣本標準差會**低估**母群數值。為了改善估計上的缺失，必須把這個公式調整一下，再用新公式來計算樣本標準差：

$$\text{樣本標準差（s）} = \sqrt{\frac{\Sigma(X - \overline{X})^2}{n-1}}$$

　　一般來說，統計術語都有一個簡要的符號，樣本統計量的符號都是用英文字母表示，而母群參數則都是希臘字母。所以這邊要用「s」而不是用 σ 來表示樣本標準差；樣本大小的符號是小寫的「n」（樣本中共有幾個分數），$\overline{X}$ 是樣本平均數（與母群平均數 μ 做區別）。

　　那麼為什麼公式裡的分母是 n−1 而不是 n 呢？原因有一點複雜，但它可以幫助我們思考樣本和母群二者目的上的差異。母群標準差只是要找出平均的離均差，所以除以分數的

個數 N；而樣本的標準差則是爲了要找出一個好的「估計」值去推測母群參數，不是求平均的值。所以此估計值用**自由度**（degrees of freedom）n－1 來衡量的話會比用分數個數 n 估計更準確。自由度考慮的是含有新資訊的分數，當我們從樣本分數中算出平均數之後，便用盡了分數中某部份的資訊，含有新資訊的分數個數，也就是自由度，就只剩下 n－1 了。

　　有一個簡單的例子可以用來說明。如果有一筆四個分數（n＝4）的樣本，其樣本平均數是 5，若要求出這四個分數分別爲何，須有幾個分數已知才能求出答案？平均值爲 5 的四個分數，它們的總和爲 20，如果這四個分數分別爲 X_1、X_2、X_3、X_4，那麼：

$$X_1 + X_2 + X_3 + X_4 = 20$$

我告訴你其中一個分數是 6，$X_1 = 6$，這可以得出：

$$6 + X_2 + X_3 + X_4 = 20$$
$$X_2 + X_3 + X_4 = 14$$

其他三個分數是任三個相加爲 14 的分數，有一些自由安排這些數字的空間，也就是說還無法確知所有分數的值。我現在告訴你另一個分數是 4，$X_2 = 4$：

$$4 + X_3 + X_4 = 14$$
$$X_3 + X_4 = 10$$

還有兩個分數無法確定，即使你知道它們兩個相加為10，但數值仍有好幾種可能性。第三個分數是 2，$X_3 = 2$。這個資訊出現後，你就可以知道第四個分數一定是 8：

$$2 + X_4 = 10$$
$$X_4 = 8$$

　　在此，最後一個分數就沒有任何變動的自由了。因為已知平均數是 5，最後一個分數只可能是 8。我們一開始就知道樣本平均數，所以只要再多知道三個（n－1）分數，就可以知道所有的資訊了。因此在這個樣本中，只有 3 個（n－1）自由度。

　　換句話說，樣本標準差是**平方和**（sums of squares）開平方根後除以**自由度**。這些名詞在統計分析中會常常遇到：計算平方和，$\Sigma(X - \overline{X})^2$，前要先算出樣本平均數。但我們知道 $\overline{X} = \dfrac{\Sigma X}{n}$（樣本平均數的公式——把樣本中所有的分數相加，然後除以樣本中的分數個數）如果我們在平方和的公式中以 $\dfrac{\Sigma X}{n}$ 取代 $\overline{X}$ 的話，可以得到一個不必先算出平均數就可以計算的樣本標準差方程式：

$$\text{樣本標準差（s）} = \sqrt{\dfrac{\Sigma X^2 - \dfrac{(\Sigma X)^2}{n}}{n-1}}$$

　　ΣX^2 這個式子指的是分數平方的和（先把每個分數平方 52

再加起來），而 $(\Sigma X)^2$ 是分數總和的平方（把每個分數總加，再把總和平方）。

注意到除數是自由度 n−1 而不是樣本大小 n，這在樣本數大的時候沒什麼影響，但當樣本數小的時候，影響就很明顯了。除以 99 或 100，其結果的改變和除以 9 或 10 間的改變相比是很不同的。在後面我們會看到，用小樣本來估計母群數值不像用大樣本的估計那麼好。

樣本平均數

我們也許想知道在母群中央的是哪一個數，但手邊卻沒有母群的詳細資料，只有一筆樣本，那麼就得用樣本中的統計量來估計了。在中央集中趨勢的各種測量值中（平均數、中位數、標準差），樣本平均數是母群數值的最佳估計值，主要是因為它具有穩定性。但用 $\overline{X}$ 來估計 μ 到底有多好呢？樣本大小是很重要的，樣本越大，樣本平均數對母群平均數的估計就會越好，另外還得看我們挑選的樣本好不好，可以在下面的例子中看出：

IQ 分數的母群是一個平均數為 100，標準差為 15 的常態分配，如果我們抽出一個 20 人的 IQ 分數樣本，會得到樣本平均數 100 嗎？答案或許是：不會。理由在於我們的樣本中可能有好幾個相當聰明的人，所以樣本平均數會高於 100；另一方面，也可能有一些稍微遲頓的人出現在樣本中，那麼樣本平均數就會偏低了。所以樣本平均數會因選來做樣本的分數而出現不同的結果。

想像一下我們抽出了任何 20 個 IQ 分數的可能組合，分

別算出它們的樣本平均數：這些平均數的數值範圍爲何？各個平均數出現的次數是多少？這些樣本平均數的平均值是多少？

前面我們只看到分數的次數分配，但現在我們不再對個別的分數有興趣，而要注意每個大小爲 20 的樣本的平均數。如果把這些資訊像次數分配般畫出來，曲線上的每個數值是一個樣本平均數，得到的就是**樣本平均數分配**（distribution of sample means）了，這個分配有一些有趣又有用的特徵：

第一，我們發現，樣本數越多，這些樣本平均數的平均數就會越接近母群平均數。而且，把所有可能的樣本都抽出來後，這些樣本平均數的平均數就等同於母群平均數。因此，如果收集了所有 20 個 IQ 分數的樣本並得出它們的平均數，那麼這些平均數的平均數就是 100。我們用符號 $\mu_{\overline{X}}$ 來代表樣本平均數的平均數。希臘字母 μ 表示它仍是一個母群平均數，而下標 $\overline{X}$ 則表示這個平均數是由一群樣本平均數得出的。

第二，樣本平均數的分配會接近於常態分配。如果母群分數呈常態分配，那麼樣本平均數的分配自然就會是常態分配了。即使母群分數不是常態分配，樣本平均數的分配也會長得很像常態分配，中央有一個突起，還有有兩條尾巴向兩邊下降。抽出的樣本數越大，分配就會越接近於平均數爲 μ、標準差爲 $\mu_{\overline{X}}$ 的常態分配，這可以用數學的方式來證明，稱爲**中央極限定理**（the central limit theorem）。就算原始的分數分配不是常態，只要樣本數夠大，樣本平均數的分配仍會趨於常態。當樣本數達 30 或以上，抽樣分配就幾乎與常態分配吻合了。在統計分析上，這是一個極有用的資訊。

53

第三，當樣本平均數分配是常態分配或近似常態分配，我們可以用一個特定的平均數算出它的 z 分數，並在標準常態分配表上查出機率，就可以用機率來做其他的應用了。

最後，利用原始母群分數的標準差和一個簡單的公式就可以很容易算出樣本平均數分配的標準差。我們稱這個新的標準差為**平均數的標準誤**（ standard error of the mean ），以符號 $\sigma_{\overline{X}}$ 來代表。標準誤和母群標準差的關係如下：

$$標準誤，\quad \sigma_{\overline{X}} = \frac{\sigma}{\sqrt{n}}$$

其中 σ 是母群標準差，n 是樣本大小。

平均數的標準誤就是樣本平均數和母群平均數間的誤差，或是標準距離。在統計檢定中，標準誤就是要告訴我們樣本平均數對母群平均數估計得有多好。注意到，樣本數（ n ）越大，標準誤就會越小。這再一次解釋了較大的樣本比小樣本能對母群平均數有較好的估計。

我們現在已經不用費力計算所有樣本的平均數才能求出樣本平均數分配，因為樣本平均數的分配會是常態分配（ 或近似 ），且其平均數 $\mu_{\overline{X}}$ 會等於母群平均數 μ，標準差為 $\sigma_{\overline{X}}$，也就是平均數的標準誤，等同於母群標準差除以樣本數開平方根（ $\sqrt{n}$ ）。

在 IQ 的例子中，20 個分數為一組（ 樣本數 n=20 ）形成的的樣本平均數分配是一個常態分配，其中平均數為 100，標準誤 $\frac{15}{\sqrt{20}}$，也就是 3.35。因為這是一個常態分配，而且我們

知道它的平均數和標準差,所以可以算出 z 分數並且找出各機率值,就跟前面幾章中我們做母群的運算一樣,但現在可以用樣本平均數和以樣本平均數為組成分子的母群(平均數的抽樣分配)來運算。

摘要

扼要地說,我們想要了解的是母群而不是樣本,但通常卻只能對樣本進行檢驗,所以希望樣本能提供有關母群的資料。因此,必須小心的選擇樣本,因為我們想要用樣本來推論母群。

樣本平均數和樣本標準差是母群參數最好的估計值,但在以樣本標準差進行推論的時候,要用自由度而非樣本數來進行運算。大樣本對母群數值所做的推論比小樣本要好,因為在小樣本中使用自由度進行估計而造成的誤差比用大樣本時來的明顯。

我們可以用平均數的抽樣分配比較母群和抽出樣本間的關係,可以看出如果把所有大小為 n 的可能樣本算出其平均數,這些樣本平均數的分配看起來會是如何。平均數的抽樣分配會變成一個我們熟悉的分配,它幾乎和常態分配完全一樣,其中平均數等於母群平均數,標準差則等於平均數的標準誤。因為這個分配呈常態,且它的平均數和標準差已知,所以可以算出 z 分數,並可由此得出機率值。這就是進行假設檢定時所必備的資料。

在後面幾章可以看到,樣本平均數的分配非常好用,尤其是當我們要以一筆樣本而非一個單一分數來做假設檢定,

55

抽樣分配更是重要。

第 6 章

用樣本來做假設檢定

◆ 一個例子

◆ 母群標準差未知時

◆ 結論

一個例子

　　某間化學工廠的 Cyadmine[1] 氣體外漏，此氣體在擴散到大氣層前已籠罩在牛頓堡鎮上空好幾天了，有些鎮民抱怨他們有喉嚨痛的症狀，但化學工廠保證它對人體絕不會有副作用產生。有個專門研究 Cyadmine 的科學家指出該氣體對孕婦和胎兒有害，工廠斥之為無稽之談，還說科學家沒辦法證明到底會發生什麼問題。大部份的人都不相信這個工廠的聲明，在受化學品影響的地區人心惶惶，尤其是家有小小孩的家長。某間大型婦幼醫院的醫生追蹤那些在化學氣層經過此地九個月後出生的嬰兒，她注意這些嬰兒的一般檢查都很正常健康，但她懷疑 Cyadmine 可能影響他們的出生體重，因為有許多嬰兒在出生時都小了一號。醫生擔心之後的長期影響，並且想要檢驗「Cyadmine 嬰兒」出生時是否比一般的嬰兒小。基本上，這位醫生做的是單尾預測，其研究假設為：被 Cyadmine 影響者的出生體重所形成的母群分配會與未被 Cyadmine 影響者的出生體重母群分配不同，且它會出現在未被影響的那個母群的左邊那一尾。

　　要檢驗這個假設，需要有這兩個出生體重分配的詳細資料，才能比較這兩個分配看看它們之間是否有差異，尤其是，被 Cyadmine 影響的母群其平均數是否在出生體重量尺上比未被影響者母群的平均數要低。但要收集到這兩個母群的詳資料是很困難的。

---

[1] Cyadmine 這個名字純屬虛構，現實生活中任何與這個名字相似或相同的化學品，均屬巧合。

幸運的是，我們有非常詳細的醫療記錄，可以據此推斷出生體重的記錄也很詳盡，在資料中發現到，本國出生的嬰兒，平均出生體重是 3.2 公斤，標準差是 0.9 公斤。這是我們從未被 Cyadmine 影響的母群中所取得的詳細資料。

　　現在的問題在於如何收集被 Cyadmine 影響的母群。基本上，我們想要知道的是一般人的母群如何被 Cyadmine 影響，因為醫生預測說 Cyadmine 會使得每個人的出生體重以某固定量平移降低。我們無法取得被影響後的母群詳細資料，現在研究者手邊只有牛頓堡當地在化學氣體外洩時未出生的嬰兒資料。這只能算是由母群得到的樣本罷了。不只如此，這個樣本不是隨機也不完全具代表性，因為我們無法從被 Cyadmine 影響的母群中自由選擇，這一筆樣本可能會被其他和 Cyadmine 相近的因素影響，像醫院太早催生胎兒也可能使出生體重較輕。

　　我們決定從其中選 100 個嬰兒，平衡家中出生順序與醫院中的出生時間，選定當化學氣層通過時胎兒的年齡範圍等等，這是為了能選出不會被一些如醫院手術、胎兒大小等因素系統性影響的樣本。除了 Cyadmine 的影響之外，我們無法在樣本與未被 Cyadmine 影響的母群間衡量所有系統性的差異，但可以盡量控制關鍵的混淆變項（第七章會對「混淆變項」有更深入的說明）。如果發現受 Cyadmine 影響的嬰兒和未受影響的嬰兒間有差異，這就值得更深入去探究此差異是否真的起因於 Cyadmine，或是有其他的原因；若二者間沒有差異，或許就沒有必要再深究下去了。

　　我們得到「Cyadmine 嬰兒」樣本的出生體重，並計算其

樣本平均數（sample mean），結果是 3.0 公斤，能否直接以此平均數與「未受影響嬰兒」的母群平均數相比呢？答案是：不行，因為我們不會拿兩個層次不同的東西相比較，可能造成偏誤。要說明這一點，先讓我們一起來看一下未受影響的母群：並非所有的新生兒體重都相同，因為常態分配的關係，會有各種體重的新生兒，而有些嬰兒比其他人輕，如果你從未受影響的嬰兒中抽出樣本，可能選到一群體型較小的嬰兒，這樣的樣本平均數會比真正的母群平均來得低。就機率的觀點，即使實際上分數們是來自一個平均數較高的樣本，仍可能會選到一群體重相對而言較低的嬰兒。（我想你應該也看出來，同樣就機率上而言，我們也可能在同一個分配中選到平均數比母群平均要高的樣本。）即使受 Cyadmine 影響的嬰兒樣本平均數看起來比未受影響的母群平均數低，仍無法只用數字上的比較就證明 Cyadmine 影響了新生兒體重。因為差異可能來自抽樣本身而非母群的不同。

　　若不能直接拿樣本平均數和母群平均數來相比，那怎麼辦呢？回想一下前面曾用一個分數與抽出該分數的母群相比，同樣的，在此應該要以一個樣本平均數和樣本平均數形成的母群相比。如果從未受影響的母群中抽出所有樣本數為 100 的可能樣本，並且算出它們的平均數，就可以用它們做成一個樣本平均數分配，這樣可以造出一個「已知分配」（從未被影響的母群中抽出樣本數為 100 的樣本平均數分配）和一個「未知分配」（從被影響的母群中抽出樣本數為 100 的樣本平均數分配）。現在就可以比較這兩個由樣本平均數組成的抽樣分配了，如果二者不同，而且受影響的分配其平均數較小，就能支

60

持原先的假設。不幸的是，我們沒有這些分配的詳細資料，實際上未知分配中只有一個值已知：100 個「Cyadmine 嬰兒」的樣本平均數。

從未受 Cyadmine 影響的母群中抽出樣本數 100 的樣本平均數資料要怎樣才能知道呢？很幸運的，在前面章節就已經看到，不必從未受影響的母群中抽出每個樣本數為 100 的可能樣本，因為我們已經知道它的抽樣分配了——只要樣本數大於 30，就可以確定樣本平均數的分配近似於常態分配，而抽樣分配的平均數 $\mu_{\overline{X}}$ 和母群平均數 μ 一樣，所以會是 3.2。抽樣分配的標準差 $\sigma_{\overline{X}}$，也就是標準誤，會是母群的標準差（$\sigma = 0.9$）除以樣本數（n＝100）的平方根，所以會等於 $\dfrac{0.9}{\sqrt{100}} = 0.09$。

我們現在造出了一個邏輯上與第四章做假設檢定時相同的架構。這裡有一個從未知分配中抽出的「分數」，在這個例子中，Cyadmine 嬰兒的樣本平均數是 3.0，還有一個已知分配，也就是未被影響的樣本平均數所形成的抽樣分配，我們知道這個分配是一個平均數為 3.2，標準差為 0.09 的常態分配。現在只要在醫生的假設下設定一個顯著水準，找到 z 分數，查出機率，並決定被影響的樣本是從和未被影響的樣本相同的分配中抽出，或是從一個較低的分配中抽出即可。

算出 z 分數有助於判斷 100 個未受影響的嬰兒樣本，其樣本平均數是 3.0 的可能性有多大。回想一下，z 分數就是某分數減去母群平均後除以母群標準差得出的值。現在我們要計算的是利用平均數的抽樣分配算出樣本平均數的標準差，所以，樣本平均數 $\overline{X}$ 就是「某分數」，抽樣分配的平均數 $\mu_{\overline{X}}$，及標準誤 $\sigma_{\overline{X}}$ 分別為我們有興趣的那個分配的平均數和標準

差，z 分數爲：

$$z = \frac{\overline{X} - \mu_{\overline{X}}}{\sigma_{\overline{X}}} = \frac{\overline{X} - \mu}{\frac{\sigma}{\sqrt{n}}} = \frac{3.0 - 3.2}{\frac{0.9}{\sqrt{100}}} = \frac{-0.2}{0.09} = -2.22$$

61　　　　因爲這個抽樣分配是常態分配，在標準常態分配表中就能查出此 z 分數對應的機率。要記得負號（－）表示的只是該分數比此分配的平均數低。從附錄的表 A.1 中，z 分數爲 2.22 時，其機率爲 0.0132。它恰好落在未被影響的抽樣分配中最低的 5%範圍中，表示比 p＝0.05 的顯著水準要來得低。所以可以下結論說不太可能從未被影響的那個母群中抽出一個爲 3.0 公斤的樣本平均數，這表示被影響的分配與未被影響的分配不同，所以我們拒絕虛無假設，並斷定 Cyadmine 會讓嬰兒的出生體重比一般未被影響的嬰兒低。圖示於圖 6.1。

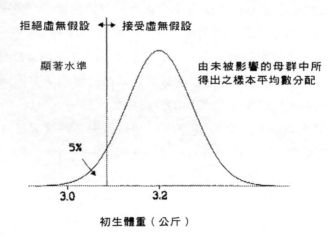

【 圖 6.1　以被 Cyadmine 影響的嬰兒爲樣本的假設檢定 】

摘要

當我們從未知母群中得出一個樣本,並不能直接拿它來和已知母群比較,必須先找出樣本平均數 $\overline{X}$,再找出由已知母群中抽出樣本數均為 n 的所有可能樣本其平均數形成的抽樣分配。此分配通常為一平均數為 $\mu_{\overline{X}}$ 的常態分配,會等於母群平均數 μ ,而其標準差(或稱為標準誤)為 $\sigma_{\overline{X}}$,會等於母群標準差 σ 除以樣本數的方根,也就是 $\sqrt{n}$ 。

用上例的資料來檢定假設,實驗假設為:在量尺上,未知分配較已知分配為低。因為已知分配是一個常態分配,要知道從已知分配中得到一個樣本平均數小於或等於從未知分配中得出的樣本平均數的機率,可以先算出 z 分數再找出其機率值。當此機率小於顯著水準時,我們拒絕虛無假設,並判定未知分配在量尺上低於已知分配:被 Cyadmine 影響的嬰兒其出生體重的確比未被影響的嬰兒來得低。

母群標準差未知時

在超級市場中每人購物的平均商品數是 25 項,超市的老闆想讓這個數字增加,經理說可以用廣告促銷吸引消費者在這裡買更多東西,老闆決定試試看廣告促銷的效果如何。促銷活動開始後一個禮拜,取得了 50 個消費者樣本的資料,我們來看看購買數是否有增加。

以下是購買數的計錄：

30	44	19	32	25	30	16	41	28	45
28	20	18	31	15	32	40	42	29	35
34	22	30	27	36	26	38	30	33	24
15	48	31	27	37	45	12	29	33	23
20	32	28	26	38	40	28	32	34	22

此樣本中購買的平均數是 30 項，樣本標準差是 8.43。

廣告促銷活動真的有用嗎？如同前面所說，我們無法以促銷後的消費者購買項目的樣本平均數（30 項）來和促銷前的消費者購買項目的母群平均數（25 項）相比，因為一個是樣本的資料而另一個是母群的資料，要用樣本平均數的分配才能知道樣本平均數代表什麼意思。我們得先計算從促銷前的母群求出樣本數為 50 的抽樣分配。這個抽樣分配的平均數是 $\mu_{\bar{x}} = 25$（$\mu_{\bar{x}} = \mu$，和母群平均數一樣）以及標準誤 $\sigma_{\bar{x}} = \dfrac{\sigma}{\sqrt{50}}$，$\sigma$ 為促銷前母群的標準差。

這個抽樣分配幾乎可以確定是一個常態分配（因為 n>30），所以可以從標準常態分配表中查到 z 分數以得出對應的機率值，此機率值就是促銷前從消費者中得出樣本平均數為 30 的機率。

$$z = \frac{\overline{X} - \mu_{\overline{X}}}{\sigma_{\overline{X}}} = \frac{\overline{X} - \mu}{\dfrac{\sigma}{\sqrt{n}}} = \frac{30 - 25}{\dfrac{\sigma}{\sqrt{50}}}$$

但我們在這裡遇到了瓶頸，因為此例中的 σ 是一個未知數，也就是說「促銷前消費者購買量」母群的標準差是未知的。為了能繼續算下去，就必須估計 σ 的值。假定促銷活動的影響可以使整個購買數的分配向上提升：也就是說，促銷活動後的母群平均數較高（人們購買的項目會較多），但標準差不變（購買數的離散趨勢仍然一樣）。我們手邊只有促銷活動後的樣本標準差，s。樣本標準差可以很穩定地估計母群標準差的數值，因此我們可以用它來估計促銷活動後的母群標準差。又因為我們假定促銷後的母群標準差會等同於促銷前的母群標準差，所以我們可以用這個樣本標準差，s，來估計促銷活動前的母群標準差。（我們預測廣告促銷的影響會使整個分配向右平移，但絕不會改變分配的形狀，所以標準差會維持不變。）為了要用樣本標準差做為母群參數的估計值，我們必須先假定樣本沒有任何偏誤，否則無法形成一個好的估計。所以我們假定樣本是從促銷後的消費者母群中隨機選出的，具有代表性，那麼，這個樣本標準差就是一個促銷前母群標準差的合理估計值了。　64

要認清一件事，就是我們沒有樣本標準差 σ，而是用 s 來做為估計值，所以不能用統計量 z 來運算，在此要引入一個新的統計量 t：

$$t = \frac{\overline{X} - \mu}{\frac{s}{\sqrt{n}}}$$

在前面的章節就已經看過，樣本標準差的公式如下：

$$s = \sqrt{\frac{\Sigma X^2 - \frac{(\Sigma X)^2}{n}}{n-1}}$$

用上面的式子代換 t 式子中的 s，則得到以下 t 的公式：

$$t = \frac{\overline{X} - \mu}{\sqrt{\frac{\Sigma X^2 - \frac{(\Sigma X)^2}{n}}{n(n-1)}}}$$

注意到 t 會被樣本的自由度（n—1）影響，因為 t 不是 z，只是 z 的一個估計值。當自由度很小的時候，t 分配和常態分配很像，但會比較扁而且較為離散；自由度越來越大，t 分配就會越來越接近常態分配，而自由度趨近無限大的時候，t 分配就和常態分配完全一樣了。圖 6.2 是三個 t 分配，分別是自由度為 1、10 及無限大。其實自由度為 10 時，t 分配就已很近似常態分配了，當自由度為 30 或更多時，二者的差異很小，幾乎可以忽略。

65　　　我們一定可以在標準常態分配表中查到 z 分數，但沒辦法查到 t 分數，因為它不是常態分配（只是很接近而已）。但是，就像標準常態分配表一樣，t 分配的值已經被算出來了，這些值隨各種自由度形成的 t 分配一一被算出來。我們可以在這個表中對應適當的分配，查計算出來的 t 值，並可以找

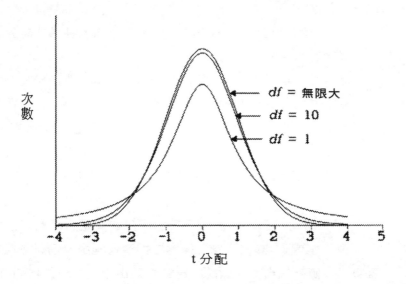

次
數

df = 無限大
df = 10
df = 1

-4 -3 -2 -1 0 1 2 3 4 5

t 分配

【圖 6.2 幾種 t 分配】

到從已知分配中抽出這個值的機率是多少。這個值可以拿來跟顯著水準比較，並判斷要接受或拒絕虛無假設。這樣一來，即使已知母群的標準差爲未知數，仍然可以用樣本來做假設檢定。

　　要進行 t 檢定，資料必須符合三個基本假設：

1.　已知母群呈常態分配。這一點很重要（如同 z 分數的運算），因爲我們的抽樣分配必須是一個常態分配。如果不是的話，表中的 t 值就沒辦法提供適當的數值來讓我們比較算出來的 t 分數和顯著水準了。但是，常有人說 t 分數具有「強韌性」（robust）：這個統計術語的意思是，即使抽樣分配未呈常態，只要分配仍爲鐘型，t 檢定仍可提供一個合理的、好的數值讓我們比較。而當樣本數大於或等

於 30 時，無論原來的母群分配長得怎樣，抽樣分配都會
很接近常態。

2. 樣本必須是從（未知）母群中隨機抽出的。我們希望樣本
標準差對母群標準差而言是一個不偏的估計值，這樣在運
用上才會是一個適合的估計值。否則會影響 t 的計算。

3. 未知母群的標準差和已知母群一樣。只有在這個假設下，
我們才能用樣本標準差做為已知母群標準差的估計值。

現在回到前面的例子，這三個假設在此是合理的，且沒
有理由不相信這 50 位消費者樣本在抽樣過程中有偏誤。現在
就算出 t 值來找出從促銷前的母群中抽出樣本平均數為 30 的
機率：

$$t = \frac{\overline{X} - \mu}{\sqrt{\dfrac{\Sigma X^2 - \dfrac{(\Sigma X)^2}{n}}{n(n-1)}}} = \frac{30 - 25}{\sqrt{\dfrac{48482 - 45000}{2450}}} = \frac{5}{1.19} = 4.19$$

我們也要算出自由度：n－1＝50－1＝49。

如果要在附錄的表 A.2 中查出 t 值，這個表不像標準常態
分配表，它沒有整個 t 分配的所有值。實際上我們應該要有好
幾個表，把每個不同的 t 分配中所有的值都列出來，但在附錄
的表中，是每個分配中的幾個重要值，這些就是 t 在我們常用
的顯著水準上對應的值，也就是恰好切下 t 分配一尾 5%的 t
值及恰好切下 1%的 t 值。

這是一個單尾檢定（我們預測促銷活動會使購物量提高）。用 p=0.05 的顯著水準，可以在 p=0.05 那一欄對應自由度 49 查出 t 值，但表中居然沒有這個值！只有自由度為 40 的 t 值 1.684 和自由度為 60 的 t 值 1.671。因為如果每個數值都列上去，那這個表就永遠列不完了。我們可以看到這兩個值其實沒有差很多（只差了 0.013），由此大概可以知道自由度為 49 時，t 值應該會在 1.671 和 1.684 之間。我們可以用**線性內插法**（linear interpolation）求得此值：40 和 60 間相差 20，而 1.684 和 1.671 間相差 0.013，所以在這個表中，40 到 60 個自由度間，只要差一個自由度，大概會相差 0.013/20，也就是 0.00065。其間差 9 個自由度，t 值會相差 9 × 0.00065 = 0.00585，因此在自由度為 49 時，查表得出的 t 值是 1.684 − 0.00585 = 1.67815（如果你不想做線性內插的計算，那就取表中較大的那個值，1.684）。

　　因為 t 值 1.67815 在自由度為 49 的 t 分配中剛好切下一尾的 5%，而我們算出的值比它大，表示算出的 t 值在尾端切下的部份會較小，因此從已知分配中抽出 t 值為 4.19 的機率會小於 5%，我們可以拒絕虛無假設並且判定這兩個分配是不同的。

　　更簡單的結論是，因為我們算出的值是 4.19，有 49 個自由度，在單尾檢定時大於查表所得的值 1.67815，在 p=0.05 的顯著水準上，購物量在廣告促銷後有明顯增加。注意到，在更保守的顯著水準 p=0.01 時，兩個分配的差異也達到了顯著，我們通常會報告出較小的顯著水準，以顯示隨機產生這種差別的機會有多麼低。（如果你用內插法算出 t 表上 p=0.01，df=49 對應的值，可以求出 t 值為 2.40815。）

結論

　　不管我們檢定的是一筆樣本或是一個單一的分數，所運用的邏輯都相同。然而，一個由「從未知分配中抽出的分數」組成的樣本變成未知抽樣分配的樣本平均數，而我們用來相比較的「已知分配」是從已知母群中抽出樣本數均為 n 的樣本，這些樣本的平均數所形成的分配。我們在之前就有「分數」和「已知分配」的詳細資料，這些過程都是相同的：算出 z 分數，並查表得出機率以決定要拒絕或接受虛無假設。如果不曉得已知母群的標準差，計算起來就會比較複雜了，但只要符合適當的假設，就可以用樣本的標準差估計，但此時我們計算的是 t 分數而非 z 分數。因為 t 分配已經全部被算出來了，所以我們可以用適當的自由度以及顯著水準查出 t 值的臨界值（critical value）。如果我們算出的值比查表所得的 t 值大，那麼就可以拒絕虛無假設。

第 7 章

選出可用來比較的兩樣本

◆ 設計實驗以比較樣本

◆ 解釋樣本的差異

當一個特定母群為已知，且想知道某個樣本是不是從另一個不同的母群中抽出，使用的是單一樣本的假設檢定。大部份的研究都很難找到目標母群的詳細資料，我們只知道可以得到怎樣的樣本。大多數的假設檢定要比較的是幾個不同樣本是否有差別，而不是拿一個樣本平均數和一個抽樣分配來相比。在前面 Cyadmine 的例子中，我們取得了未被化學氣體影響的初生兒體重的母群詳細資料，但通常這些資料很難完整找到的，能收集到的只有被化學氣體影響的嬰兒「樣本」，與未被影響的嬰兒「樣本」來可用來兩相比較。當然，要選兩個樣本，會比只選一個樣本有更多麻煩，因為這兩個樣本必須都能各自代表抽出它們的母群，記得嗎？我們研究的主要目標是母群而不是樣本，用樣本來估計母群才會造成樣本選擇上的問題，因為我們不希望引入任何偏誤使得樣本不能代表母群的典型。

有兩個樣本時，我們不但希望它們可以各自代表一個母群，也希望它們可以相互比較。舉例來說，要比較四十歲男性及女性的體適能，如果選擇女性運動員和男性計程車司機為兩筆樣本，要怎麼比呢？任何體適能上的差異可能是由於職業的差別，而不是性別造成的。所以在比較多筆資料時都必須先考慮它們是否具有可比較性。

設計實驗以比較樣本

進行實驗的理由是要檢定假設。最重要的是：這個實驗是否真的可以驗證我們想要檢定的假設、是否排除了所有其他項目、是否在某方面引入了什麼偏誤等等。樣本選得不好

可能會使實驗模稜兩可，好比說我們會無法判斷體適能的差異究竟是來自職業還是性別。

實驗中的變項

　　所有的實驗都是在看**變項**（variables）或**因素**（factors）的影響，這兩個名詞在用法上是同義的。變項就是，會變動的東西。比如說溫度、反應時間、教學方法、性別、班級、飲酒習慣、準確度等等。

　　假設檢定中最簡單的情況是去判斷一個分數是從已知分配中抽出還是從另一個分配中抽出。有一個例子是以某人在腦傷後的反應時間和沒有腦傷的母群來相比。我們也可以用一個樣本平均數和由樣本平均數組成的已知母群相比。還有一個例子是比較新舊兩種教學法對兒童在智力測驗上表現的影響，先計算以新方法指導過的一群小孩其平均的 IQ 分數，然後和一群樣本數相同但被施以傳統教學法指導的小孩其樣本平均數分配相比較。在上面的兩種情況，我們都需要一個已知分配。

　　我們常常會比較兩個或更多的受試者樣本，看他們是否來自相同或不同的母群，例如男性和女性在臉孔記憶能力上是否相同？注意到**受試者**（subject）這個詞在此指稱的只是樣本中的一份子，可能是任何東西。通常會是一個人，但也可能是一隻動物（如果我們研究的是老鼠跑迷津或是狗兒學雜技），也可能是任何我們有興趣想知道的對象（一台機器製造的螺絲釘是第一筆樣本，而另一台機器製造的螺絲釘是第二筆樣本）。

到現在我們看過的例子中都至少有兩個因素。在 Cyadmine 的例子中，變項為 *Cyadmine*，在「被影響」和「未被影響」間有變異，以及*出生體重*，在受測量的個體間也會有變異。在前面記憶力的實驗裡，兩個變項是*性別*（「男」或「女」）及*臉孔記憶力*（在操弄的量尺上變動）。

一個實驗中可能有一個或多個**自變項**（independence variable），實驗者預先選定了它們的值。變項 *Cyadmine* 有兩個值：被影響和不被影響（而不是嚴重影響、普通影響、微量影響三個值）。變項*性別*，分為男性和女性（而不是少男和少女）兩個值。實驗者控制自變項的值，選擇樣本，使受試者在變項上的表現可以被歸入其中一類。

因為有自變項，也就會有**依變項**（dependant variable）出現在實驗中。這是我們要測量的變項，會在此得到「分數」。一但研究者選定了實驗中哪個變項是依變項（出生體重、反應時間、IQ 分數、臉孔記憶力），他就不能指定這個變項的值。另一個樣本的例子：有兩群小孩用不同的教學法學習第二外國語。其中一個方法是否比另一個好？用統計的語言來說，我們要找出一個會隨自變項（學習方法）改變的適當依變項（比如說，學習量），以比較在兩個樣本中依變項的值是否有不同，如果不同，我們便可以斷言說樣本分數是從另一個分配中抽出的，也就是說一個方法所引發的學習量會比另一個大。

條件相同時的問題

實驗是繞著自變項和依變項的關係在打轉的。研究假設的內容是預測依變項會隨自變項的改變而改變。

想像一下有一個實驗要檢驗女孩子的地圖閱讀能力是否比男孩子強。首先要決定什麼是「地圖閱讀能力」：讀懂道路地圖後在城裡不會迷路？讀了大比例尺的簡圖後可以順利穿越荒野？這個問題沒有標準答案，我們得做出選擇並表達清楚。如同在第四章中看過的，必須就**實驗目的**對*地圖閱讀能力*做出操作型定義，比如說「一個小孩只用一張普通的地圖，從某教堂穿過一塊空地到某一間郵局所花的時間」。我們試著要對所有的小孩安排同樣的條件，好比說確定他們都一樣不熟悉路逕，這也延伸出第二個問題。

如果我們發現男孩和女孩在地圖閱讀能力上眞的有差異，可以以此推論性別與地圖閱讀能力間的關係嗎？不一定；理由是對男孩和女孩安排**同等條件**（equivalent conditions）是很困難的。如果女孩子是在大白天看地圖找路，但男孩子卻在黃昏時進行，男孩子的表現較差就沒啥好大驚小怪的了。在這個例子裡，自變項*性別*會被另一個變項*日光程度***混淆**（confound）。如果這些男孩子都來自一個徒步越野的社團，而女孩們從小到大都沒看過地圖，那他們之間的差異就不一定能證明性別和地圖閱讀能力間的關係，那可能是因爲*經驗*的差異造成。

混淆變項是一種**系統性誤差**（systematic error）。兩個樣本會同時因爲其它的自變項改變而有變化，這些我們未顧及到 73

的自變項可能和要檢定的自變項同樣會造成影響。在系統性誤差之外，**隨機誤差**（random error）也會影響實驗，它以非系統性的方式發生：一陣狂風使某個男孩沒辦法讀他的地圖，當一個女孩要過馬路的時候車輛很多等等。

　　如此看來，似乎是沒辦法讓所有的受試者有同等的實驗條件，那麼實驗就不用做下去了嗎？實際上沒有哪一個研究是完美無缺的，但總有方法可以處理，讓這些干擾降到最低。如果我們能察覺到哪裡會發生系統性的誤差就有辦法避免，而找出這些誤差是一個研究者必備的技巧，例如說慎選受試者，用**配對**（match）的方式使他們受混淆變項的影響相等。在上面的例子中，對每個有閱讀地圖經驗的男孩子，我們都要配上一個經驗量相等的女孩。用這種方法，樣本中的*經驗*就不會有差別了，我們的結果也不會使其中一個樣本有偏誤。或先行檢查*日光程度*，並確定每個小孩是在相似的日光條件下執行作業。在設計和操作實驗上用稍微複雜的方法就可以除去可能造成干擾的系統性誤差。

　　因此小孩子的頭髮顏色不太可能被選來做為配對的指標，因為預期中，這個因素不會對實驗有影響。在配對的過程中，只會採用我們認為有關的因素來進行。引導這些判斷的是一個人在該領域的的專業知識，而非統計知識。這就是為什麼一個實驗應該要確實報告出樣本的配對過程，否則另一個研究者就可能會反駁說在這個實驗中某個重要的混淆變項沒有被控制。

　　隨機誤差是無法被控制的，但是，一個審慎設計的統計檢定有助於判斷兩個樣本間的差異是否比由隨機誤差引起的

「背景噪音」來明顯，在此以設定顯著水準來做為判斷的準則。我們不會預期每個男孩子的分數都一樣，當然對女孩子也是如此，我們期望中分數是呈一個分配的樣態：不是所有的男孩子跑的速度都一樣，每個女孩也不是都選同一條路來走。經過所有的樣本後，隨機誤差本身會形成一個分數分配。統計檢定要在一個樣本的隨機變異中找出兩樣本間因自變項造成的系統性差異。

彼此相關或獨立的兩樣本

　　有時候，如地圖閱讀的實驗中，每個樣本中的受試者都不同，因為變項是*性別*，小孩們不是男的就是女的，不會二者兼具。在其他的實驗中，就有可能在兩個樣本中採用同一個受試者了，比如說在溫度對閱讀理解的影響實驗中，我們會測同一個受試者在兩種溫度條件下的理解程度。當一個受試者只對實驗中的一個樣本提供分數，就稱之為獨立設計，或受試者間設計；而當受試者們對兩個樣本都提供分數的話，就稱之為相依的、重複測量或受試者內設計。

　　想像有一個實驗，研究者想知道康拉德（出生於波蘭之英國小說家）的作品是否比狄更斯的要難讀懂（兩個人被認為是不同的）。研究者也許會選擇這兩位作家的一些文章（至少長度上相當），把它們拿給一群受試者閱讀，繼之施以閱讀測驗。這是一個受試者內研究，因為每個受試者都同時在兩個樣本中出現。用受試者自身來做配對的好處是可以減少個體差異造成的誤差（我們不會把所有熱愛英國文學的人都放在同一組樣本中）。但也有一些其他問題存在。如果受試者先

念狄更斯的文章後再念康拉德的文章，他們可能在狄更斯的作品上表現較差，但那不是因爲理解力的不同，而是先念的文章總會覺得比較生疏、難以理解。要克服這個問題，必須使呈現順序平衡（counterbalance），所以隨機分派一半的受試者先念狄更斯，另一半的受試者則先念康拉德。經過這樣的平衡後，我們可以控制混淆因素如記憶時間、疲勞度、無聊感、對測驗的經驗等等。

　　受試者間設計的優點是樣本之間不會相互影響，而缺點則是樣本間可能會出現系統性差異，因此在樣本選擇上更需小心。在很多情況裡一定要使用受試者間設計，因爲要檢驗的是*性別*或*職業*等自變項的話，受試者本身只會屬於其中一種：某人可能是醫生或是護士，但絕不會二者兼具。

75　解釋樣本的差異

　　基本上，在設計實驗的時候，我們希望能從一個最大的母群中隨機選出受試者，若能如此，結果推論性是最強的，但混淆的可能性也是最高的。研究者不得不妥協，因爲他們一定得用某種方法，並會喪失一些**推論性**（generalisability），不過卻能增加我們對自變項的**控制力**。在 Cyadmine 的例子中，只考慮有氣體雲停留的某一個城鎮中出生的嬰兒，這個樣本可能無法推論到所有被 Cyadmine 影響的嬰兒。也許在那個地方有一些特殊的原因造成氣體雲停留的負面影響，但不應該因爲這樣就要實驗者停止研究的進行。仍然可以在實驗中發現重要的訊息，但必須解釋地域性效果對 Cyadmine 的影響。

在這一節的最後，我們想設計一個真的可以測出研究假設的實驗。如果要測出閱讀方法是否會增進小朋友的閱讀表現，我們無法單單去測小朋友在用閱讀法前與後有沒有不同。任何的差異都可能來自兒童年齡的增長，而不是閱讀方法造成的。在此，混淆變項就是*年齡*。要克服這個問題，我們把這兩群小孩以閱讀能力和年齡做配對後，其中一群為**實驗組**（experimental group），教他們用這個閱讀方法；另一組為**控制組**（control group），不多做操弄。如果實驗組的表現明顯比控制組增長的多，那我們就可以把它歸因為是閱讀方法的影響，因為在選擇控制組時，就已經將年齡的影響控制住了。

在所有的實驗中，我們試著在自變項和依變項間建立關係，並控制一些無關但會影響二者關係的變項。當發現其間有關係時，要小心判斷解釋上是否有偏誤。在實際應用上，這些實驗並「沒有」建立因果關係，相對而言，它們只是支持或不支持某個可檢定的假設而已。好比假設說男性跟女性在某些因素上有差異，若在其間發現有明顯差異那麼就支持了前面的假設，但這卻沒有說原因何在。答案可能是基因、社會或甚至某個我們沒考慮到混淆變項。

執行實驗可讓我們由此得到一些系統性的資料，使得判斷時有所依據並能檢驗我們的想法是否正確。學越多實驗方法，就越能正確判斷與評估實驗結果的價值。誰能幫助我們判定真的發現了什麼？正是統計分析。

第 8 章

兩樣本的假設檢定

◆ 兩樣本 t 檢定的假設

◆ 相依樣本或獨立樣本

◆ 相依樣本的 t 檢定

◆ 獨立樣本的 t 檢定

78　　　　一個老師看到從國外有一種新的教學法，他想知道在本地是否也適用。國外的教育期刊上報導說新方法可以使小朋友的閱讀表現進步。問題是這些資料都是針對外國小孩作的研究，所以老師想要知道新方法是否比國內目前在用的舊方法要好。

　　　　老師決定用他科任的班級做爲樣本，一半使用新方法，另一半用舊方法。小朋友們隨機被分派到兩種教學法中，以避免智力因素造成的偏誤。這樣一來，兩個樣本只在一個變項*教學法*上有系統性的差異。現在可以開始比較這兩個樣本，但老師有興趣的並非樣本，抽出這些樣本的母群才是他眞正的目標。新方法如果對這些學生有用的話，是否對這個年齡的小孩都有用？我們要問的是，在閱讀表現的量尺上，用新方法的兒童其母群分配是否會比用舊方法的母群分配要高。這是一個單尾預測：新方法會比舊方法有更佳的表現。但這位老師沒有這兩個母群的詳細資料，它們都是未知的母群。

　　　　樣本怎麼預測這些母群呢？首先要知道樣本是否能代表我們要推論的母群。在學校中，這些學生是怎麼被選出來的？他們來自哪個社會階層？這些因素可能會影響樣本的推論性。接下來，可以觀察這兩個樣本在閱讀測驗上表現，如果兩筆樣本的差異很小，母群間可能差異也不大，樣本間差異很大時，我們就會判斷說母群間的關係也是如此。這裡的問題是：差距要多大才可以拒絕虛無假設，並判斷說這兩個樣本的確是從不同的母群抽出的？

　　　　可用以下的方式開始：先預設虛無假設爲眞，兩個樣本

實際上是從樣態相同的分配中抽出，兩個母群（使用新、舊閱讀法的兒童）間閱讀能力沒有差異，所以我們預期兩樣本間所有的差異只是隨機的機率所造成。然後由母群中抽出所有樣本數為 n 的可能樣本並求出它們各自的平均數，若拿這些平均數來互相比較，其間的差異就透露出虛無假設為真時，純由機率造成的差異，這些就不是由分配不同而造成的。若取出任兩個平均數相減得到的差值畫在圖上，可以得到**樣本平均數間差值的分配**（distribution of differences between sample means）。就像樣本平均數的分配一樣，因為它是一個抽樣分配，所以會趨近於常態分配，尤其是樣本數很大時會更接近常態分配。此分配的平均數為 0，因為從同一個分配中抽出樣本的話，大部份的樣本平均數大小都很相近，所以彼此間的差值就會很小或為 0，因此差值便集中在 0 的附近。圖8.1 是虛無假設為真時樣本平均數差值的分配。

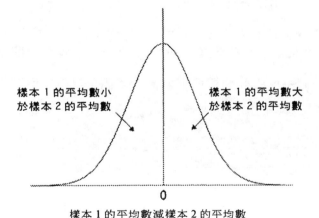

樣本 1 的平均數小於樣本 2 的平均數

樣本 1 的平均數大於樣本 2 的平均數

0

樣本 1 的平均數減樣本 2 的平均數

【圖 8.1　樣本平均數間差值的分配】

看！已知分配出現了：平均數為 0 的常態分配。而且還有一個分數可以被檢定：「兩個樣本平均數間的差值」。假設檢定其實就是拿一個分數和一個已知分配比較，如果樣本平均數間的差距純粹來自一個分配的內部，且得出此結果的機率很高，虛無假設就成立了。如果差距純粹來自分配中的隨機因素的機率很低，那麼兩個樣本應該是來自不同的母群分配，就可以拒絕虛無假設。現在要做的只是用「分數」（樣本平均數間的差值）算出 z 分數，然後就可以從一個「已知分配」（樣本平均數間差值的分配）中查出分數由此分配中抽出的機率為何，以得出虛無假設為真的機率是多少。

要算出 z 分數得先有一個分數、一個平均數、一個標準差。在此，「分數」是樣本平均數間的差值。如果我們稱 1 號樣本的平均數為 $\overline{X_1}$，2 號樣本的平均數為 $\overline{X_2}$，二者的差值就是 $\overline{X_1} - \overline{X_2}$。當虛無假設為真時，「樣本平均數差值分配」的平均數和標準差分別用以下的符號表示：$\mu_{\overline{X_1} - \overline{X_2}}$ 和 $\sigma_{\overline{X_1} - \overline{X_2}}$。（因為這個分配的標準差是基於樣本平均數計算出來的，所以 $\sigma_{\overline{X_1} - \overline{X_2}}$ 其實是一個標準誤。它的意思是樣本平均數之間差值與這些差值平均數間的標準距離。）我們可以用下列的式子來表示 z：

$$z = \frac{(\overline{X_1} - \overline{X_2}) - \mu_{\overline{X_1} - \overline{X_2}}}{\sigma_{\overline{X_1} - \overline{X_2}}}$$

現在我們知道 $\mu_{\overline{X_1} - \overline{X_2}} = 0$，所以可以把 z 寫成如下的式子：

$$z = \frac{(\overline{X_1} - \overline{X_2}) - 0}{\sigma_{\overline{X_1} - \overline{X_2}}} = \frac{\overline{X_1} - \overline{X_2}}{\sigma_{\overline{X_1} - \overline{X_2}}}$$

現在唯一要做的就是在標準常態表中查出這個 z 分數對應的機率值,但 $\sigma_{\overline{X_1} - \overline{X_2}}$ 未知,所以必須估計它。當虛無假設成立時,要怎麼估計樣本平均數間差值分配中的標準誤呢?此時就要利用樣本來做推估了,我們把式子裡的 $\sigma_{\overline{X_1} - \overline{X_2}}$ 用 $s_{\overline{X_1} - \overline{X_2}}$ (樣本平均數間差值的標準誤)代換。這和第六章中提到的例子有些不同,但我們仍用 t 統計方法,因爲要用樣本資訊估計母群標準誤以產生 z 的估計值。公式好像不太一樣,但原理相同:我們仍然是用一個「分數」$(\overline{X_1} - \overline{X_2})$ 減去平均數(在此爲 0)除以估計的標準誤($s_{\overline{X_1} - \overline{X_2}}$)。

$$t = \frac{\overline{X_1} - \overline{X_2}}{s_{\overline{X_1} - \overline{X_2}}}$$

回想一下第六章中學過的 t 分配,t 表中可以查出 t 分數對應的機率值。要記得 t 分配會被樣本的自由度影響,樣本越大, t 分配會越接近常態。如果用計算出來的 t 值和表中的 t 值相比,那麼得先知道樣本的自由度是多少。

我們現在可以由樣本得到一個統計量 t,並可以把它放到母群分配上幫助判斷:這邊要用到的就是兩樣本的假設檢定。基本上,當兩筆樣本是來自同一分配時,$s_{\overline{X_1} - \overline{X_2}}$ 是平均值的差異中我們預期其爲隨機產生的部份,而 $\overline{X_1} - \overline{X_2}$ 是平均數的實際差異。$(\overline{X_1} - \overline{X_2}) / s_{\overline{X_1} - \overline{X_2}}$ 顯示平均數差值比以機率預期的差值大了多少。這個比率越大,我們越能相信平均數間的

差異不是來自機率,而是來自兩個不同的分配。計算 $s_{\overline{X_1}-\overline{X_2}}$ 需要一些技巧,在後面的幾節裡,會介紹如何去計算。

兩樣本 t 檢定的假設

不管採用何種 t 檢定,基本假設都相同,而因我們通常預設樣本是來自呈常態分配的母群,所以必須先有一個呈常態的抽樣分配。幸運的是,t 檢定有強韌性,只要分配看起來像常態分配:中央突起,且向左右兩邊下降,t 檢定就是有效的。尤其在大樣本(大於 30)時,此現象更為明顯。我們也會預設樣本是由母群中隨機抽出的,如此一來,這些樣本統計量(平均數、標準差)才能成為母群參數的不偏估計值。最後,也要預設抽出這兩樣本的兩個母群,它們的變異數相等(當然標準差也相等,因為標準差只是變異數開平方根得出的值),這樣才能用樣本來估計母群標準差。也就是說,自變項對受試者在依變項上的表現有影響時,就可以推斷兩個分配只是平移的關係,只有母群平均數有變化,但不會改變分配的形狀(其變異數或標準差不變)。

82 相依樣本或獨立樣本

如同前面章節中所述,相依樣本是由同一群受試者提供兩個樣本的分數,而獨立樣本則是每個受試者只對其中一個樣本提供分數。計算兩樣本 t 檢定的方法要看兩樣本是相依或獨立而定:因這些特質的不同會有不同的計算公式。例如,兩樣本中有 10 個受試者,在相依樣本中,我們只需 10 個不

同的受試者，每個人都會被用到兩次；但在獨立樣本中，則需有 20 個受試者，每個樣本中有 10 個受試者。

不同的公式細節如下所述：

相依樣本的 t 檢定

計算 t 值的公式如下：

$$t = \frac{\overline{X_1} - \overline{X_2}}{s_{\overline{X_1} - \overline{X_2}}}$$

$\overline{X_1} - \overline{X_2}$ 很容易算出來，要算出 $s_{\overline{X_1} - \overline{X_2}}$ 就比較難了。回憶一下前面說過，樣本平均數分配的標準差叫作「平均數的標準誤」。$s_{\overline{X_1} - \overline{X_2}}$ 仍是標準誤，因它也是由樣本平均數得出，算法是用兩兩分數差值的標準差再除以樣本數的平方根。

我們現在要算出樣本中分數差值的標準差 $s_{\overline{X_1} - \overline{X_2}}$。在相依樣本中，要算出兩個分數相減的差值並不難，對每個受試者，只要把第二個樣本中該受試者的分數，減去第一個樣本中他的分數，就可得出一個差值分數：$d = X_1 - X_2$。因為樣本間有關係，這麼做是很合理的。想想看，有個例子是比較夜間睡眠時間長短，如果某人在週一睡八小時，週二睡七小時，則此人的睡眠時間就相差一小時，這位受試者的差值分數是 8－7＝1。我們也可以算出每個人的差值然後找到這些差值分數的標準差：

$$s_{X_1-X_2} = s_d = \sqrt{\dfrac{\Sigma d^2 - \dfrac{(\Sigma d)^2}{n}}{n-1}}$$

要求出標準誤 $s_{\overline{X_1-X_2}}$，只要用一般的標準差公式稍加變化即可算出。在每個樣本中有 n 個受試者和 n 個差值分數，只要用上面那個式子再除以 $\sqrt{n}$ 即可算出標準誤。

$$s_{\overline{X_1-X_2}} = \sqrt{\dfrac{\Sigma d^2 - \dfrac{(\Sigma d)^2}{n}}{n(n-1)}}$$

如此一來，我們得出相依兩樣本的 t 檢定公式：

$$t = \dfrac{\overline{X_1} - \overline{X_2}}{\sqrt{\dfrac{\Sigma d^2 - \dfrac{(\Sigma d)^2}{n}}{n(n-1)}}}$$

注意到，這個式子看起來和 z 的式子很不同，它仍是一個分數 $(\overline{X_1} - \overline{X_2})$ 減去母群平均數（0），除以表準差，雖然在這個情況下它是個很複雜的標準差：樣本平均數差值的估計標準誤。

範例

有個老師認為她班上的小朋友早上的課業表現比下午

好,她想用一個須要小朋友的專注力才能完成的數學考試來測驗看看,如果午餐後的表現變差,就表示她的假設正確,值得報告出來。她從班上隨機選了八個小朋友,並依考題難度配對,使兩份考卷的難度差不多。平衡樣本間施測的前後順序,以控制疲勞效果或練習效果。考試的滿分是 10 分,分數越高表示表現越好。結果如下:

受試者	早晨	下午
1	6	5
2	4	2
3	3	4
4	5	4
5	7	3
6	6	4
7	5	5
8	6	3

這是一個相依兩樣本的 t 檢定,因為所有的受試者在兩個樣本中都有提供分數。

我們現在得找出可代入下面公式的數值:

$$t = \frac{\overline{X_1} - \overline{X_2}}{\sqrt{\dfrac{\Sigma d^2 - \dfrac{(\Sigma d)^2}{n}}{n(n-1)}}}$$

現在把每一欄再重新命名,第一個樣本代表早上,第二個樣本代表下午,並求出兩兩平均數($\overline{X_1}$ 和 $\overline{X_2}$)的差值分

數（d）、差值分數總和（Σd）、差值分數總和的平方（$(\Sigma d)^2$）、差值分數平方（d^2）、及差值分數平方的總和（Σd^2）。

每個樣本中有受試者 n 人。

受試者	第一個樣本 X_1	第二個樣本 X_2	差 值 d	d 的平方 d^2
1	6	5	1	1
2	4	2	2	4
3	3	4	-1	1
4	5	4	1	1
5	7	3	4	16
6	6	4	2	4
7	5	5	0	0
8	6	3	3	9
n = 8	$\overline{X_1}$ = 5.25	$\overline{X_2}$ = 3.75	Σd = 12 $(\Sigma d)^2$ = 144	Σd^2 = 36

把數字代入 t 的公式可以得到：

$$t = \frac{5.25 - 3.75}{\sqrt{\dfrac{36 - \dfrac{144}{8}}{8(8-1)}}} = \frac{1.50}{\sqrt{\dfrac{36-18}{56}}} = \frac{1.50}{\sqrt{0.321}} = \frac{1.50}{0.567} = 2.65$$

相依樣本 t 檢定的自由度（df）一定是 n－1，所以 df＝7。

這是個單尾的檢定，因為預測的內容是說小朋友在早上表現**較好**，也就是說第一個樣本的分數會大於第二個樣本，

從平均數可以看出這樣的現象，但我們仍須檢驗差值是否達顯著。在 p＝0.05 的顯著度，我們可以在 t 檢定的表（附錄表 A.2）查出單尾檢定，df＝7 時，t＝1.895。

計算出的 t 為 2.65，大於表上的 t 值，這樣就可以在顯著度 p=0.05 時拒絕虛無假設，並下結論說小朋友在數學測驗上的表現，早上明顯優於下午。有時我們發現算出的 t 值為負數，這只是表示第一個樣本的平均數小於第二個樣本的平均數。若在上例中算出的 t 是一個負值，表示下午的分數較高，和研究假設完全相反，這個單尾預測也就不成立了。若我們預測第二個樣本的分數較大，或改用雙尾預測，只要忽略算 86 出 t 值的負號，再與查表得出的值比較即可。

獨立樣本的 t 檢定

在此也以公式 $t = \dfrac{\overline{X_1} - \overline{X_2}}{s_{\overline{X_1} - \overline{X_2}}}$ 開始，但在兩樣本獨立時不太容易算出 $s_{\overline{X_1} - \overline{X_2}}$，在下面會慢慢說明怎麼運算。這裡有一些看起來好像很可怕的式子，不過不要太擔心下面導出獨立 t 檢定公式的過程看不懂，你可以跳過去不看那些數學式，雖然它有點繁複，只要你了解 $s_{\overline{X_1} - \overline{X_2}}$ 的邏輯，並記住它仍是樣本平均數差值的估計標準誤，這樣就可以了。

我們無法用和相依樣本 t 檢定一樣的方法得出差值分數（如果樣本間無關，算出差值分數沒什麼意義，好比說一個人在週一睡八小時，另一個人在週二睡七小時，把這兩筆資料拿來相減是沒有意義的），實際上兩個樣本的受試者數目（n_1 和 n_2）可能是不同的。n_1 和 n_2 不相等時，可以引入變異

總和法則（ Variance Sum Law ），它提供了 $s_{\overline{X_1}-\overline{X_2}}$ 和兩個樣本標準差（ s_1 和 s_2 ）的關係。

$$s_{\overline{X_1}-\overline{X_2}} = \sqrt{\frac{s_1^2}{n_1} - \frac{s_2^2}{n_2}}$$

因為我們無法直接算出 $s_{\overline{X_1}-\overline{X_2}}$，但 s_1 和 s_2 的計算很容易，因此這個式子有助於算出獨立樣本 t 值。

關於 t 公式的問題還沒結束，我們知道在大樣本及母群標準差相等的預設下，樣本標準差對母群參數是較好的估計值。現在要做的是，以它們的樣本數 n 來權衡兩個樣本標準差的貢獻，更精確地說，就是以自由度調整兩個樣本對計算共同標準差所占的比重，並以加權後的平均樣本標準差 s_w，得出一個母群估計值：

87

$$s_w^2 = \frac{(n_1-1)s_1^2 - (n_2-1)s_2^2}{(n_1-1)+(n_2-1)}$$

現在，在計算 $s_{\overline{X_1}-\overline{X_2}}$ 的式子中以 s_w 代換原本使用的樣本標準差。

$$s_{\overline{X_1}-\overline{X_2}} = \sqrt{\frac{s_w^2}{n_1} + \frac{s_w^2}{n_2}} = \sqrt{s_w^2(\frac{1}{n_1} + \frac{1}{n_2})}$$

把式子中的 s_w 展開：

$$s_{\overline{X_1}-\overline{X_2}} = \sqrt{\left(\frac{(n_1-1){s_1}^2 - (n_2-1){s_2}^2}{(n_1-1)+(n_2-1)}\right)\left(\frac{1}{n_1}+\frac{1}{n_2}\right)}$$

最後，以 $\sqrt{\dfrac{{\Sigma X_1}^2 - \dfrac{(\Sigma X_1)^2}{n_1}}{n_1-1}}$ 代換 s_1；以 $\sqrt{\dfrac{{\Sigma X_2}^2 - \dfrac{(\Sigma X_2)^2}{n_2}}{n_2-1}}$ 代

換 s_2，也就是兩樣本的標準差計算式。整理後，可得出計算 $s_{\overline{X_1}-\overline{X_2}}$ 的式子：

$$s_{\overline{X_1}-\overline{X_2}} = \sqrt{\left(\frac{({\Sigma X_1}^2 - \dfrac{(\Sigma X_1)^2}{n_1}) - ({\Sigma X_2}^2 - \dfrac{(\Sigma X_2)^2}{n_2})}{(n_1-1)+(n_2-1)}\right)\left(\frac{1}{n_1}+\frac{1}{n_2}\right)}$$

最後，兩樣本 t 檢定的公式為：

$$t = \frac{\overline{X_1} - \overline{X_2}}{\sqrt{\left(\dfrac{{\Sigma X_1}^2 - \dfrac{(\Sigma X_1)^2}{n_1} + {\Sigma X_2}^2 - \dfrac{(\Sigma X_2)^2}{n_2}}{(n_1-1)+(n_2-1)}\right)\left(\dfrac{1}{n_1}+\dfrac{1}{n_2}\right)}}$$

要算那麼大一個公式實在不太容易，但請你特別注意， 88
得出這個式子的過程和**邏輯**是什麼，令人頭大的計算通常可
以利用電腦程式，其中有些簡單的計算，只要用計算機就可
輕易算出。重點是，即使這個式子和 z 的公式看起來一點也不

像，它仍然是 z 的估計值：用一個「分數」（$\overline{X_1} - \overline{X_2}$）減去平均數（$\mu_{\overline{X_1}-\overline{X_2}}=0$），再除以標準差（$s_{\overline{X_1}-\overline{X_2}}$）。

記住很重要的一點，我們預設抽出這兩樣本的母群變異數是相等的（所以標準差也一樣），如果不是如此，在估計時，把標準差平均就不妥當了。我們通常只有當較大的變異數是小變異數的三倍以上時，才決定不使用這種方式來檢定。

因爲樣本間是無關的，獨立 t 檢定的自由度是每個樣本自由度的總和$(n_1 - 1) + (n_2 - 1)$。

範例

有個藥廠推出一種新的安眠藥，藥師預測在男性與女性身上影響不一樣，所以想進行實驗來證明這個預測是否成立。此實驗中有 6 位男性和 8 位女性同意接受測試，實驗時間設定爲兩週，每天晚上他們都會服用安慰劑（無藥效的藥片）或安眠藥其中一種，但受試者們不知道每天晚上他們吃的是哪一種。七個「安眠藥夜」和七個「安慰劑夜」的睡眠時間時數相比較，並計算兩種睡眠時間相差的時數。男性服安眠藥時比服安慰劑時分別多睡了 4、6、5、4、5、6 個小時，而女性則爲 3、8、7、6、7、6、7、6 個小時。原先的預測成立嗎？

我們得先找出符合下面 t 公式的值：

$$t = \frac{\overline{X_1} - \overline{X_2}}{\sqrt{\left(\dfrac{\Sigma X_1^2 - \dfrac{(\Sigma X_1)^2}{n_1} + \Sigma X_2^2 - \dfrac{(\Sigma X_2)^2}{n_2}}{(n_1 - 1) + (n_2 - 1)}\right)\left(\dfrac{1}{n_1} + \dfrac{1}{n_2}\right)}}$$

男性爲一號樣本，女性爲二號樣本，數值資料如下表： 89

一號樣本		二號樣本	
X_1	X_1^2	X_2	X_2^2
4	16	3	9
6	36	8	64
5	25	7	49
4	16	6	36
5	25	7	49
6	36	6	36
		7	49
		6	36
n_1=6	ΣX_1^2=154	n_2=8	ΣX_2^2=328
ΣX_1=30		ΣX_2=50	
$\overline{X_1}$=5.0		$\overline{X_2}$=6.25	
$(\Sigma X_1)^2 = 900$		$(\Sigma X_2)^2 = 2500$	

把上面的數字代入 t 公式，可以得到

$$t = \frac{5.00 - 6.25}{\sqrt{\left(\dfrac{154 - \dfrac{900}{6} + 328 - \dfrac{2500}{8}}{(6-1) + (8-1)}\right)\left(\dfrac{1}{6} + \dfrac{1}{8}\right)}}$$

$$= \frac{-1.25}{\sqrt{\left(\dfrac{154 - 150 + 328 - 312.5}{5 + 7}\right)\left(\dfrac{1}{6} + \dfrac{1}{8}\right)}}$$

$$t = \frac{-1.25}{\sqrt{1.625 \times 0.29}} = \frac{-1.25}{\sqrt{0.47}} = \frac{-1.25}{0.686} = -1.82$$

自由度，df=(n_1-1)+(n_2-1)=(6-1)+(8-1)=12

90   負號表示二號樣本（女性）的分數較高。因為這是個雙
尾檢定，所以正負方向不必納入考慮，可以直接把它看做 t=
＋1.82 即可。在 t 分配的表（附錄中的表 A.2）中，df=12，p=0.05
時，t=2.179。因為我們算出的 t 值是 1.82，比表中 t 值 2.179
要小，無法拒絕虛無假設。結論是：在 5%顯著度下，我們未
發現男性和女性受安眠藥影響而多睡的時數有明顯差異。

這個結果很有趣，注意到女性平均數只比男性高了
1.25。我們預測平均數的差異中有 0.686 是機率造成的（t 算式
中的分母），即使在 p=0.05 時未顯著，但得到 t=1.82 的實際機
率是 0.0942，仍然很小。在此可能真有一點影響，但沒有強到
可以在這些樣本中顯現出來，如果有更多受試者或用單尾預
測，就有可能達到顯著。理由在下一章中會說明。

第 9 章

顯著、誤差及檢定力

◆ 型 I 和型 II 錯誤

◆ 檢定力

◆ 增加檢定力

◆ 結論

型 I 和型 II 錯誤

假設檢定好比在金銀島上挖寶,而顯著水準所設定的機率值是我們確實無誤找到寶藏的機會有多大,通常這個值會很保守,因為我們只接受 5%的犯錯機率,不能因為隨便亂逛撿到一塊銹鐵就宣稱說找到了寶物,不然同行一起挖寶的人馬上會因此嘲笑我們。聲稱找到寶物時,必須要確定自己說的是對的。假設檢定中最不希望犯的錯就是**型 I 錯誤**(type I error):也就是在兩母群無差異時卻聲稱兩個母群不同。所以型 I 錯誤必須控制在很小的機率水準。

圖 9.1 中的單尾預測,橫軸代表的是分數,縱軸則是該分數對應的機率。如果「分數」落在顯著水準以右的部份,我們說它是屬於另一個與已知分配不同的未知分配,在這個例子中,未知分配和已知分配確實不同,在顯著水準右邊的分數來自未知分配的可能性較大,而非這個已知分配,因為未知分配大部分的區域都位在顯著水準的右邊。但如果因此就說它一定是由未知分配中抽出,會有一些風險,因為這樣的分數仍可能是來自已知分配。標為 α 的區域就是我們要冒的險,即犯型 I 錯誤的風險。我們以設定顯著水準的方式來控制可能犯錯的機會有多大,設定顯著水準為 p=0.05,也就是讓已知分配中只有 5%的分數會落在此區域。

若分數落在顯著水準的左邊,我們就接受虛無假設,即分數是來自已知分配。再看一下圖 9.1,我們可以看見已知分配中有 95%落在顯著水準的左邊,所以如果一個分數落在顯著水準以左的部份,表示該分數由已知分配中抽出的機率較大,我們便正確地接受虛無假設。

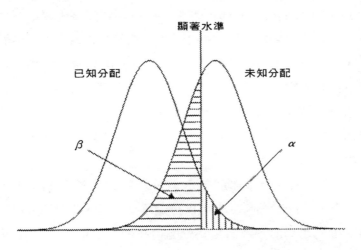

【圖 9.1　型 I 和型 II 錯誤的風險】

　　我們必須清楚了解什麼是「接受虛無假設」，所謂「接受 93
虛無假設」是說在本實驗中未發現分配有顯著差異。若我們在
荒島上挖寶，沒找到寶物，這並不表示此地一定沒有寶物。接
受虛無假設，只是表示未發現夠大的差異讓我們拒絕「差異只
是由隨機機率造成」的說法。若未找到寶物，有兩個可能性：
一、沒有寶藏，或二、有寶藏，但沒找到。類似地，若檢定一
個假設時未發現顯著差異，有可能是分配之間真的沒有差異，
或我們遺漏了差異所在。如果是前者，沒有差異時沒找到差
異，那還好；若是後者，我們就犯了型 II 錯誤（Type II error），
真有差異時卻沒發現！

　　若某分數落在顯著水準的左邊，就接受虛無假設，表示
分數是來自和已知分配相同的分配，但要冒個風險，分數也可
能來自另一個未知分配（圖中顯著水準左邊橫線條紋的地

方)。犯型 II 錯誤的風險就是未知分配中在顯著水準以左的部分。在圖 9.1 中標爲 β。注意到型 II 錯誤的風險，β，可能會比 α 大。研究者不想犯型 I 錯誤甚於型 II 錯誤。我們寧可偶而沒找到寶物，也不想在根本沒寶物時亂宣傳說找到了。大多科學家在結果達顯著時才會把他們的發現出版發行，這些結果也須經過其他人的審查，所以小心點不要犯錯似乎比發生令人出醜的錯誤要好多了。

基本上我們希望顯著水準可以區分已知分配和未知分配，若可以找出一個位置可以分隔兩個分配，使已知分配完全落在顯著水準的一邊而未知分配落在顯著水準的另一邊，那型 I 或型 II 錯誤都不會發生了，因爲此時顯著水準可以完全區分這些分配，用顯著水準做爲判斷的標準就不會出錯。但因爲兩個分配有重疊的部分，已知分配會有一部份（α）落在用顯著水準判斷會「錯」的那一邊，同樣未知分配中也有一部份（β）是如此。如果某個分數落在顯著水準以左，我們就接受虛無假設，並可推論大部分（$1 - \alpha$）的已知分配都落在此，而未知分配中只有 β 落在此。若一個分數落在顯著水準的右方，我們就拒絕虛無假設且接受研究假設，因爲只有已知分配中的 α 和未知分配中的 $1 - \beta$ 落在此處。雖然有犯這兩種錯的風險，但運用機率的原則就可以做出更正確的判斷。

檢定力

我們暫且假定荒島上眞的有寶藏，如果有張好地圖還有適當的工具，找到寶藏的可能性就很大了；但如果沒有地圖又只能拿小孩用的玩具鏟、鋤的話，找到寶藏的機會就微乎其微

了。這和統計檢定很類似。有些檢定很容易找到兩個分配差異所在，有些在*真有差異存在*時，卻找不到。也就是說各種檢定間的**檢定力**（power）不同。統計檢定力是指兩個分配間真有差異存在時，能找出此差異的能力。在兩分配真的不同時，得到的結果也是兩者有差異，這樣的機會有多大？當一個分數確實來自未知分配，該分數還必須高於顯著水準，才會被宣稱說它是來自那個未知分配。所以，一個落在顯著水準以右的分數，同是它也是未知分配的一份子時，我們便可以正確地利用該分數聲稱未知分配和已知分配不同。其範圍是除了 β 外整個未知分配的大小，此區域的大小就是檢定力：

$$檢定力 = 1 - \beta$$

檢定力要表達的是，某個與已知分配不同的未知分配實際上存在時，我們找到它的機率。未知分配落在高於顯著水準的部分越多，β 越小而 $1 - \beta$ 越大，找到這個未知分配的機會也就越大，所以統計檢定的檢定力越大，越可能得到達顯著的結果。看看挖寶的比喻，一個越有利的檢定越可能在真有寶藏時找到它們：就好比機械開挖相對於玩具鏟的效用。

有個問題在統計分析中必須注意到，盡量不要使用檢定力低的檢定方法，因為那不太可能找到分配間的真正差異。有時候我們設計了一個極佳的實驗卻找不出顯著的結果，只因為後來使用的統計檢定其檢定力太低。

95

增加檢定力

作研究時，我們都希望自變項的操弄真有影響時發現此影響的機會很大，同樣地，在挖寶時先知道怪手要從哪邊開始挖的話是很有幫助的。但研究者往往手邊只有像鏟子那種水準的工具，顯然必須要更有力的檢定才行，該如何達成呢？

增加 α 的大小

增加檢定力最簡單的方法是增加 α 的大小。我們通常把顯著水準設為 p＝0.05，也就是 α ＝0.05，那麼就會使未知分配有更大的區域落在顯著水準上。因為 α 越大，β 就越小，同樣地，這麼做減少了型 II 錯誤，同時也增加了犯型 I 錯誤的機會。顯著水準 p=0.10 的意思是，若聲稱自變項有影響，犯錯的機會是 10%而非 5%。記得前面曾經講過為何不增加 α：研究者寧可沒發現差異存在，也不願誤稱自己找到了差異。型 I 和型 II 錯誤有一種互補的關係，當一個減少時，另一個就會增加。

不過，還有一個方法不用增加 α 就可以減少 β：把預測的內容更精準表達，也就是說，單尾檢定會比雙尾檢定更有力[譯註三]。後者我們必須考慮分配的兩邊，而且無法確知未知分配會高於或低於已知分配。在總的顯著水準是 0.05 時，要設定雙尾的切節點都是 p=0.25。這和同時做兩個單尾檢定是很類似的，也就是雙尾各作一次檢定。若未知分配真的比已知分配高，只有在未知分配高於 p=0.025 的顯著水準時才會看出來。

96

[譯註三] 單尾檢定中一般的假設會指明未知分配大於，或者是小於已知分配；但雙尾檢定則只是假設兩個分配不同。所以單尾檢定的假設是比較精準的。

單尾檢定時，我們可以只專注於一尾，且那一尾的 α 會是雙尾檢定的兩倍。把雙尾檢定變成單尾檢定的話，因爲單邊的 α 變大，就可以增加 $1 - \beta$（檢定力）的大小。

　　還有一些方法可以增加檢定力，若參考圖 9.1，我們可以看見兩分配間有**重疊的部分**，重疊越大，犯型 II 錯誤的風險就會越高，越容易遺漏實際存在的差異。若可以減少兩分配間重疊的部分，β 就會減小，也可以降低犯型 II 錯誤的機會並增大檢定力，問題是：怎麼做？

什麼造成兩分配的重疊？

　　和兩分配間重疊區域的大小有關的因素有二：兩個平均值之間相差多少，以及標準差的大小。若兩個平均值差很多，表示分配平移的距離比較遠，重疊的部分自然會比平均值接近時的情況要來得小；而兩分配的標準差相等，標準差如果很小，分配會變得比較高聳，重疊部分也會比較小。我們可以用**影響量**（effect size）的定義來評估重疊部分的大小（用希臘字母 gamma，γ，來標示），如下所示：

$$影響量，\gamma = \frac{兩分配其平均數得差值}{分配的標準差}$$

　　影響量大，表示重疊部分小，影響量小表示分配間有很大一塊重疊區域。因此我們要做的是使兩分配的平均數差異大，標準差盡量小，才能增加檢定力及影響量。

如果兩分配各自的平均數間差異很大，重疊部份就會比較少。若某個操弄使 IQ 分數有 30 分的變化，如圖 4.1 所示，未知分配平移的距離比只變化 3 分時要來得遠，這時兩分配各只有尾端的一小部份有重疊，當然重疊區域的大小會比變化 3 分時小很多。兩分配的標準差都是 15，而平均數相差 30 的話，影響量是 2.0，但平均數相差 3 時，就降為 0.20。後者的顯著水準在未知分配中劃分出的 1 － β 會很小，而分配間的實際差異便很難察覺。設計實驗時，必須考慮如何彰顯出實際存在的影響或差異，有個方法利用更敏感的工具來測量自變項時。若可達成，檢定力自然可以增加。

增加樣本數

用樣本代替母群時，我們以抽樣分配來呈現已知和未知分配，所以以下計算中的「母群」就是抽樣分配。抽樣分配的標準差，也就是樣本平均數的標準誤，它會隨樣本數的增加而減少，這是因為標準誤是用母群參數 σ 和樣本數 n 一起算出的：

$$\sigma_{\overline{x}} = \frac{\sigma}{\sqrt{n}}$$

若樣本數少，好比說只有 10 個樣本，標準誤會等於：

$$\sigma_{\overline{x}} = \frac{\sigma}{\sqrt{10}} = \frac{\sigma}{3.16} = 0.32\sigma$$

在此，標準誤是母群平均的三分之一，但若樣本數大一點，比如說 50 好了，標準誤就變成：

$$\sigma_{\overline{x}} = \frac{\sigma}{\sqrt{50}} = \frac{\sigma}{7.07} = 0.14\sigma$$

標準誤大約是母群標準差的七分之一。把樣本數從 10 增加到 50，就把標準誤減少了大約一半（從三分之一降到七分之一）。增加樣本數可以減少分配的離散程度，使分配的樣子看起來比較高瘦。

98

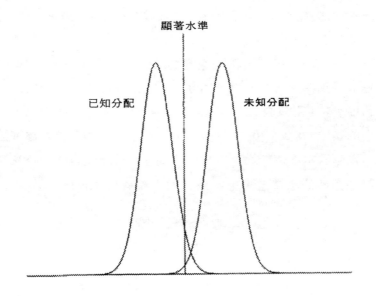

顯著水準

已知分配　　　　　未知分配

【圖 9.2 增加樣本數後對分配間重疊區域的影響】

增加樣本數可減少分配的標準差，進而縮小重疊的區域。因此，如果未知分配真的和已知分配不同，出現在顯著水準右邊的部分會更大（也因此增加了檢定力）。比較圖 9.2 和圖 9.1 中的分配，可以看出增加樣本數後使標準誤減少一半所造成的影響：原本重疊的部分有大幅縮減。

　　把樣本數由 10 改為 50 的話，對檢定力有什麼影響？假定已知分配是平均數 100，標準差 15 的常態分配，又，可以假定未知分配的平均數是 110。我們想做一個單尾預測來檢定由未知分配抽出的樣本，現在把這個樣本平均數拿來和已知分配比較，在此所用的已知分配是已知母群的抽樣分配。要知道檢定力就得先求出 $1 - \beta$ 的大小，在此，未知分配就是未知母群的抽樣分配。（在此例中它並非真的「未知」，只是我們仍沿用這個名稱）

　　顯著水準切下已知分配最末的 5%，所以我們要先找出顯著水準落在分數量尺的哪個地方。因為是常態分配，所以可以利用 z 表（附錄表 A.1）找出分配中何處的 z 可以切下 0.05 大小的區域，得到 p=0.05 時，z=1.65。要記住 z 的單位是標準差，所以顯著水準位於比平均數 100 高 1.65 個標準差之處。在此，已知分配的標準差，也就是其標準誤等於：$\sigma_{\overline{X}} = \dfrac{\sigma}{\sqrt{n}}$。一開始我們先看樣本數 n=10 時，算出標準誤為 $\sigma_{\overline{X}} = \dfrac{\sigma}{\sqrt{n}} = \dfrac{15}{\sqrt{10}} = 4.74$，因此顯著水準是在已知分配中比平均數大 1.65×4.74=7.82 的地方，也就是量尺上的 107.82。

　　現在用類似的流程在未知分配中算出 β 及 $1 - \beta$。顯著水準位在 107.82 的地方，在未知分配中比其平均數 110 低了

2.18，要把它轉為標準差的單位以找出 z。因為我們假定兩個分配的標準差相等，所以未知分配的標準誤也是 4.74，顯著水準是在比平均數低 $\frac{2.18}{4.74} = 0.46$ 個標準差的地方。查 z 表，可知 0.46 對應到的是 p=0.32，表示未知分配中有 32%低於顯著水準，所以 β =0.32，而檢定力 $1 - \beta = 0.68$，表示未知分配中有 68%高於顯著水準。

我們也可以在樣本數 50 的情況下做同樣的計算。此例中標準差為 $\sigma_{\overline{x}} = \frac{\sigma}{\sqrt{n}} = \frac{15}{\sqrt{50}} = 2.12$。顯著水準在已知分配中比平均數高 1.65×2.12=3.50 的地方，即 103.50，它比未知分配的平均數低了 6.50，可得出 z 為 $\frac{6.50}{2.12} = 3.07$，在標準常態分配表中查得 p=0.0011，所以 β =0.0011，檢定力為 0.9989。在樣本數為 50 時，未知分配有 99.89%的部分在高於顯著水準之處。

選擇樣本數

前面的邏輯有助於判斷達到某一檢定力需要多少樣本。我們得先對兩分配須有多少差異，或是自變項要有多大影響有點概念，所以對主題的了解及運用前人的研究是很重要的。假設在某量尺上兩個分配的平均數相差 10，同樣也使用單尾檢定，如果想達到 0.90 的檢定力（未知分配中有 90%在高於顯著水準 p=0.05 的地方）要有多少樣本？這是個高檢定力的檢定，因為在真有差異時，有 90%機會可以察覺出那個差異的存在。

若檢定力為 0.90，則 β =0.10，表示顯著水準會切下未知分配尾端的 10%。由標準常態分配表中（附錄表 A.1），p=0.10

時，z 為 1.28。當檢定力 0.90 時，顯著水準位在未知分配中比平均數低 1.28 個標準差之處。因此顯著水準是在量尺上 100 $-1.28\sigma_{\bar{X}}$ 的地方。$\sigma_{\bar{X}}$ 是抽樣分配的標準差（標準誤）。

顯著水準切下已知分配尾端的 5%（因為我們選了 p=0.05 為顯著水準）。如同前面看到的，在標準常態分配表中，z=1.65 時，p=0.05，顯著水準落在已知分配中比平均數高 1.65 個標準差之處，也就是量尺上的 $100+1.65\sigma_{\bar{X}}$。

從前面兩個計算顯著水準位置的式子中，可得出 $\sigma_{\bar{X}}$：

$$110-128\sigma_{\bar{X}}=100+1.65\sigma_{\bar{X}}$$
$$2.93\sigma_{\bar{X}}=10$$
$$\sigma_{\bar{X}}=\frac{10}{2.93}=3.41$$

我們也可代入標準差公式以得出樣本數 n：

$$\sigma_{\bar{X}}=\frac{\sigma}{\sqrt{n}}$$

101

把式子整理一下得出 n：

$$n=\frac{\sigma^2}{\sigma_{\bar{X}}^2}=\frac{15^2}{3.41^2}=\frac{225}{11.63}=19.35$$

因為不可能對 0.35 個受試者施測，所以我們須有 20 個樣本才能在檢定中達到 0.90 的檢定力（假定我們對影響量的

預設是正確的）。

這個例子中，$\gamma =0.67$（平均數相差 10，除以標準差 15），我們通常不會有那麼大的影響量，若把平均數間的差值減半，則須 78 個受試者才能達到 0.90 的檢定力。若無法對那麼多受試者施測，可能就得降低檢定力的要求了。

結論

假設檢定主要在判斷兩個分配相同或相異。我們用一個決定的判準來幫助判斷，就是顯著水準。由於分配間有重疊的現象，即使顯著水準在兩分配真有差異時也無法把它們倆完全分開。而已知分配中的 α 和未知分配中的 β 是判斷時可能犯錯的風險。我們不希望在沒有差異時誤以為兩分配有差異，所以要限制型 I 錯誤的大小，便把顯著水準設定在 $\alpha =0.05$ 或更小，也就是允許一百次中只能犯五次誤斥虛無假設的錯誤。我們較不希望犯型 I 錯誤（有時甚至會更保守地設定顯著水準為 p=0.01，把風險降低到 1%）。

還有 β，犯型 II 錯誤的風險。我們對 β 沒有像對 α 那樣嚴密的控制，因為這一個分配是未知的。但我們也不希望執行檢定時，它的檢定力（ $1 - \beta$ ）太低，因為那會降低找到實際差異的可能性。但研究者常會使用檢定力不高的檢定方法，若要增加檢定力有三個方法：使用單尾檢定、找出較大的差異、（兩分配的平均數間差異大）、增加受試者的數目。

當你試著判斷某個檢定是否適用時，先想清楚以下幾個重點會很有幫助：選擇你所能準確施測的最大樣本，那麼你就不必再多找受試者了；如果檢定結果沒有得到如預期的顯著差

異，或是很接近顯著，那麼你可以再多找些受試者重做檢定。為了增加檢定力和研究結果的可信度去增加樣本數是值得的。新來的受試者可能會使先前的結果更確定，或是使差異達顯著。要決定某個發現是否有發表的價值，通常會把實驗及檢定重做一次，如果差異仍然達顯著，其他研究者就比較可能認定它的效度。

　　再重述重點：我們要做的只是試著去判斷一個「分數」是否是由某一分配或另一分配中得出。當兩個分配不同時，兩者之間重疊的部分，使我們設定判斷標準，亦即顯著水準的時候，更難避免犯錯的風險，所以要先選定顯著水準來控制犯型 I 錯誤的風險，而型 II 錯誤也不可忽視，因為用一把塑膠鏟子挖寶可一點也不有趣。增加檢定力，降低 β 使我們在確有寶藏存在時更容易發現它們。

第 10 章

介紹變異數分析

◆ 因素和組

◆ 多組別的問題以及 t 檢定

◆ 為何實驗中分數會有變化？

◆ 分析變異數的過程

◆ F 分配

◆ 結論

　　t 檢定有兩個限制：第一，它一次只能比較兩組樣本，如比較年輕人和老人在同一作業上的表現。當要比較的種類超過兩組時，好比說比較同一作業上年輕人、中年人、老人表現是否有差異，就沒辦法用 t 檢定來做了。第二，t 檢定只能檢驗單一自變項的影響，如*年齡*或*教學方法*其中之一，但我們希望能同時比較它們的效果。變異數分析類似於 t 檢定，但沒有這些限制，因此變異數分析（或稱爲 ANOVA）在很多研究領域中是相當普遍使用的統計技術。

因素和組

　　在下面幾章，我會稱自變項爲**因素**（factors），它是用在變異數分析的一個專有名詞，例如，年齡、髮色和教育程度。**實驗條件**（conditions）是我們要研究的自變項所包含的種類，它也有其他的名字，如，組、群（groups）、水準（levels）或處理方式（treatments），但以下我都會用「組」來指稱。若要調查*年齡*自變項，可以選擇 20 歲、40 歲、60 歲爲三個組。這些年齡組群是被研究的因素的三個內容。當然也可以依我們的喜好來挑選年齡自變項中不同的組別。

多組別的問題以及 t 檢定

　　現在你想比較兩個以上的組，不只是比較小學校的兒童和大學校的兒童，你想知道的是各種大小不同的學校（可以分別稱爲 A、B、C 等）中，兒童是否有差異。類似的情況是，你要比較三種不同的教學方法（A、B 和 C）對一群小朋友的

影響爲何。有個解決方法是算出好幾個兩兩相比的 t 檢定，比較兩兩組間是否有差異。當有三個組時，就是分別比較 A 和 B、B 和 C、C 和 A，但基於以下的理由我們不採用此種方式：

1. 必須作三次檢定。如果有四個組，我們得作 6 次不同的檢定，而若有十個組，就要做 45 次檢定了！所以需要一個可以一次處理兩組以上的單一檢定，也就是只要作一次檢定即可，不必作上 45 次。

2. 不作多次 t 檢定有個更重要的理由是，執行越多次 t 檢定，我們越容易犯型 I 錯誤（當某結果是隨機發生時我們卻誤稱它的出現機率達顯著）。在一個 $\alpha =$ 0.05 的檢定中，犯型 I 錯誤的機率是 0.05，也就是說有 $1-\alpha$ 或 0.95 的機率*不會*犯型 I 錯誤，若執行兩次 t 檢定，*不犯型 I 錯誤*的機率就會變成 0.95×0.95＝ 0.90。犯型 I 錯誤的機率爲 1－0.90＝0.10，表示至少犯一次型 I 錯誤的機率加倍了。作 10 次檢定，則至少犯一次型 I 錯誤的機率會升高至 0.40，也就是有 40%的機率會發生型 I 錯誤。

　　若我們希望數個檢定*總的*顯著水準爲 0.05，必須把每個單一檢定的顯著水準設定在更保守的程度。比如說，作五次檢定時犯型 I 錯誤的總風險爲 0.05，則每個單一檢定的顯著水準均須設定在 p=0.01 才能達成（因爲 1－0.99× 0.99× 0.99× 0.99× 0.99＝0.05）。

　　另一個方法是設計一個單一的檢定，使總的顯著水準 p=0.05，且在多重比較時有相同的作用。接下來要介紹的就是

這種檢定方式。

爲何實驗中分數會有變化？

觀察一組資料，你會發現並非所有的分數都相同。爲何資料會有變異呢？這個問題的答案和變異數分析如何作爲假設檢定的工具有關。這裡有個例子可以說明：英國人有一種猜字遊戲，我們想知道一個字詞在語言中出現的頻率對解答字謎的時間有何影響。首先要選出幾個組，如常用字、低頻字、罕見字三種。我們可以參考庫色拉和法蘭西斯（Kucera & Francis, 1967）[1]關於語言中字頻的資料選出適於這些組的單字。假設檢定中的虛無假設預測這三個組的分數都是來自一個相同的分配。若三組的解答時間平均數不一樣，我們就能拒絕虛無假設，並聲稱在不同字頻效果下三種字頻的解答時間分配確實是不同的嗎？很抱歉，並非如此。因爲即使虛無假設爲眞，在各組中也無法得出完全相同的平均數。我們眞正想了解的是，是什麼造成分數的變異，以及如何看出當分配之間變異程度增大時眞的是因爲操弄該因素（字頻）造成，而非其他原因。

實驗中的隨機變異

同樣實驗條件下的受試者們在解答字謎時，不太可能每個人花的時間都一樣，這些分數（解答時間）是來自一個分

---

[1] Kucera, H. and Francis, w.n. (1967) *Computational Analysis of Present-Day American English*, Providence, R.I.: Brown University Press.

配，有些人答的快，有些答的慢，並非每個人的解答時間都是母群平均值。即使樣本是由母群中隨機抽出，仍會有非系統性或**隨機的誤差**（random error）導致分數彼此的差異，以及母群平均數和樣本平均數的差異。即使虛無假設為眞，我們仍會預測各組得出的分數會因隨機誤差而改變，同時，各組的平均數也會因同樣的理由而有變異。

當分數來自不同的受試者時，其中主要的隨機誤差是**個體差異**（individual differences）：也就是說受試者們的解字謎能力、玩填字遊戲的經驗、教育程度等都不同。由此可知爲何要從母群中隨機選出樣本，若我們的取樣有偏誤，比如說只選那些填字遊戲表現優秀的人，那他們的解答時間會被系統性的扭曲，使得預測母群平均數的能力變得很差，我們也無法由這個結果推論母群的情況了。

還有一些其他的隨機誤差，使每個受試者在接受實驗時，實驗條件會與標準情況有一些出入：可能有人的筆掉到地上、有人在早報的填字遊戲中剛看過類似的單字或題目、另一個人可能因爲旁邊的噪音分心了。這些都會影響解字謎要花的時間。因此我們會預測無論虛無假設成立與否，實驗中分數的差異都含有一些隨機誤差的影響。

107

分數間的系統性變異

若虛無假設為眞，那麼三種字頻條件下任何解答時間平均數的差異，應該都可以歸因於隨機變異。但，當虛無假設不成立，就表示各組的分數可能是來自不同的母群（在同一實驗條件下得到的分數，就是來自同一個母群），此時各組之

間，就可以找出**系統性差異**（systematic differences）。之前我們小心地選出各種字謎題目，使各組的字頻效果都不同，若解答「常用字」確實比「低頻字」容易，那麼我們預期這種母群平均數的差異會反映在這些分數上。所以若字頻真的影響了解答時間，便可以預期這種系統性的差異會表現在各組的分數中（表示不同的處理方式有不同的影響）。這就是解謎時間在不同實驗條件下母群平均數真的有差異的證據。

隨機誤差與系統性差異

實驗中分數的變化是來自隨機誤差與系統性差異。若選擇受試者時沒有發生太大的問題，隨機誤差會發生在資料中任何地方，而非只集中在某一組中。但若自變項真的影響了分數，那麼不同實驗條件下產生的分數就會有不同的、系統性的差異。隨機誤差在組內及組間都會造成某種程度的變異，也就是結果中的「背景噪音」。若虛無假設不成立，且組間真有不同，我們就可以預測說這是來自不同組之間的系統差異造成，其影響大於「背景噪音」。

看看實驗中三種字頻效果的例子，列表如下：

	(a)			(b)			(c)		
	常用字	低頻字	罕見字	常用字	低頻字	罕見字	常用字	低頻字	罕見字
	17	16	19	18	18	40	20	30	40
	16	18	25	21	18	44	19	30	41
	22	21	19	16	20	38	21	31	39
	16	18	25	21	18	42	20	29	41
	23	24	18	18	23	37	21	29	40
	20	23	20	20	23	39	19	31	39
平均數	19	20	21	19	20	40	20	30	40

　　在例子(a)、(b)、(c)中，我們要如何解釋分數變異的原因？最重要的一件事是要先判定不同組別的得分是否有系統性差異。在例(a)中，各組的平均數有差異，但只相差 1。和隨機變異的「背景噪音」在三組中（各組都有很高分和很低分的人）相比，實在是很小。像這樣的結果很常發生在虛無假設為真，且抽出三組中樣本的母群相同時。例(b)看起來有較明顯的差異，但只有罕見字和其他兩者差異很大，所有的高分都出現在「罕見字」組，平均數比其他兩組高出至少 20，且看起來大於隨機差異效果。在此例中，「罕見字」與其他兩組相比，可看出它們的母群分配不同，但此差異卻未出現在「常用字」和「低頻字」之間。而在例(c)中，這三組平均數彼此的差異不小，且這些差異似乎大於任何可能的隨機差異，表示三組不同條件的樣本是取自三個不同的分配。

　　現在要做的是找出一個統計量來分析實驗中的變異，它還可以確認上面例子中我做的「目測」是否正確，並決定當

兩組之間分數有差異時，是母群間眞有不同（好比說例(b)和例(c)的情況），或是說這些差異其實是來自機率上的隨機變異，即虛無假設爲眞（如例(a)的情況）。

計算分數的變異

我們必須用統計的語言說明分數的變異。之前我們一直都用標準差 $\sqrt{\dfrac{\Sigma(X-\overline{X})^2}{n-1}}$ 處理樣本分數。現在重要的是比較不同來源的變異，以找出資料中組間系統性差異或隨機變異是否存在，而非從平均數中得出標準差。除此之外，我們也不想在計算中處理平方根，所以拿**變異數**來計算會比較容易。這裡的變異數就是樣本標準差的平方

$$\text{樣本變異數}\ s^2 = \frac{\Sigma(X-\overline{X})^2}{n-1}$$

變異數計算的重點是**平方和**（sum of square）：$\Sigma(X-\overline{X})^2$，這是樣本中各個分數與平均數間差值的變異量。當分數與平均數差值的變異很大時，平方和就會很大；當分數集中在平均數附近時，平方和就會很小。這就是我們在分析變異量時想知道的事。

平方和也會受樣本中有多少分數影響。分數越多，平方和就越大，即使分數的變化不大，因爲多出來的分數會使它增加（除非每個數目都等於平均數）。這裡有兩個樣本，樣本一的分數爲 1、1、2、3、3，樣本二的分數是 1、2、3（如下表）。它們的變異量看起來差不多，和平均數的分數相差都在

1 上下。我們可以看到，因為樣本一的分數較多，所以其平方
和也較大。

樣本一			樣本二		
X	$X - \overline{X}$	$(X - \overline{X})^2$	X	$X - \overline{X}$	$(X - \overline{X})^2$
1	-1	1	1	-1	1
1	-1	1	2	0	0
2	0	0	3	1	1
3	1	1			
3	1	1			
平方和 $\Sigma(X - \overline{X})^2 = 4$			平方和 $\Sigma(X - \overline{X})^2 = 2$		

　　為了把分數的數量也考慮在內，我們必須用平方和來除
以**自由度**（degree of freedom）df=n-1，而產生一個樣本分數的
「平均」變異量，（回憶一下第五章，在處理樣本資料時引入
自由度，以得到較好的母群參數估計值）。樣本一有五個分
數，所以 n=5，df=5-1=4 時，可知變異數為 1。樣本二中，n=3，
df=2，得到變異數也是 1。結果和我們目測的差不多，這兩筆
樣本有相同的變異量。

　　我們有興趣的是資料中不同因素造成的變異量：包括隨
機誤差和系統性差異，以及用變異數公式得出的結果。

分析變異數的過程

平方和的優點在於它可以計算資料中的不同部分。在計算總的平方和時，必須把每個分數都納入考慮，不管它們原先是在哪一組。用以下的資料，總的平均數是 10，把這 18 個分數都考慮進來，總的平方和是 328。

	第一組	第二組	第三組
	5	11	14
	6	10	15
	7	9	17
	5	11	13
	3	9	17
	4	10	14
平均數	5	10	15

我們也可以算出每一個組內分數的平方和。第一組的分數，平均數為 5，而 6 個分數的平方和為 10；第二組的平方和為 4；第三組則是 14，把它們相加，就可以分別得出三個組內分數的變異量了。因此，**組內的平方和**（within conditions sums of squares）是 28（總和：10+4+14=28）。組間也有分數的變異。若我們只取三組的平均數 5、10 和 15，那麼它們的平均數為 10，平方和為 50，此結果不是由分數，而是由三個平均數得來。每個平均數裡都包含了六個分數，所以得把 50 乘上 6 以得到分數（而非平均數）在不同組之間的變異量。

組間的平方和（between conditions sums of squares）是 300，我們用符號 $SS_總$ 表示總的平方和，用 $SS_{組內}$ 和 $SS_{組間}$ 分別表示組內和組間的平方和，可知：

$$SS_總 = SS_{組內} + SS_{組間}$$
$$328 = 28 + 300$$

我們也可以用類似的邏輯來區分各種自由度。實驗中有 18 個分數，所以**總的自由度** $df_總 = 18 - 1 = 17$，每個組中有 6 個分數，所以在每個組內有 6-1=5 個自由度。把三個組的自由度相加可得**組內的自由度**，$df_{組內} = 15$，因為有三個組，所以有 3-1=2 個**組內的自由度**，$df_{組間}$，可知：

$$df_總 = df_{組內} + df_{組間}$$
$$17 = 15 + 2$$

因為平方和與自由度都可區分成小部份，因此可以用這 112 些資訊算出組內和組間的變異數。

變異比

我們檢定的主要目的在於算出實驗中有多少變異量是來自實驗操弄，也就是要求得組間的系統性變異有多大。組間變異數表示不同組別之間「平均」的變異情況，可由組間的系統性差異（如果有的話）加上隨機變異（在各處都會發生）得出。單憑這些還不足以證明母群間的差異，因為造成變異數很大的原因可能不只一個，或許是系統性差異很大，也可

能是隨機誤差很大，或兩者兼有。現在我們要估計由隨機誤差而來的變異量有多大。

我們現在先來看單一組內的情況：分數只會因為隨機誤差而變動，不會受系統性差異影響，因為組內的受試者接受相同的實驗條件，他們在相同的狀況下執行作業。假定隨機誤差對分數的影響是相等的（否則就不是隨機的了），可以用組內變異數來估計受隨機誤差影響的變異數有多大，這個估計值又叫做**誤差變異數**（error variance）[2]。

現在來比較組內變異數和組間變異數，若組間有系統性差異存在，可得出一個統計量代表之

我們稱這個統計量，F，為**變異比**（variance ratio）：

$$變異比\ (F) = \frac{組間變異數}{誤差變異數}$$

也可用下式表示：

$$變異比\ (F) = \frac{系統性差異 + 誤差變異數}{誤差變異數}$$

113　　　注意到分子和分母只相差一個「系統性差異」，誤差變異數對分子和分母的影響是一樣的，如果組間真的有系統性差異存在，就會反映在 F 值上，使 F 值很大。

---

[2] 當每組所用的受試者都相同時，我們只會用到組內變異數的一部份作為誤差變異數的估計值，因為這樣可以產生較敏感的值以測量組間的系統性差異。在第十三章中會有更詳細的說明。

另外，若虛無假設為眞，表示抽出樣本的母群分配沒有差異，那麼我們會預期組間沒有系統性差異。因此，當虛無假設為眞，可以知道：

$$F = \frac{0 + 誤差變異數}{誤差變異數} = \frac{誤差變異數}{誤差變異數} = 1$$

當虛無假設為眞，F 會等於 1，因為分子和分母是相同的。當虛無假設不成立，我們預期可在組間找到系統性差異，且 F 會大於 1，因為系統性差異大，會使 F 值變大。

F 分配

我們必須知道算出來的 F 值要多大才會達顯著。在此需要的是一個當虛無假設為眞時的 F 抽樣分配。若由同一個實驗條件的分配中抽出樣本，並算出 F，那麼 F 值是多少？

第一，F 值大約是 1 上下，因為條件間無系統性差異。第二，F 絕不會小於 0，因為它是兩平方數相除得出的比值，而平方數不可能是負數。也就是說，我們只對 F 分配的一尾有興趣，就是較高分的那一尾：F 值比 1 大多少，就可以決定是否拒絕虛無假設。

像 t 分配一樣，F 也是一個估計值，它幫助我們用樣本的變異數估計母群參數。另外，和 t 類似的，這個估計有多準要看估計時所用的自由度。和 t 不同的是，F 統計量與兩個變異數有關——組間變異數和誤差變異數——且同時被二者的自由度影響。也就是說每種不同組合的自由度會有不同

的 F 分配。還好，各種組合形成的 F 分配和各種分配中達顯著的臨界值都已經被計算出來了（附錄表 A.3），因此我們可以比較算出的 F 值與適當的查表值，以決定組間是否有顯著差異。

要用 F 分配來比較，資料的內容必須符合幾個預設：各組所用的樣本都是來自常態分配的母群、這些母群的變異數都一樣、樣本都是隨機選取的。這和 t 檢定的基本假定差不多。當我們進行變異數分析時，也必須考慮這些預設，否則在比較算出的 F 值與查表值時會不太妥當。

在上一段中我不斷提到「與 t 很像」，是因為 F 和 t 之間有個簡單的關係：$F = t^2$。在下一章會詳細解釋。圖 10.1 是 F 分配的一個例子。

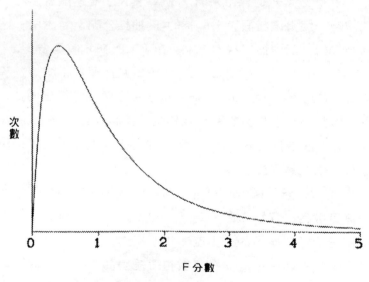

【圖 10.1　F 分配的例子（自由度為 4，8）】

以下的動作看起來可能有點奇怪，不過你可以試著想像一下 t 分配裡所有的分數（如圖 6.2）都變成原來的平方數。所有的負值都變成正值，且會使圖形轉變爲如圖 10.1 的 F 分配。另外要注意的是，F 都是由平方數構成，所以也不必再區分單尾或雙尾檢定，因爲各組平均數的任何差異都會使 F 值增加，對 F 的預測僅是組間某處有達到顯著的系統性差異，可能只有一組異於其他各組，通常要有更深入的調查才能清楚了解 F 值達顯著的實際意義。

結論

研究資料中的變異量，我們可以得出一個統計量，就是變異比 F，它有助於分析來自資料中各種因素的變異數。我們比較有興趣的部份是組間變異數，它含有組與組之間的系統性差異，也有收集資料時任何可能的隨機誤差。而誤差變異數則是用未被組間系統性差異影響的組內變異數來估計。在檢驗這兩種變異數的比率時，會得出一個估計組間系統性差異的統計量。若算出的 F 值大於 F 分配上某顯著水準（p=0.05 或 0.01）的臨界值，就拒絕虛無假設，並說至少有某些組之間有顯著的差異。

執行變異數分析時，不再有型 I 錯誤增加的困擾，因爲各組在同一次檢定中同時比較。後面幾章中會介紹，如何在不同的實驗假設中用變異數分析來分析資料。

第 11 章

單因素獨立測量 ANOVA

◆ 分析獨立測量 ANOVA 的變異量

◆ 拒絕虛無假設

◆ 樣本數不等時

◆ F 與 t 的關係

單因素獨立測量 ANOVA 類似於獨立 t 檢定，不同的是，在 ANOVA 中我們可以一次比較兩個或更多的組。它是由獨立設計來分析資料，亦即在每一組中使用不同的受試者。若只想比較兩組，如五歲和七歲的小孩在閱讀測驗上的表現，我們可以用 t 檢定或 ANOVA。無論用何種方法得出的結果都一樣。但如果要比較更多組，如五歲、六歲、七歲三組，那麼就必須進行變異數分析了（這種形式的 ANOVA，也稱作完全隨機設計 ANOVA）。

分析獨立測量 ANOVA 的變異量

前一章曾提到，組間分數的變異量是來自組間系統性的差異加上隨機誤差。在獨立設計中，不同的受試者對不同的組別提供分數，所以組間變異有一部份其實是來自不同受試者的**個體差異**，它是一種隨機誤差，因為我們並未根據不同組別去有系統地安排受試者。另一種隨機誤差叫做**實驗誤差**，即使我們已盡量對每個受試者提供同等的實驗條件，但實驗中一定還是會有一些誤差出現。組間變異的三個來源是：組間系統性差異、個體差異、實驗誤差。

若我們觀察組內分數的變異，可知並沒有系統性的差異（若執行實驗時一切都安排適當），但仍有許多不同的受試者分在同一組，因此可預期是**個體差異**造成了變異。如同前面，我們也預期會有**實驗誤差**造成的隨機誤差，因為它可能在實驗中的任何地方出現，所以組內變異有兩個成分：個體差異和實驗誤差。由此可知組內變異數提供了有關「誤差變異數」的資訊，它與組間變異數扣掉系統性差異後剩下的部分差不

多。比較組間變異數和組內變異數，就可以算出變異比，並可和 F 分配比較，以得知自變項對依變項的影響。

要求出 F，其比率如下：

$$F = \frac{系統性差異 + 誤差變異數}{誤差變異數}$$

也可由下式計算出來：

$$F = \frac{組間變異數}{組內變異數}$$

這是因為這兩個變異數只相差組間系統性差異：

$$F = \frac{系統性差異 + 個體差異 + 實驗誤差}{個體差異 + 實驗誤差}$$

要算出 F，我們必須先求出組間和組內的變異數。

ANOVA 簡表

計算 F 前必須先知道變異數分析的各部分：平方和、自由度、變異數等等。為了要正確進行，並能清楚列出計算結果，ANOVA 簡表便是最好的工具。

此一簡表在表中列出各種分數的變異來源。在單因素獨立測量 ANOVA 中，我們考慮了組間和組內的變異數，同時也必須知道資料中的總變異量，以計算各種所需的平方和。每一欄標示的是產生變異比的過程中，各階段得出的數值，如

此一步步算出 F 再看它是否達顯著。這邊需要平方和及自由度來計算變異數。在變異數分析的術語中,我們稱變異數爲**平均平方數**(Mean square,MS),它只是個別名罷了,兩個詞指的還是同一回事。在此可以講得更白話一點,因爲它是以平方和除以自由度得出的,也就是「平方數」的「平均值」。

算出的 F 值是否達顯著,有兩種解釋方式:第一種,找出虛無假設成立時,F 分數對應的機率大小,如 p=0.0145,可以比較此一機率與選定的顯著水準,如 p=0.05,看誰大誰小,也就是說,把機率和顯著水準作一連結,算出的 F,若其 p 值比 0.05 小,表示在顯著水準 p=0.05 時,此 F 值達顯著,而 p>0.05 就表示在 p=0.05 的水準上未達顯著。或是在算出的 F 值大於查表所得的 F 時,也可以拒絕虛無假設,表示差異有達顯著。

單因素獨立測量 ANOVA 簡表長的像下面的樣子:

ANOVA 簡表

變異來源	自由度	平方和	平均平方數	變異比（F）	機率（p）
組間	$df_{組間}$	$SS_{組間}$	$MS_{組間}$	F	p
組內	$df_{誤差}$	$SS_{誤差}$	$MS_{誤差}$		
總和	$df_{總}$	$SS_{總}$			

注意到我們只在表中填上求出 F 所需的資訊。舉例來說,計算 F 時用不到總的變異數（ $MS_{總}$),所以不需要填入。表中各細格所需資訊的計算式列在下面:

$$df_{總} = N - 1 \qquad \text{N 是共有幾個分數}$$

$$df_{組間} = k - 1 \qquad \text{k 是組數}$$

$$df_{誤差} = df_{總} - df_{組間}$$

平方和：

$$SS_{總} = \Sigma X^2 - \frac{(\Sigma X)^2}{N}$$

ΣX^2 是平方和；$(\Sigma X)^2$ 是分數總和的平方

$$SS_{組間} = \frac{\Sigma T^2}{n} - \frac{(\Sigma X)^2}{N}$$

T 是某一組內的分數總和；ΣT^2 是各組平方和的總和；n 是各組中有幾個分數

$$SS_{誤差} = SS_{總} - SS_{組間}$$

平均平方數：

$$MS_{組間} = \frac{SS_{組間}}{df_{組間}}$$

$$MS_{誤差} = \frac{SS_{誤差}}{df_{誤差}}$$

變異比：

$$F = \frac{MS_{組間}}{MS_{誤差}}$$

F 值中必定包含兩種自由度，可寫成如下的式子：

$$F(df_{組間}, df_{誤差}) = 計算的值$$

我們拿算出的 F 值和 F 分配表上某個選定的顯著水準對應的臨界值比較。當查表時（附錄表 A.3）我們用 $df_{組間}$ 作為第一個自由度（表中各欄），而 $df_{誤差}$ 是第二個自由度（表中各列）。算出的 F 值只有在大於或等於查表值時才算達顯著。

範例

有位研究者對解迴文字謎時給予提示造成的效果有興趣。他測量每個受試者解答五題各八個字母的迴文字謎要花的時間，同樣的五題字謎在三種不同條件下施測：首字母（提示該字的第一個字母）、末字母（提示該字最後一個字母）、無字母（不給予任何提示）。共選出 30 個受試者，把他們隨機分派到三個組。記錄下他們解這五題字謎要花幾分鐘，結果如下。*暗示的形式*（自變項）對*解答時間*（依變項）是否有影響？

首字母 第一組	末字母 第二組	無字母 第三組
X_1	X_2	X_3
15	21	28
20	25	30
14	29	32
13	18	28
18	26	26
16	22	30
13	26	25
12	24	36
18	28	20
11	21	25

平均數　$\overline{X}_1 = 15.00$　$\overline{X}_2 = 24.00$　$\overline{X}_3 = 28.00$

總和　$T_1 = 150$　$T_2 = 240$　$T_3 = 280$

總和的平方　$T_1^2 = 22500$　$T_2^2 = 57600$　$T_3^2 = 78400$

分數總和（全部）：$\Sigma X = 670$

分數總和的平方：$(\Sigma X)^2 = 448900$

分數平方的總和：$\Sigma X^2 = 16210$

組數：k=3

每組人數：n=10

全部人數：N=30

123

自由度：

$$df_{總} = N - 1 = 30 - 1 = 29$$

$$df_{組間} = k - 1 = 3 - 1 = 2$$

$$df_{誤差} = df_{總} - df_{組間} = 29 - 2 = 27$$

平方和：

$$SS_{總} = \Sigma X^2 - \frac{(\Sigma X)^2}{N} = 16210 - \frac{448900}{30} = 16210 - 149363.33 = 1246.67$$

$$SS_{組間} = \frac{\Sigma T^2}{n} - \frac{(\Sigma X)^2}{N} = \frac{22500 + 57600 + 78400}{10} - \frac{448900}{30}$$
$$= 15850 - 14963.33 = 886.67$$

$$SS_{誤差} = SS_{總} - SS_{組間} = 1246.67 - 886.67 = 360.00$$

平均平方數：

$$MS_{組間} = \frac{SS_{組間}}{df_{組間}} = \frac{886.67}{2} = 443.33$$

$$MS_{誤差} = \frac{SS_{誤差}}{df_{誤差}} = \frac{360.00}{27} = 13.33$$

變異比（F）：

$$F = \frac{MS_{組間}}{MS_{誤差}} = \frac{443.33}{13.33} = 33.26$$

124   在 F 分配表（附錄表 A.3 中）可以查到 p=0.05 時，F（2，

27）=3.35。因為算出的 F 值 33.26 大於查表的值 3.35，所以可以拒絕虛無假設，並結論說解迴文字謎的時間會受提示形式的影響。注意到這個結果是高度顯著的，因此可以選一個更保守的顯著水準作為標準。若 p=0.01，由表中可知 F（2，27）=5.49，我們的結果在 p<0.01 時仍達顯著。

在此發現了顯著的效果，雖然可以由平均值稍作比較，實際上仍然無法知道是哪一組的差異造成。在下一章中對此問題有更深入的探討。F 檢定發現了組間差異，但它無法解釋差異的原因。我們希望實驗過程控制良好，使所有的變異都可歸因於*提示種類*，但若研究者有意或無意引入一些不好的混淆變項，也可能產生系統性差異使變異數分析的結果達顯著。

ANOVA 簡表

變異來源	自由度	平方和	平均平方數	變異比（F）	機率
組間	2	886.67	443.33	33.26	p<0.01
組內	27	360.00	13.33		
總和	29	1246.67			

上表清楚簡明地把分析過程表現出來，它也有助於檢查計算過程是否有錯：自由度和平方和有沒有加錯？你不可能得到負的平方和，因為**平方數**的總和必定是正數。若真的出現負值，檢查一下計算過程，一定是哪個地方出了差錯。

當我們在 ANOVA 中拒絕虛無假設，如同前面的例子那樣，也只是下個結論說組間有系統性差異存在，而非指出哪裡有差異。如前例中分三組的情況下，拒絕虛無假設會有以下四種可能狀況：

1.三個組兩兩間差異都達顯著，它們的樣本是來自三個不同的母群分配。

2.第一組和第二、三組有顯著差異，但第二和第三組間的差異則不明顯。抽取出第一組樣本的母群分配和抽出第二、三組樣本的分配是不同的。

3.第二組和第一、三組有顯著差異，但第一和第三組間的差異則不明顯。抽取出第二組樣本的母群分配和抽出第一、三組樣本的分配是不同的。

4.第三組和第一、二組有顯著差異，但第一和第二組間的差異則不明顯。抽取出第三組樣本的母群分配和抽出第一、二組樣本的分配是不同的。

組數越多，可能性就越多。達顯著的 F 值只是表示虛無假設極不可能成立，因此我們才拒絕它。還必須有進一步的檢定才能判斷以上哪一種可能性為真。

樣本數不等時

　　研究者通常在進行獨立測量 ANOVA 時會將樣本加以組織，使每一組中的受試者一樣多，雖非必須，但卻可使計算更容易。F 檢定和 t 檢定一樣，各組人數不同時仍然可以進行，只是前面的公式僅適用於每組人數相等的狀況，在樣本數不同時唯一的改變只有 $SS_{組間}$ 的式子。我們用 $SS_{組間} = \dfrac{\Sigma T^2}{n} - \dfrac{(\Sigma X)^2}{N}$ 代替 $SS_{組間} = \Sigma(\dfrac{T^2}{n}) - \dfrac{(\Sigma X)^2}{N}$。因為每組樣本數 n 不同，所以要先把每組的平方和除以各自的樣本數 n，再把它們總加起來，下面有個實例可以參考。

　　樣本數不等的計算通常發生在你希望每組樣本數相等，但卻因某些不可抗力原因使部份受試者無法提供分數。在前面的例子中可能會有一位受試者不管花多少時間都解不出某一題，解決方法之一是找個新的受試者代替他，但實際上即使不算他的分數，對算式的改變也不大。樣本數不等其實不是很嚴重的問題（只要符合母群變異數相等的原則即可）。

126

範例

　　我在此引用第八章中作獨立 t 檢定的例子來進行樣本數不等的變異數分析。該實驗比較安眠藥在六位男性與八位女性身上的效果，男性吃了安眠藥後睡眠時間分別增加了 4、6、5、4、5、6 個小時，女性則分別多了 3、8、7、6、7、6、7、8 個小時。

總分（全部）：$\Sigma X = 80$

分數總和的平方：$(\Sigma X)^2 = 6400$

分數平方數的總和：$\Sigma X^2 = 482$

組數：k=2

每組人數：$n_1 = 6, n_2 = 8$

總人數：N=14

第一組總分：$T_1 = 30$，總和的平方：$T_1^2 = 900$

第二組總分：$T_2 = 50$，總和的平方：$T_2^2 = 2500$

總人數：N=14

自由度：

$df_{總} = N - 1 = 14 - 1 = 13$

$df_{組間} = k - 1 = 2 - 1 = 1$

$df_{誤差} = df_{總} - df_{組間} = 13 - 1 = 12$

127

平方和：

$$SS_{總} = \Sigma X^2 - \frac{(\Sigma X)^2}{N} = 482 - \frac{6400}{14} = 482 - 457.14 = 24.86$$

$$SS_{組間} = \Sigma \left(\frac{T^2}{N} \right) - \frac{(\Sigma X)^2}{N} = \left(\frac{900}{6} + \frac{2500}{8} \right) - \frac{6400}{14}$$

$$= 462.5 - 457.14 = 5.36$$

有兩個組，所以 $\Sigma(\frac{T}{n}) = (\frac{T_1^2}{n_1} + \frac{T_2^2}{n_2})$

$$SS_{誤差} = SS_{總} - SS_{組間} = 24.86 - 5.36 = 19.50$$

平均平方數：

$$MS_{組間} = \frac{SS_{組間}}{df_{組間}} = \frac{5.36}{1} = 5.36$$

$$MS_{誤差} = \frac{SS_{誤差}}{df_{誤差}} = \frac{19.50}{12} 1.625$$

變異比（F）：

$$F = \frac{MS_{組間}}{MS_{誤差}} = \frac{5.36}{1.625} = 3.30$$

由 F 分配表（附錄表 A.3）中可以查出在 p=0.05 時，F(1，12)=4.75。因爲算出的 F 值爲 3.30，比查表值要小，所以在此顯著水準下我們無法拒絕虛無假設。

ANOVA 簡表

變異來源	自由度	平方和	平均平方數	變異比（F）	機率
組間	1	5.36	5.36	3.30	p>0.05
組內	12	19.50	1.625		
總和	13	24.86			

F 與 t 的關係

在上一節的例子中可以用相同的兩樣本來比較 ANOVA 和獨立 t 檢定的結果。若回顧 t 的計算,你會看到計算過程的相似性:比如說在 t 計算最底下的 $SS_{誤差}$ = 1.625。若進一步探究,我們可以看見式子之間的關聯。算出的 F=3.30,實際上就是算出的 t 值 1.82^1 的平方。查表得出的 F 和 t 也有同樣的關係,所以對同一筆資料來說,不管我們用何種檢定方法都會得出相同的結果。

---

[1] 在計算中會有一些因四捨五入造成的誤差,這就是為何 t 值 1.82 的平方(=3.31)和 F 值 3.30 有點出入的緣故。如果我們用更精確的數字,也就是小數點下更多位來計算的話,它們的結果會是相同的。

第 12 章

多重比較

◆ Tukey 檢定

（所有兩兩配對的比較）

◆ Scheffé 檢定

（用於複雜的比較）

　　當我們在 ANOVA 中比較兩組以上的分數，且 F 值達顯著時，並未指出有差異的是哪些組，只點出了某處有組間差異的存在。研究者比較 4 組兒童（6、8、10、12 歲）的社交技巧，她發現 F 值達顯著，並下結論說這四組分數不是來自同一個母群分配。但此結論無法有效提供研究者是哪裡的差異達到顯著。在此先假定各組在測驗上的分數平均數分別爲 10、12、18、23（總分是 50 分），可以看出 6 歲者的分數似乎和 12 歲者的差異會達顯著，因爲二者相較，其平均數差異最大。6 歲與 8 歲兩組間，或 8 歲與 12 歲間是否達顯著差異呢？這些資料還需更深入探究，以找出顯著 F 值的來源。

　　要回答以上的問題，我們可以進行**事後**（post hoc）檢定。此名稱由拉丁文而來，其實就是「之後」的意思。分析的第一步要先在 ANOVA 中得出達顯著的 F 值，唯有如此才能進行事後檢定。此檢定是多重比較的一種，因爲它可以執行各種組間的比較。在上面的例子中，我們要比較的是，哪一組與其他三組的差異都達顯著。

　　多重比較的問題是，我們用相同的資料所做的比較次數越多，至少犯一次型 I 錯誤的機會就越大。在第十章中曾提到多重 t 檢定中會發生的問題：只要開始對資料進行多重檢定，因機率而發現差異存在的風險會增加。解決方法是找出一個可以顧及此種漸增風險，並能加以控制的事後檢定。

　　多重比較檢定有很多種，有些完全忽略型 I 錯誤會增加的問題。像最小顯著差異檢定（The significant difference test）就完全不考慮比較的次數，也完全接受型 I 錯誤增加的風險，其他的檢定如 Newman-Keuls 檢定和 Duncan 檢定便考慮了比較

的次數，並依序計算各種不同的值。而 Tukey 檢定和 Scheffé 檢定大概稱的上是最保守的檢定了，因為它們可以比較所有可能的配對比較，並用減少個別比較的顯著水準來修正型 I 錯誤增加的風險。

接下來主要要介紹 Tukey 和 Scheffé 兩種檢定，它們是最保守的檢定。在 ANOVA 中發現達顯著的變異比之後，接下來通常會想要比較所有的實驗條件，以找出我們有興趣的（達顯著的）差異，比如說前面有關社交技巧的例子，使用 Tukey 和 Scheffé 檢定時不必過分擔心型 I 錯誤的風險。另外，運算上也很容易，尤其是 Tukey 檢定。

要決定它們是否達到顯著，做為比較基準的臨界值很高，但不會因此在檢定時遺漏了可能達顯著的發現，因為我們已經設了一個很非常嚴酷的決定標準了。有時候在這兩種檢定中我們不會接受某個差異達到顯著，但在其他種檢定中卻會認定該差異達顯著，只要牢記研究者應具備他自己評斷的眼光，就不會發生太大的問題了。如果有某個差異在這兩種檢定中都沒那麼顯著，但我們仍相信此差異應該是重要的，那麼，就像在其他類似的狀況一樣，我們應該要相信自己的判斷，並且繼續進行：重做一次實驗、納入更多受試者、使用更敏感的實驗設計。如果其間真有差異存在，一定會顯現出來，即使是 Tukey 檢定也一樣。統計只是提供協助的工具，它們無法取代實驗者的技術與智慧。我剛好是那種喜歡用較保守工具的人，因為它讓我在分析結果時較有信心。但我不會讓它們擾亂我作「晦暗不明」的比較時的興致，只要在後續的實驗中再作檢查就可以了。

在此只介紹 Tukey 和 Scheffé 的原因是，Tukey 檢定對兩兩配對的比較比 Scheffé 檢定更敏感，適用於一次比較兩組，它也比 Scheffé 在兩兩配對的比較上更容易接受該差異為顯著。而 Scheffé 檢定在較複雜的比較時比 Tukey 要來得敏感，適用於合併的組群及一對多組的比較，好比說八歲兒童在社交技巧測驗上的分數與和合併了 10 和 12 歲為一組群的分數相比，就可以利用 Scheffé 檢定。

Tukey 檢定（所有兩兩配對的比較）

Tukey HSD（**H**onestly **S**ignificant **D**ifference，確實顯著的差異）檢定可以比較每種兩兩配對的組，以決定它們的差異是否顯著。Tukey 檢定要看的是存在於任何兩兩一對的平均數之間的隨機變異，亦即平均數配對間差異的標準誤有多大。若我們以這個為標準誤來比較某兩個平均數間的差異，可以得到一個統計量，它代表的是這兩個平均數的差值比平均數間隨機變異大多少。我們稱此統計量為 q：

$$q = \frac{任兩平均數的差值}{任兩平均數間差值的標準誤}$$

誤差變異數可由 ANOVA 中的 $MS_{誤差}$ 得到，標準差是變異數開平方根：$\sqrt{MS_{誤差}}$，因此，平均數差值的標準誤為 $\sqrt{\dfrac{MS_{誤差}}{n}}$，其中 n 是每組人數，所以：

$$q = \frac{\overline{X_i} - \overline{X_j}}{\sqrt{\dfrac{MS_{誤差}}{n}}}$$

其中 $\overline{X_i}$ 和 $\overline{X_j}$ 是任兩個平均數（i、j 代表的是 1、2、3 等等，或是我們選來比較的平均數）。

注意到 q 和 t 很像，這可不是巧合；這兩個統計量的邏輯是一樣的，在 t 檢定中，我們在每個平均數的兩兩配對組中使用不同的標準誤：

$$t = \frac{兩平均數間差値}{兩平均數間差値的標準誤}$$

在 q 中，我們用的是「一般性」的標準誤，它適用於任何平均數的配對組。和 t 一樣，有一個符合虛無假設的 q 分配，利用這個分配，觀察算出的 q 是否大於選定顯著水準的查表値，以決定平均數間的差異是否達顯著。Tutey 檢定克服了原本發生在多重 t 檢定中，只設定總的顯著水準而使犯型 I 錯誤的風險增加的問題。也就是說，當我們比較每個兩兩平均數配對時，犯型 I 錯誤的風險，機率爲 0.05，因此 Tukey 檢定用這種控制方法使**所有的**兩兩配對比較都能進行，所以我們可以算出每個平均數配對的 q 値，並確定犯型 I 錯誤的風險不會超過 0.05。在社交技巧測驗的例子中，因爲有四組，故有六種兩兩配對的比較。若我們有五個年齡分組：6、8、10、12、14 歲，只要在 ANOVA 中的 F 値達顯著，Tukey 檢定就可以得出十種兩兩配對比較的結果。

133

我們可以把公式整理成下面的樣子，這樣就不必再每次比較平均數時一一算出各個 q 值：

$$\overline{X_i} - \overline{X_j} = q\sqrt{\frac{MS_{誤差}}{n}}$$

如果不計算 q 值而用查表得出的 q 臨界值（達顯著的地方）的話，式子可以寫成：

$$平均數間的 HSD = q\sqrt{\frac{MS_{誤差}}{n}}$$

我們要做的只是查出所選定顯著水準下得出的 q 值，以算出 Tukey HSD，並用 HSD 比較平均數中任何或所有的差異。若平均數間的差異比 HSD 要大，那麼差異就達顯著了。

q 統計量叫做 Studentized range statistic（這是一個統計學家以 Student 的假名發表的。前面 t 檢定統計量原名為 Student's t，也是同樣的道理）。要在表中找到適當的 q 值（附錄表 A.4），必須用到 ANOVA 中誤差變異數的自由度 $df_{誤差}$ 及實驗中的組數，k，再對應選定的顯著水準（通常是 0.05 或 0.01）就可查出。

（一般來說，進行 Tukey HSD 檢定時，若每組受試者人數相等會比較容易計算，因為當各組樣本數不等時，就無法在 HSD 的式子中代入單一的 n，因為各組的 n 都不同，有 n_1、n_2 等等。要處理這個問題，我們可以只代入最小的樣本數作為 n 即可。較複雜的方法是利用下面的式子得出單一個（平均的）

的 n：

$$n = \frac{k}{(\dfrac{1}{n_1} + \dfrac{1}{n_2} + ... + \dfrac{1}{n_k})}$$

n_1 到 n_k 是各組的人數。但我們仍應小心樣本中有一些相對而言較小的差異時，是否還要進行此種檢定，因為可能會違反檢定的基本假設。）

範例

前一章中有關迴文字謎的例子提供了一個良好的範例，因為我們發現了提示形式對解答字謎的時間有顯著影響。顯著的 F 值表示可再進行事後檢定，以知道平均數間哪邊的差異是顯著的。各組平均數如下表：

	首字母	末字母	無字母
	$\overline{X_1}$	$\overline{X_2}$	$\overline{X_3}$
平均數	15	24	28

抓出每種兩兩配對，可得出它們之間的差異如下：

平均數差值	$\overline{X_2}$	$\overline{X_3}$
$\overline{X_1}$	-9	-13
$\overline{X_2}$		-4

表中數值是以「欄」代表的平均數減去「列」所代表的平均數。注意到這些差值都是負數，代表的只是 $\overline{X_1}$ 比 $\overline{X_2}$ 快 9 分鐘，諸如此類。我們暫時先只考慮平均數差異的大小，不管它是正數還是負數。在 Tukey 檢定中，要把所有的差異都視爲正數。

由 ANOVA 簡表中可得出 $df_{誤差} = 27, MS_{誤差} = 13.3$，組數 k 爲 3，每組人數 n=10，選定的顯著水準爲 p=0.05，就可以算出 HSD 了。在表中（附錄表 A.4），p=0.05，k=3，$df_{誤差} = 27$，可以查出 q 值爲 3.51（因爲 df=27 不在此表中，所以我們取 df=24 和 df=30 之間的一個數來代表 df=27 時的 q 值）。

$$HSD = q\sqrt{\frac{MS_{誤差}}{n}} = 3.51 \times \sqrt{\frac{13.33}{10}} = 3.51 \times 1.15 = 4.05$$

首字母組和無字母組的差值（13），以及首字母組和末字母組的差值（9）在 p=0.05 時有高度顯著性，因爲它們都比 HSD 大。末字母組和無字母組的差值（4）在 p=0.05 時不顯著，但若更深入研究可能可以發現兩組有不同的效果，因爲它們的差值很接近顯著，只是沒有達到那個標準罷了。現在我們知道顯著差異何在，也檢查出差異發生的情形（哪一組解答較快），便可得出結論。

我們可以下結論說首字母組比其他兩組在解答時間上明顯較快；末字母組的解答時間沒有明顯地比無字母組少，因爲「末字母組較快」的傾向未達顯著。

Scheffé 檢定（用於複雜的比較）

    Scheffé 檢定是把各種「組間平方和」加以計算再做比較，從比較的平方和中，可以繼續得出平均平方數及此比較的 F 值，拿它和 F 分配比較，看這樣的比較是否有達到顯著差異。要修正多重比較可能造成型 I 錯誤風險增加的問題，我們依據 Scheffé 修正的方式來調整 F 查表值得大小。算出的 F 值若大於修正後的查表值，就可以說組間有可比較的顯著差異。

    要做複雜的事後比較，Scheffé 檢定是最有用的了。在前面曾引用過社交技巧的範例中，我們假定研究者對 10 歲以下兒童及 10 歲兒童之間的差異有興趣。在此便出現一個複雜的比較，有兩個組（6 歲和 8 歲）被合併了，以與 10 歲組或與另外一組（12 歲）一起比較。 136

    Scheffé 檢定用下面的式子計算比較的平方和：

$$SS_{\text{比較}} = \frac{(\Sigma cT)_2}{n\Sigma c^2}$$

    T_s 是組內分數總和（ T_1 是第一組分數的總和，以此類推），n 是每組人數，c_s 是每組的係數（coefficient，c_1 是第一組的係數，以此類推）。

    選用不同的係數可以讓我們挑選可能較有意義的組別來進行檢定，可以合併幾個組，也可以把不想納入比較的組別排除。基本上，係數是將要比較的各組予以「加權」，屬於比較中甲方的組群用的是正的係數，而乙方則用負的係數。為了在比較中能適切地平衡，係數的總和一定是 0，$\Sigma c=0$。在一個

有三組的實驗中，要比較的是第一組與合併了的第二、三組，則係數為 $c_1 = +1$，$c_2 = -0.5$，$c_3 = -0.5$。注意到係數的總和為 0：$c_1 + c_2 + c_3 = 1 - 0.5 - 0.5 = 0$。二、三組屬於比較的同一邊，所以其權數相等，係數都是 -0.5。比較的兩邊權數都是 1。但一方是正數，另一方是負數。（我們賦予各組實驗係數的大小可能是任何數值，只要符合上面的限制就可以了，所以也可以用 +2、-1、-1 或 +1、-5、-5 分別作為三組的係數。通常會選用最容易計算的數字。）

係數的選擇最後會產生可用來做比較的平方和。它總是比較兩個新的組，也就是原來的實驗組經過合併後形成的新組。前例中的兩個新組是：原實驗中的第一組是新的第一組，而合併了原來的二、三組會形成新的第二組。因為這種比較裡都只有兩組相比，因此自由度一定是 1。

比較的平均平方數為：

$$MS_{比較} = \frac{SS_{比較}}{df_{比較}} = \frac{SS_{比較}}{1} = SS_{比較}$$

算出用於比較的變異比用的是原本在 ANOVA 中的誤差平均平方數，所以用於比較的 F 值為：

$$F = \frac{MS_{比較}}{df_{比較}}$$

在這裡我們必須有正確的查表值才能比較算出的 F 值。這要看這個比較在計算前是有**規劃過的**（planned）或是**沒有規劃過**（unplanned）的；這表示，在 ANOVA 中發現 F 達顯

著後，才會去進行事後比較。說明如下：

有規劃的比較（A planned comparison）

　　事前有規劃的比較在比較前就已知道 ANOVA 中的 F 值是否達顯著，我們對此種比較特別有興趣，在這種狀況下不必考慮多重比較中型 I 錯誤增加的風險，因為我們只比較我們感興趣的東西，因此只要用一般做 F 比較時的自由度即可：也就是在選定的顯著水準上的 $df_{比較}$ 和 $df_{誤差}$。

未規劃的比較（Unplanned comparison）

　　未規劃的比較較常用在 Scheffé 檢定，因為事後檢定習慣上在知道 ANOVA 達顯著後用來找出有用的結果。有時在實驗前我們會先預想一些可能的比較，但資料可能引導我們去做更有趣、意料之外的研究。此時如果要做任何**事後**比較，就必須修正增加的型 I 錯誤。Scheffé 檢定的因應方式是再創造一個新的、查表值較大的 F'，唯有在計算的值大於 F'時才能宣稱此比較有達到顯著。我們用以下的式子計算 F'：F'=(k-1)F，k 是原實驗中的組數，F 是 ANOVA 中的查表值，查表時對應的自由度是 k-1 和 k(n-1)。F'的計算讓我們可以安心地去執行任何事後比較，且不必擔心型 I 錯誤有增加的風險。[譯註四]

138

[譯註四] 當原 ANOVA 中的 F 達顯著時，表示組與組之間必定在某處有差異存在，因此有規劃的比較是單純為了找出此差異而進行的（類似 Tukey 檢定）因此型 I 錯誤不會增加；而未規劃的比較則是在得知原來的組間有差異後，做一些更深入、複雜的比較（如 Scheffé 檢定），因為分組方式和原來做 ANOVA 時不同，因此型 I 錯誤很可能增加，必須用較嚴格的標準（F'）以避免此情形發生。

範例

本章一開始我稍微介紹了一下四種不同年齡兒童在社交技巧上的相關研究,研究者想找出年齡對社交技巧的影響。這個分析產生了下面單因素獨立測量 ANOVA 的簡表,其 F 值有高度顯著。

ANOVA 簡表

變異數來源	自由度	平方和	平均平方數	變異比(F)	機率
組間	3	838.00	279.33	12.415	p<0.01
組內	28	630.00	22.50		
總和	31	1468.00			

此實驗中每一組有 8 名兒童,四組的總分分別如下表所示:

第一組	第二組	第三組	第四組
6 歲	8 歲	10 歲	12 歲
T_1	T_2	T_3	T_4
80	96	144	184

139　　　　研究者決定做個事後檢定,她想知道 10 歲及更小的兒童(6 歲即 8 歲的合併)間是否有明顯差異。她選了 c_1=+1,c_2=+1,c_3=-2 及 c_4=0 四個係數來進行比較。可以看出研究者用係數定義第四組在比較中是被排除的,而第 1、2 組合並

剛好可與第三組達到平衡。

比較的平方和可由下面公式算出：

$$SS_{比較} = \frac{(c_1 T_1 + c_2 T_2 + c_3 T_3 + c_4 T_4)^2}{n(c_1^{\ 2} + c_2^{\ 2} + c_3^{\ 2} + c_4^{\ 2})}$$

$$SS_{比較} = \frac{\left[(+1 \times 80) + (+1 \times 96) + (-2 \times 144) + (0 \times 184)\right]^2}{8\left[(+1)^2 + (+1)^2 + (-1)^2 + (0)^2\right]}$$

$$= \frac{(-112)^2}{8 \times 6} = \frac{12544}{48} = 261.33$$

因為比較兩個群組，自由度為 1，

$$MS_{比較} = \frac{SS_{比較}}{df_{比較}} = \frac{261.33}{22.50} = 11.61$$

引入 ANOVA 中的誤差變異數：

$$F = \frac{MS_{比較}}{MS_{誤差}} = \frac{261.33}{22.50} = 11.61$$

現在可以算出 F'：

F'=(k-1)×F(k-1，k(n-1))=(4-1)×F(4-1，4(8-1))=3×F(3，28)

從 F 分配表中查出，當 p=0.05 時，F(3，28)=2.95，所以，
F'=3×2.95=8.85

算出的 F 值比 F' 要大，我們便可下結論說在社交技巧上，10 歲組及 6 歲、8 歲合併組的確有顯著差異，並且 10 歲兒童得分明顯比年紀較小的兒童要來得高。

第 13 章

單因素重複量數 ANOVA

◆ 導出 F 值

◆ 多重比較

獨立測量 ANOVA 預設每一組的分數彼此之間無關,且受試者只對其中一組提供分數。但有時候我們會希望同樣的一群受試者接受各種實驗條件的操弄,讓他們對每一組都提供分數,這在需要跨組比較同一人的分數時特別有用。在一個關於記憶的研究中,要比較不同型式的字能在記憶中停留多久,可能就會在各組中用同一批受試者(只要能妥善控制練習或疲勞效果即可)。處理此種資料的變異數分析叫做重複量數設計,而如同之後會看到的,其計算和獨立測量設計有些出入,但 ANOVA 的基本邏輯是相同的。

導出 F 值

有個研究計劃想要設計一套便於肢障者使用的電腦設備,其中有三種專門設計給手及指運動困難的新型鍵盤正在發展。此研究欲判斷何種新型鍵盤是發展得最成功的。四位可能用得上這些配備的使用者同意參與新鍵盤的測試作業,每位受試者要用鍵盤輸入一段文章,並記錄錯誤次數。有三段內容不同但困難度相同的文章作為測試內容,這是為了避免打同一篇文章產生的練習效果。文章的選定和順序都加以控制,且每位受試者都有使用到每一種鍵盤及每一篇文章,這是顧及可能在實驗中產生的混淆變項。實驗結果如下表:

受試者	鍵盤 1	鍵盤 2	鍵盤 3
1	5	6	10
2	1	2	3
3	0	4	5
4	2	4	6

注意到受試者之間也有變異的情況，1 號受試者錯誤最多，2 號犯錯最少。但重複量數設計是受試者本身在各種不同實驗條件下表現的比較，即使他們的表現有明顯差異，主要的問題仍在於各種條件下他們是否有相似的型態或趨勢出現，也就是說，是否有一種實驗條件是無論誰來執行，都是三種條件中表現得最差的？

若用這些資料進行獨立測量 ANOVA，或許能提供的訊息就很有限，因為它假設在組內和組間都有受試者變異的情況出現。我們可以用獨立測量設計中計算 F 的式子來想像這個關係：

$$F = \frac{組間變異}{組內變異}$$

$$F = \frac{系統性差異 + 個體差異 + 實驗誤差}{個體差異 + 實驗誤差}$$

在重複量數設計中，組間沒有個體差異存在（因為受試者相同），相同的式子在重複量數中會變成：

$$F = \frac{組間變異}{組內變異} = \frac{系統性差異 + 實驗誤差}{個體差異 + 實驗誤差}$$

這個式子對測量組間系統性差異來說不是很好用,因為 F 不只對這個因素敏感,也對分母中的個體差異敏感。F 值很大表示不同實驗條件的影響很大,但也可能表示個體差異很小; F 值小可能只是缺乏系統性差異的關係,但也可能是個體差異大而掩蓋了其他的影響。如果可以從組內變異(式子中的分母)中把個體差異排除掉,就可以得出一個對組間系統性差異高度敏感的重複量數設計公式:

144

$$F = \frac{\text{系統性差異} + \text{實驗誤差}}{\text{實驗誤差}}$$

要得出上面的式子,得先找出一個去除組內變異中個體差異部分的方法,這樣我們才能算出適當的 F 值。

$$F = \frac{\text{組間變異}}{\text{組內變異} - \text{個體差異}}$$

去除個體差異

在有關鍵盤的資料中可以看到,即使受試者間有個體差異,各受試者仍有一致的型態,用 1 號鍵盤的錯誤最少,2 號次之,3 號的錯誤最多。所以即使每個人表現的好壞不同,但每位受試者在各組的表現樣態卻很相近,這也就是我們想測量的組間系統性差異。

找出受試者差異的關鍵在於平方和。第 10 章中已經學過如何計算組內和組間平方和。下表中是各組平均數的資料,可由此算出各個平方和。

受試者	鍵盤 1	鍵盤 2	鍵盤 3	鍵盤 4
1	5	6	10	7
2	1	2	3	2
3	0	4	5	3
4	2	4	6	4
該組平均數	2	4	6	總平均=4

每組組內平方和如下：

鍵盤 1　　$(5-2)^2+(1-2)^2+(0-2)^2+(2-2)^2=14$　　145

鍵盤 2　　$(6-4)^2+(2-4)^2+(4-4)^2+(4-4)^2=8$

鍵盤 3　　$(10-6)^2+(3-6)^2+(5-6)^2+(6-6)^2=26$

組內總平方和爲 14+8+26=48

組間平均數的平方和爲 $(2-4)^2+(4-4)^2+(6-4)^2=8$

因爲每組中有四位受試者，組間平方和爲 $4\times8=32$

在上面平方和的估算中，我們著重在「組」上，也就是上表中欄的資料，我們也算出了各欄內的變異數及欄間變異數。同樣的邏輯可應用在列的資料，亦即可算出列內及列間的平方和。注意到列代表的是各個受試者，列內變異並非來自不同的受試者，因爲一列代表的就是一位受試者，但列與列之間的變異就是**受試者間變異**了。這是不同受試者之間個體差異的測量，正是我們試圖找出的部分。

每位受試者本身的平方和如下：

第 13 章　單因素重複量數 ANONA　185

受試者 1　　　$(5-7)^2 + (6-7)^2 + (10-7)^2 = 14$

受試者 2　　　$(1-2)^2 + (2-2)^2 + (3-2)^2 = 2$

受試者 3　　　$(0-3)^2 + (4-3)^2 + (5-3)^2 = 14$

受試者 4　　　$(2-4)^2 + (4-4)^2 + (6-4)^2 = 8$

受試者內平方和=14+2+14+8=38

受試者平均數間平方和

$= (7-4)^2 + (2-4)^2 + (3-4)^2 + (4-4)^2 = 14$

每位受試者歷經三種實驗條件，所以受試者間平方和=3×14=42

注意到不管用何種方式算出平方和，總和一定是 80。我們對 ANOVA 中受試者的平方和沒有興趣，而是想知道個體差異（受試者間平方和 42）為何。現在就可以把個體差異從組內平方和移除了。剩下來的就是誤差平方和，等於 48-42=6。

146 　因為我們可以從組內變異中抽出受試者間變異的部分，所以在這裡要計算 F 值就不再使用組內變異數，而是用一個新的、較小的誤差項。因此，在重複量數設計中我們更有可能得出達顯著的效果，因為已經把個體差異完全由計算出排除了。

ANOVA 簡表

變異來源	自由度	平方和	平均平方數	變異比（F）	機率
組間	$df_{組間}$	$SS_{組間}$	$MS_{組間}$	F	p
組內	$df_{組內}$	$SS_{組內}$			
受試者間	$df_{受試者間}$	$SS_{受試者間}$			
誤差	$df_{誤差}$	$SS_{誤差}$	$MS_{誤差}$		
總和	$df_{總}$	$SS_{總}$			

計算公式列在下面：

自由度：

$df_{總}$=N-1　　　　　　N 是分數個數

$df_{組間}$=k-1　　　　　　k 是組數

$df_{組內}=df_{總}-df_{組間}$

$df_{組間}$=n-1　　　　　　n 是每組人數

$df_{誤差}$=(n-1)(k-1)

平方和：

$$SS_{總} = \Sigma X^2 - \frac{(\Sigma X)^2}{N}$$

ΣX^2 是分數的平方和；$(\Sigma X)^2$ 是分數平方的總和[1]

$$SS_{組間} = \frac{\Sigma T_c^{\,2}}{n} - \frac{(\Sigma X)^2}{N}$$

T_c 是組內總分，如 T_{c1} 就是第一組總分。$\Sigma T_c^{\,2}$ 是某一組分數平方的總和

（注意到我們用 T_c 作為組內總和而非用 T 表示，這是為了和受試者總分 T_S 有所區別。）

$$SS_{受試者內} = SS_{總} - SS_{組間}$$

$SS_{受試者內}$ 是受試者內平方和

$$SS_{受試者間} = \frac{\Sigma T_s^{\,2}}{k} - \frac{(\Sigma X)^2}{N}$$

T_S 是單一受試者個人的總分，如 T_{S_1} 是 1 號受試者的總得分。$\Sigma T_s^{\,2}$ 是某一受試者分數平方的總和

$$SS_{誤差} = SS_{組內} - SS_{受試者間}$$

148 平均平方數：

$$MS_{組間} = \frac{SS_{組間}}{df_{組間}}$$

$$MS_{誤差} = \frac{SS_{誤差}}{df_{誤差}}$$

---

[1] 這個式子其實和平方和 $\Sigma(X - \overline{X})^2$ 是一樣的，只是用另一種較容易計算的方式表示，寫成： $\Sigma X^2 - \dfrac{(\Sigma X)^2}{N}$

變異比：

$$F = \frac{MS_{\text{組間}}}{MS_{\text{誤差}}}$$

我們比較算出的 F 值與 F 分配中查表得出的臨界值（附錄表 A.3），查表時用 $df_{\text{組間}}$ 作為第一個自由度（表中各欄），$df_{\text{誤差}}$ 作為第二個自由度（表中各列）。只有在算出的 F 值大於或等於查表值時，他才會達顯著。

範例

鍵盤的例子提供了一些計算重複量數 ANOVA 的說明資料。首先要算出各種總和。

受試者	鍵盤 1	鍵盤 2	鍵盤 3	受試者總和
1	5	6	10	$T_{s_1} = 21$
2	1	2	3	$T_{s_2} = 6$
3	0	4	5	$T_{s_3} = 9$
4	2	4	6	$T_{s_4} = 12$
各組總和	$T_{c_1} = 8$	$T_{c_2} = 16$	$T_{c_3} = 24$	總和 $\Sigma X = 48$

我們也需要：

每組人數，n=4

組數，k=3

總共有幾個分數，N=12

全部分數總和的平方，$(\Sigma X)^2 = 2304$

分數平方的總和，$\Sigma X^2 = 5^2 + 1^2 + ... + 5^2 + 6^2 = 272$

接下來計算自由度：

$df_{總} = \text{N-1=12-1=11}$

$df_{組間} = \text{k-1=3-1=2}$

$df_{組內} = df_{總} - df_{組間} = \text{11-2=9}$

$df_{受試者間} = \text{n-1=4-1=3}$

$df_{誤差} = \text{(n-1)(k-1)=3} \times \text{2=6}$

平方和：

$$SS_{總} = \Sigma X^2 - \frac{(\Sigma X)^2}{N} = 272 - \frac{2304}{12} = 272 - 192 = 80$$

$$SS_{組間} = \frac{\Sigma T_c^2}{n} - \frac{(\Sigma X)^2}{N} = \frac{8^2 + 16^2 + 24^2}{4} - \frac{2304}{12} = 224 - 192 = 32$$

$$SS_{組內} = SS_{total} - SS_{between} = 80 - 32 = 48$$

$$SS_{受試者間} = \frac{\Sigma T_s^2}{k} - \frac{(\Sigma X)^2}{N} = \frac{21^2 + 6^2 + 9^2 + 12^2}{3} - \frac{2304}{12} = 234 - 192 = 42$$

$$SS_{誤差} = SS_{組內} - SS_{受試者間} = 48 - 42 = 6$$

150   注意到大部分組內分數的變異是來自個體間的差異，所以我們的誤差平方和會比組內平方和小很多。

現在可以算出適當的平均平方數及變異比：

$$MS_{組間} = \frac{SS_{組間}}{df_{組間}} = \frac{32}{2} = 16$$

$$MS_{誤差} = \frac{SS_{誤差}}{df_{誤差}} = \frac{6}{6} = 1$$

$$F = \frac{MS_{組間}}{MS_{誤差}} = \frac{16}{1} = 16$$

因此得出下列簡表：

ANOVA 簡表

變異來源	自由度	平方和	平均平方數	變異比（F）	機率
組間	2	32	16	16	p<0.01
組內	9	48			
受試者間	3	42			
誤差	6	6	1		
總和	11	80			
（組間+組內）					

從附錄表 A.3 的 F 分配表中，p=0.01 時，F（2，6）=10.92，   151
因為算出的 F 值比它大，所以在 p=0.01 時可以拒絕虛無假設。
結論是，不同鍵盤的錯誤數有顯著差異。

（這個特殊的例子是故意設計的，所以全部的計算都是
整數。一般來說這種情況並不常見，但可以很清楚地展示重複
量數 ANOVA 的運算歷程。當然我們也可以想想如果這些資料
是來自分成三組的 12 個人，而非同樣的 4 個人歷經各種實驗

條件，如此一來就必須進行獨立測量 ANOVA，並使用組內平均平方數來作為誤差變異數了。我們可以從上表中得知，此值為 48 除以 9，等於 5.33，因此得出 F 值為 3（16÷5.33），未達顯著，因為 p=0.05 時，F(2，9)=4.26，當所有受試者都不同時，不同鍵盤造成的影響就消失了。）

多重比較

我們可以對重複量數 ANOVA 進行事後檢定，以找出顯著差異的來源。與獨立測量設計唯一的不同是要在比較中選擇適當的誤差項。一般來說，大家都同意在計算 Tukey 的 HSD 時應該用 $MS_{誤差}$ 和 $df_{誤差}$（ANOVA 簡表中所示）來算，而不是用組內變異數。

在鍵盤的例子中，$MS_{誤差}$=1，$df_{誤差}$=6，n=4，k=3。在 Studentized range 表中，p=0.05，且有三組、6 個誤差自由度，可查出統計量 q=4.34，所以：

$$HSD = q\sqrt{\frac{MS_{error}}{n}} = 4.34 \times \sqrt{\frac{1}{4}} = 4.34 \times 0.5 = 2.17$$

鍵盤 1 和 3 的平均數相差 4，在 p=0.05 時達顯著，因為它大於 2.17。其他的平均數差異就不顯著了。鍵盤 1 和 2、鍵盤 2 和 3，平均數的差值都是 2，如果有更多受試者，或許就會達到顯著了，所以這些不顯著的差異其實還可以更深入探討。

第 14 章

變異數分析中因素的交互作用

◆ 交互作用

◆ 把組間平方和分成幾個部分

◆ 簡單主要效果

◆ 結論

通常研究者們都希望研究中能探討一個以上的自變項，而非只看一個因素的影響，好比說觀察*年齡*和*經驗*對騎機車的表現有何影響。幸好，變異數分析可應用在一個以上的自變項，實際上我們可以在分析中考慮任何數量的自變項，麻煩的是結果解釋很複雜。但如同之後會看到的，兩因素變異數分析比分開處理兩個自變項有更多好處，特別是兩因素設計可以讓我們檢驗自變項在分數上**交互作用**（interaction）的效果。本章會介紹資料分析中交互作用的重要性，將以下面的例子作為說明。

某個城市的教育委員會發現輿論認為該城市有個學校（甲校）不鼓勵女孩子學科學。某位研究者受命調查這件事，於是他又選了同城市中的另一所學校（乙校）作為比對，該校條件與甲校的受試學生條件都相符，並在一些其他方面也都差不多，如規模、招生標準、招收年齡、男女比例等，以控制可能的混淆變項。在這個城裡，學生在 15 歲開始分科選課，學科的選擇最多，同時課業負擔也最大。研究者分別從兩個學校隨機選了 20 個 15 歲男生和 20 個 15 歲女生，並求出他們有多少人選讀自然組。在此實驗中有兩個自變項，*學校*和*性別*，依變項測量的則是選讀自然組的人數。

研究者對兩個自變項各自造成的效果沒什麼興趣，他比較想知道兩變項合併後的效果為何：甲校中男女生選讀自然組人數的差異，是否明顯大於乙校的男女差異？我們可以用兩因素變異數分析來回答這個問題。

兩因素變異數分析提供了三個變異比，而非像前面一樣只有一個，前兩個是兩個因素各自的**主要效果**（main effect），

也就是說，分別看兩個因素各自對依變項的影響。**學校**的**主要效果**表現出兩校間學生選讀自然組的人數是否有顯著差異（兩校都先合併了男生跟女生的資料後再進行比較），由此算出的統計量可以讓我們知道哪個學校是比較科學取向的，但卻無法知道男女差異。**性別的主要效果**表示男女在選讀自然組的人數上是否有顯著差異，這是把兩校男生資料合併後，與合併兩校女生資料後進行男生和女生之間的比較。這個統計量可以告訴我們不同性別在選讀自然組的取向是否有顯著差異，但卻無法表現出兩校間是否不同。

兩因素 ANOVA 可以表現出兩個因素間是否有顯著的**交互作用**。當一個因素在另一個因素中的不同條件下有不同的效果，就表示有交互作用發生，就像是學校對選組的效果在男生身上的表現和在女生身上的表現不同。如果我們發現學校的效果在男生組不顯著，那就表示不管他們念哪個學校，都不會影響他們對是否選讀自然組的決定，但如果同時女生組中，甲校的女生選自然組的人比乙校女生少，這個結果便支持了實驗中交互作用達顯著的假設。在此，*學校*在不同*性別*上產生的效果不同。要了解達顯著的交互作用，最好的方法是在一個圖上畫出各組的平均數，如圖 14.1 中畫的就是上例的交互作用。

值得注意的是，如果我們得到如圖 14.1 的顯著交互作用，那麼就幾乎可以確定*學校*的主要效果達顯著，因為乙校選自然組的人比甲校要多，而且*性別*的效果也達顯著，男生們選自然組的人數比女生們要多。但這些主要效果只是交互作用的副產品，並不是很重要的結果。在這邊清楚呈現了一個交互作用，就是甲校中女生選自然組的比男生要少，但在乙校中卻無

此差異。

　　即使我們發現乙校中選讀自然組的人，男生比女生多，若甲校男女差異大過乙校時，仍可支持實驗假設。此種交互作用也顯現出兩校在性別的效果上有顯著差異。

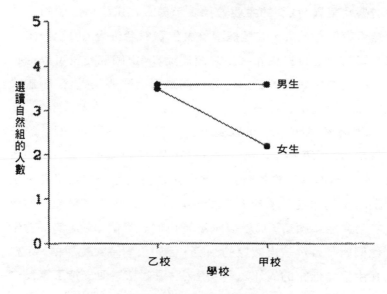

【圖 14.1　學校在不同性別上產生的交互作用】

交互作用

　　當一個因素在另一個因素上的表現呈加法性（addictive）的效果時，在結果上就不會有交互作用產生了。圖 14.2(a)中關於學校的結果表示的是，*性別*的主要效果達顯著（女生們選自然組的比男生多），但*學校*卻沒有影響（兩校中選讀自然組的人數一樣多），不管我們看哪個學校，其中性別的效果都是相同的：從男生到女生，選自然組的平均分數增加了 1。在圖

14.2(b)的狀況中，*學校*表現出主要效果：在乙校中有比較多人選讀自然組；且*性別*的主要效果也有作用：男生選讀自然組的比女生多。可以比較一下以上兩種狀況：在圖 14.2(a)中即使主要效果的型態不同，但仍沒有交互作用產生，從女生到男生（兩校都如此）在平均分數上只增加了一個定量（0.5），類似地，不管看男生或女生的情況，從甲校到乙校也是在平均數上增加一個定量（1）。由任何一個兩因素實驗圖中的平均數，我們都可以區辨出，當圖中的直線平行時，是沒有交互作用的，因為它表示兩因素的效果都是加法性的。

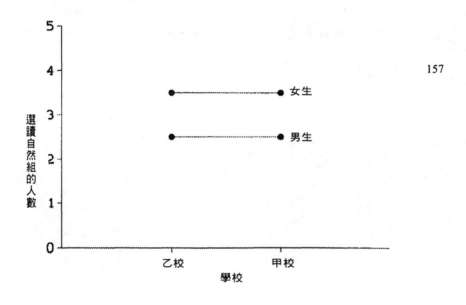

【圖 14.2（a） 資料中沒有交互作用】

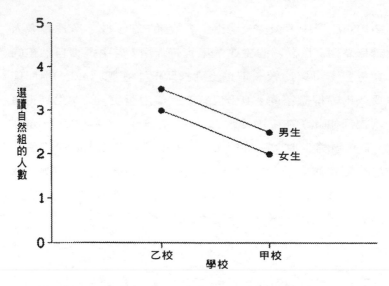

【圖 14.2（b） 資料中沒有交互作用的另一種情形】

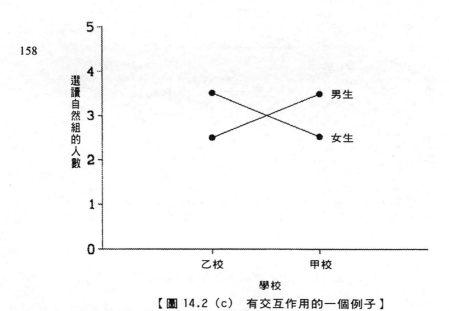

【圖 14.2（c） 有交互作用的一個例子】

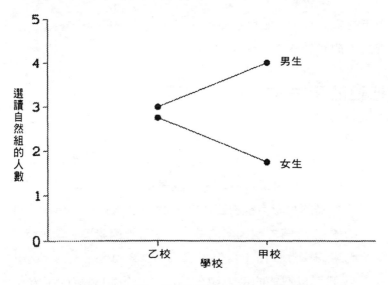

【圖 14.2（d） 有交互作用的另一個例子】

　　圖 14.2(c)和 14.2(d)的例子很明顯不只是加法性的，因為　　159
圖上的直線沒有平行。在這兩種狀況中可以看出有交互作用存
在，若要決定交互作用是否顯著，可以利用兩因素 ANOVA。
圖 14.2(c)中沒有主要效果但有交互作用，表示兩校中性別的
效果是相反的：在甲校中男生選自然組的人數比女生多一個，
但在乙校中，則是女生比男生多一個。圖 14.2(d)中也可以看
出交互作用，因為甲校中男女之間的差距比乙校的男女差距來
得大，這表示有*性別*的主要效果存在，因為普遍來說男生修自
然組的較多，但在此例中卻沒有*學校*的主要效果。

　　以上的例子還未窮盡所有可能的狀況，不過無論在兩因
素中分成幾組，基本的規則都是相同的：平行的直線表示因素
的效果是加法性的，因此沒有交互作用；當直線不平行時，就

表示有交互作用，如果達顯著的話，就是一個因素在另一個因素的不同實驗條件（組）下的效果不同。

把組間平方和分成幾個部分

我們在單因子 ANOVA 中看到，組間變異裡含有組間系統性變異，在重複量數中，這是單因素設計選擇誤差項時唯一的變異數，在兩因素 ANOVA 中也是如此。但有兩個因素時，系統性差異的來源可能有三：第一個因素的效果（稱作「因素 A」，如**學校**）、第二個因素的效果（稱作「因素 B」，如**性別**）、及兩因素的交互作用（寫作「因素 A×B」）。

我們可以把總的平方和分為組間平方和與組內平方和兩部分，同樣的，也可把組間平方和再分為來自因素 A、因素 B 及因素 A×B 的平方和。回想一下，組間平方和等於：

$$SS_{組間} = \frac{\Sigma T^2}{n} - \frac{(\Sigma X)^2}{N}$$

它用各組總分來計算組間分數的變異。若把此式用在兩因素設計，表示組間有顯著差異，但沒有指出是哪個因素造成的。在我們的例子中，分為四組，每組有 20 位受試者（n=20）：甲校男、甲校女、乙校男及乙校女。若暫時只先考慮因素 A （*學校*），那麼就把不同組 A 因素下的 B 因素分數合併：把甲校男與甲校女的分數合併，及乙校男與乙校女的合併分數，就可以得出 A 因素中兩個組的分數：甲校（A_1）與乙校（A_2），之後便可找出因素 A 的平方和：

160

$$SS_A = \frac{\Sigma T_A^{\,2}}{bn} - \frac{(\Sigma X)^2}{N}$$

這個式子用了因素 A 各組的總和（也就是 T_{A_1} 和 T_{A_2}）還有 bn，是因素 A 中各組的人數 n，乘上因素 B 的組數 b（此例中 b=2，男生、女生）。合併 20 個甲校男和 20 個甲校女，得出甲校中受試者有 40 位。可利用因素 A 的自由度（a-1，a 是因素 A 的組數，此例中為 2）算出平均平方數。

在因素 B 也可進行同樣的計算，在 B 因素的分組下合併 A 因素的分數。甲校男和乙校男合併後產生 B_1 組（男生組），甲校女和乙校女合併產生 B_2 組（女生組），然後便可算出因素 B 的平方和，公式如下：

$$SS_B = \frac{\Sigma T_b^{\,2}}{an} - \frac{(\Sigma X)^2}{N}$$

除以自由度（b-1）後就得到因素 B 的平均平方數。

我們也能算出交互作用的平方和，在此不合併任何因素 A 或因素 B 的組，因為我們有興趣的是因素 A 與因素 B 的各種配對效果，寫作 AB。在此例中有甲校男（$A_1 B_1$）、甲校女（$A_1 B_2$）、乙校男（$A_2 B_1$）、乙校女（$A_2 B_2$），可以算出如下的平方和：

$$SS_{組間} = \frac{\Sigma T_{AB}^{\,2}}{n} - \frac{(\Sigma X)^2}{N}$$

161

注意到它和前面算組間平方和的式子都一樣，唯一的差

別只在於標號：所有的組都標爲 T_{AB}，而非 T 或 T_c，所以第一組是 A_1B_1，第二組是 A_1B_2，第三組是 A_2B_1，第四組是 A_2B_2。這包含所有來自因素 A、因素 B 及二者交互作用 A×B 的分數變異。若現在把其中因素 A 及因素 B 的平方和移除，得到的結果就是交互作用的平方和了：

$$SS_{A \times B} = \frac{\Sigma T_{AB}^{\ 2}}{n} - \frac{(\Sigma X)^2}{N} - SS_A - SS_B$$

把上面的結果除以交互作用的自由度(a-1)(b-1)，就會得到交互作用的平均平方數。目前唯一要做的就是找到適合的誤差變異數與上面求出的平均平方數做比較，以得出三個因素（A、B、A×B）的 F 值。選誰來作爲誤差平均平方數，要看這些因素是相互獨立還是重複量數的設計，下一章會解釋如何進行這些計算。

簡單主要效果

若在一組資料中發現有顯著的交互作用，就可知道其中一個因素在另一個因素的不同實驗條件中會產生不同的效果。在學校的例子中，交互作用達顯著就表示男生組中*學校*的影響和女生組中*學校*的影響是不同的。也可以從另一個角度來看，甲校中*性別*的影響與乙校中*性別*所產生的影響是不同的。在此考慮的是*性別*的效果，因爲我們想知道甲校中的男女差異相較於乙校中的男女差異是如何。

在發現有顯著的交互作用後我們可以選擇性地觀察一因

素在另一因素的各組中會產生的**簡單主要效果**（simple main effect）。簡單主要效果與進行單因素 ANOVA 中一因素在另一因素上各組的表現，兩種計算是相同的。我們可以算出性別在甲校上的簡單主要效果，及性別在乙校上的簡單主要效果。性別在甲校的簡單主要效果中忽略了乙校的結果，並算出甲校男與甲校女間的平方和，然後就可算出平均平方數及此簡單主要效果的 F 值，可用來與適當的查表值相比較。同樣地也可算出性別在乙校中的效果，此時則要忽視甲校的結果。若我們發現了如圖 14.1 的交互作用，就可預期性別在甲校中有顯著效果（因為女生們選修的科學課程較少），但對乙校的效果則不顯著（男女在選修科學課程的數目上沒有差異）。這個簡單主要效果強力的支持實驗假設。

性別在甲校的簡單主要效果其實只考慮了甲校男（A_1B_1）與甲校女（A_1B_2），注意到因素 B（*性別*）在這兩組中不同，但因素 A 卻維持在 A_1（甲校），所以我們稱此為「B 在 A_1」的簡單主要效果。這個效果的平方和可由下式算出：

$$SS_{BatA_1} = \frac{\Sigma T_{A_1B}{}^2}{n} - \frac{T_{A_1}{}^2}{bn}$$

$\Sigma T_{A_1B}{}^2$ 是 A_1 組中兩種狀況總和的平方相加所得出的值：甲校男分數總和的平方（$T_{A_1B_1}{}^2$），加上甲校女分數總和的平方（$T_{A_1B_2}{}^2$），且 $T_{A_1}{}^2$ 是所有甲校學生（男女都有）總和的平方。

要得出 B 在 A_2 效果的平方和，可用一個類似的式子計算，不過在此我們只考慮乙校的狀況（A_2）：

第 14 章 變異數分析中因素的交互作用　203

$$SS_{B在A_2} = \frac{\Sigma T_{A_2B}{}^2}{n} - \frac{T_{A_2}{}^2}{bn}$$

若我們要求的是因素 A 的簡單主要效果，只要把上面式子中的 A_S 換成 B_S，B 換成 A，b 也換成 a 即可，反之亦然。

163 結論

兩因素 ANOVA 可以用來處理兩個因素間的交互作用，做法是先把組間平方和分解成兩因素的簡單主要效果及其交互作用，繼之可以看一個因素在另一因素的不同組中產生的簡單主要效果，以得知達顯著的交互作用的實際狀況為何，這樣一來就可以知道交互作用的來源了。

第 15 章

計算兩因素 ANOVA

◆ 兩因素獨立測量 ANOVA

◆ 兩因素混合設計 ANOVA

◆ 兩因素重複量數 ANOVA

◆ 不顯著的交互作用

　　在計算兩因素 ANOVA 時須考慮兩件重要的事情：一、資料輸出的過程必須正確，二、計算變異比時要選擇正確的誤差項。在這一章中要處理三種不同型態的兩因素 ANOVA：兩因素獨立測量 ANOVA 中，測量 A 和 B 兩因素時是互相獨立的；兩因素混合設計 ANOVA 中，因素 A 是獨立測量，但因素 B 是用重複量數的方式；而兩因素重複量數 ANOVA 則是 A 和 B 都是重複量數設計的因素。

兩因素獨立測量 ANOVA

　　兩個因素都是屬於獨立測量變項時，計算兩因素 ANOVA 是最容易的，在此，就像所有的兩因素 ANOVA 一樣，組間變異可分解為因素 A、因素 B、交互作用 A×B 三種來源。因為在這三項的平方和計算中還包括了個體差異，我們可以用組內變異數作為這三種變異比的誤差項。這就使計算簡單多了，因此可以完成如下的 ANOVA 簡表：

變異來源	自由度	平方和	平均平方數	變異比（F）	機率
因素 A	df_A	SS_A	MS_A	F_A	p_A
因素 B	df_B	SS_B	MS_B	F_B	p_B
交互作用 A×B	$df_{A \times B}$	$SS_{A \times B}$	$MS_{A \times B}$	$F_{A \times B}$	$p_{A \times B}$
誤差（組內）	$df_{誤差}$	$SS_{誤差}$			
總和	$df_{總}$	$SS_{總}$			

結果分析

　　組織結果分析表對任何一種 ANOVA 都很重要。在兩因素獨立測量 ANOVA 中選哪個因素放在行、那個放在列，比起其他種類的 ANOVA，不是那麼重要，但正確得出各組及合併組的總和就很重要了。下面這種資料的表現方式可清楚且有組織地呈現有用的資料。

結果分析表

因素 A	因素 B				
	B_1 組	B_2 組	...	B_b 組	
A_1 組	X_1	$X_{..}$		$X_{..}$	
	X_2	$X_{..}$		$X_{..}$	
	:	:		:	
	X_n	$X_{..}$		$X_{..}$	
	T_{A1B1}	T_{A1B2}		T_{A1Bb}	T_{A1}
A_2 組	$X_{..}$	$X_{..}$		$X_{..}$	
	$X_{..}$	$X_{..}$		$X_{..}$	
	:	:		:	
	$X_{..}$	$X_{..}$		$X_{..}$	
	T_{A2B1}	T_{A2B2}		T_{A2Bb}	T_{A2}
:	:	:	:	:	
A_a 組	$X_{..}$	$X_{..}$		$X_{..}$	
	$X_{..}$	$X_{..}$		$X_{..}$	
	:	:		:	
	$X_{..}$	$X_{..}$		$X_{..}$	
	T_{AaB1}	T_{AaB2}		T_{AaBb}	T_{Aa}
	T_{B1}	T_{B2}		T_{Bb}	ΣX

計算公式

自由度：

$df_A = a-1$　　　　　　a 是因素 A 的組數

$df_B = b-1$　　　　　　b 是因素 B 的組數

$df_{A \times B} = (a-1)(b-1)$

$df_{誤差} = ab(n-1)$　　　n 是一個 AB 組中的人數

$df_{總} = N-1$　　　　　N 是總人數

平方和：

$$SS_{總} = \Sigma X^2 - \frac{(\Sigma X)^2}{N}$$

$$SS_A = \frac{\Sigma T_A^2}{nb} - \frac{(\Sigma X)^2}{N}$$　　其中 $\Sigma T_A^2 = T_{A1}^2 + T_{A2}^2 + ... + T_{Aa}^2$

$$SS_B = \frac{\Sigma T_B^2}{na} - \frac{(\Sigma X)^2}{N}$$　　其中 $\Sigma T_B^2 = T_{B1}^2 + T_{B2}^2 + ... + T_{Bb}^2$

$$SS_{A \times B} = \frac{\Sigma T_{AB}^2}{n} - \frac{(\Sigma X)^2}{N} - SS_A - SS_B$$

其中 $\Sigma T_{AB}^2 = T_{A1B1}^2 + ... + T_{AaBb}^2$

$SS_{誤差} = SS_{總} - SS_A - SS_B - SS_{A \times B}$

（$SS_{誤差}$ 有另一個計算公式：

$$SS_{誤差} = SS_{組間} = \Sigma X^2 - \frac{\Sigma T_{AB}^2}{n}$$　　兩個公式應該會得出同

樣的答案。）

平均平方數：

$$MS_A = \frac{SS_A}{df_A}$$

$$MS_B = \frac{SS_B}{df_B}$$

$$MS_{A \times B} = \frac{SS_{A \times B}}{df_{A \times B}}$$

$$MS_{誤差} = \frac{SS_{誤差}}{df_{誤差}}$$

變異比：

$$F_A(df_A, df_{誤差}) = \frac{MS_A}{MS_{誤差}}$$

$$F_B(df_B, df_{誤差}) = \frac{MS_B}{MS_{誤差}}$$

$$F_{A \times B}(df_{A \times B}, df_{誤差}) = \frac{MS_{A \times B}}{MS_{誤差}}$$

然後 F 值要和查表值（附錄表 A.3）相比較。

（上面的計算適用於每個 AB 組人數 n 都相等的情況。我們也可以用這種分析來處理各組人數不等的狀況，就如同單因素獨立測量 ANOVA 一樣，但本書中不討論這個情形。）

範例

一個正在擴大經營的公司想要引入一種新型機器，那麼該把原先操作舊型機器的員工調去操作新機器，或是該招募沒

有經驗的新員工來做呢？有位研究者選了 12 個曾操作過舊型
機器的員工及 12 個沒有使用過舊機器的員工來進行實驗。這
兩種受試者各分一半去使用新機器及舊機器，紀錄一段固定時
間中受試者所犯的錯誤數，錯誤數如下圖所示：

使用舊機器的經驗	機　型	
	舊	新
新手	4	5
	5	6
	7	5
	6	6
	8	5
	5	6
有經驗者	1	8
	2	9
	2	8
	3	8
	2	7
	3	9

　　*使用舊機器的經驗*及*機型*這兩個因素對依變項*錯誤數*的
影響為何？

　　這兩個因素都是獨立測量的，因為每個受試者都只參加
一種經驗/機型的分組。我把*使用舊機器的經驗*標為因素 A，

其中分爲兩組（a=2），有「新手」（A_1）及「老鳥」（A_2）；而*機型*標爲因素 B，它也有兩組（b=2），分爲「舊機型」（B_1）及「新機型」（B_2）。有四種 AB 組，每一組中有六位受試者（n=6），共有 24 個受試者提供的分數（N=24）。

因素 B		
因素 A	B_1	B_2
A_1	4	5
	5	6
	7	5
	6	6
	8	5
	5	6
	$T_{A1B1}=35$	$T_{A1B2}=33$ $T_{A1}=68$
A_2	1	
	2	
	2	
	3	
	2	
	3	
	$T_{A2B1}=13$	$T_{A2B2}=49$ $T_{A2}=62$
	$T_{B1}=48$	$T_{B2}=82$ $\Sigma X=130$

自由度：

$df_A = a-1 = 2-1 = 1$

$df_B = b-1 = 2-1 = 1$

$df_{A \times B} = (a-1)(b-1) = (2-1)(2-1) = 1$

$Df_{誤差} = ab(n-1) = 2 \times 2 \times (6-1) = 20$

$Df_{總} = N-1 = 24-1 = 23$

平方和：

$$SS_{總} = \Sigma X^2 - \frac{(\Sigma X)^2}{N} = (4^2 + 5^2 + ... + 9^2) - \frac{130^2}{24} = 127.83$$

$$SS_A = \frac{\Sigma T_A^2}{nb} - \frac{(\Sigma X)^2}{N} = \frac{68^2 + 62^2}{6 \times 2} - \frac{130^2}{24} = 1.50$$

$$SS_B = \frac{\Sigma T_B^2}{na} - \frac{(\Sigma X)^2}{N} = \frac{48^2 + 82^2}{6 \times 2} - \frac{130^2}{24} = 48.17$$

$$SS_{A \times B} = \frac{\Sigma T_{AB}^2}{n} - \frac{(\Sigma X)^2}{N} - SS_A - SS_B$$

$$= \frac{35^2 + 33^2 + 13^2 + 49^2}{6} - \frac{130^2}{24} - 1.50 - 48.17 = 60.16$$

$SS_{誤差} = SS_{總} - SS_A - SS_B - SS_{A \times B} = 127.83 - 1.50 - 48.17 - 60.16 = 18.00$

平均平方數：

$$MS_A = \frac{SS_A}{df_A} = \frac{1.50}{1} = 1.50$$

$$MS_B = \frac{SS_B}{df_B} = \frac{48.17}{1} = 48.17$$

$$MS_{A \times B} = \frac{SS_{A \times B}}{df_{A \times B}} = \frac{60.16}{1} = 60.16$$

$$MS_{誤差} = \frac{SS_{誤差}}{df_{誤差}} = \frac{18.00}{20} = 0.90$$

變異比:

$$F_A(1,20) = \frac{MS_A}{MS_{誤差}} = \frac{1.50}{0.90} = 1.67$$

$$F_B(1,20) = \frac{MS_B}{MS_{誤差}} = \frac{48.17}{0.90} = 53.52$$

$$F_{A \times B}(1,20) = \frac{MS_{A \times B}}{MS_{誤差}} = \frac{60.16}{0.90} = 66.84$$

ANOVA 簡表

174

變異來源	自由度	平方和	平均平方數	變異比（F）	機率
因素 A	1	1.50	1.50	1.67	$p > 0.05$
因素 B	1	48.17	48.17	53.52	$p < 0.01$
交互作用 A×B	1	60.16	60.16	66.84	$p < 0.01$
誤差（組內）	20	18.00	0.90		
總和	23	127.83			

　　由 F 分配表中（附錄表 A.3），在 p=0.05 時，F（1, 20）=4.35，而在 p=0.01 時，F（1, 20）=8.10。於是可以下結論說*使用舊機器的經驗*在 p=0.05 時（F（1, 20）=1.67）未達顯著，但*機型*（F（1, 20）=53.52）和交互作用（F（1, 20）=66.84）都有高度顯著（p<0.01）。

我們可以用下面算出的平均值來檢驗交互作用。各個平均數表列如下：

使用舊機器的經驗	機型	
	舊機型	新機型
新手	5.83	5.50
老鳥	2.17	8.17

值畫在圖 15.1，首先要注意的是這兩條線沒有平行，在此就得到另一個交互作用的證據。其中老鳥在舊機型犯的錯誤最少，但卻在新機型犯錯最多。這看起來像負向轉換的效果，也就是說之前習得的技術可能是阻力而非助力。而新手在兩種機型表現的精確度相同。

175

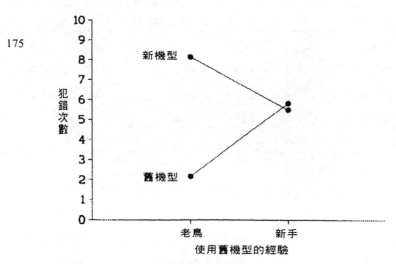

【圖 15.1 經驗和機型對犯錯次數的交互作用】

在此狀況下交互作用就很清楚了，但要說明簡單主要效果，還得算出*機型*在兩種不同程度經驗上的效果才行。在兩因子獨立測量 ANOVA 中，要用的誤差項是簡表中唯一的誤差項：MS$_{誤差}$=0.90，df$_{誤差}$=20。此誤差項被用在所有簡單主要效果的計算中。

*機型*對新手的簡單主要效果，即 B 在 A$_1$ 的效果為：

$$SS_{B在A1} = \frac{\Sigma T_{A1B}^{\,2}}{n} - \frac{T_{A1}^{\,2}}{bn} = \frac{35^2 + 33^2}{6} - \frac{68^2}{2 \times 6} = 0.33$$

$df_{B在A1} = b - 1 = 2 - 1 = 1$　（這是計算B的效果。且B分為兩組）

$$MS_{B在A1} = \frac{SS_{B在A1}}{df_{B在A1}} = \frac{0.33}{1} = 0.33$$

$$F_{B在A1} = \frac{MS_{B在A1}}{MS_{誤差}} = \frac{0.33}{0.90} = 0.37$$

其中自由度 df$_{B在A1}$=1，且 df$_{誤差}$=20。

從 F 分配表中可知在 p=0.05 時，F（1, 20）=4.35，算出的值比它小，所以我們可以下結論說未發現*機型*在新手身上的效果。

*機型*對老鳥的簡單主要效果，即 B 在 A$_2$ 的效果為：

$$SS_{B在A2} = \frac{\Sigma T_{A2B}^{\,2}}{n} - \frac{T_{A2}^{\,2}}{bn} = \frac{13^2 + 49^2}{6} - \frac{62^2}{2 \times 6} = 108.00$$

$df_{B在A2} = b - 1 = 2 - 1 = 1$　（這是計算B的效果。且B分為兩組）

$$MS_{B在A2} = \frac{SS_{B在A2}}{df_{B在A2}} = \frac{108.00}{1} = 108.00$$

$$F_{B在A2} = \frac{MS_{B在A2}}{MS_{誤差}} = \frac{108.00}{0.90} = 120.00$$

其中自由度 $df_{B在A2}=1$，且 $df_{誤差}=20$。

從 F 分配表中可知 p=0.05 時，F（1, 20）=8.10，我們算出的 F 值比它大很多，所以可以下結論說*機型*在老鳥身上有極顯著的效果。

簡單隨機效果通常用來說明交互作用的來源，但也可以依需要來進行 Tukey 或 Scheffé 等事後檢定。雖說在獨立測量設計中只有一個誤差項，我們仍須慎選適當的比較方法以及正確的誤差項來進行計算。

兩因素混合設計 ANOVA

兩因素混合設計 ANOVA 中包括了一個獨立測量的因素及一個重複量數設計的因素，這種設計常用在比較兩群互相獨立的受試者於一連串「測試」上的表現，好比說比較男性與女性在一天不同時段的*警覺性*是否有差異，或是比較兩群學生在這一學期以來各次段考的成績。

為求一致性，在此我們標定獨立測量的因素為 A，重複量數的因素為 B。分清楚這兩個因素是很重要的，因為等一下計算時，它們所用到的誤差項不同。我們要找出兩個誤差項，這比獨立測量設計還要複雜。下面簡表中可看見怎麼考量受試者的變異量 S。

ANOVA 簡表

變異來源	自由度	平方和	平均平方數	變異比（F）	機率
因素 A	df_A	SS_A	MS_A	F_A	p_A
A 的誤差 （A 中的 S）	$df_{誤差A}$	$SS_{誤差A}$	$MS_{誤差A}$		
因素 B	df_B	SS_B	MS_B	F_B	p_B
交互作用 A×B	$df_{A×B}$	$SS_{A×B}$	$MS_{A×B}$	$F_{A×B}$	$p_{A×B}$
B 和 A×B 的誤 差（B×AS）	$df_{誤差B}$	$SS_{誤差B}$	$MS_{誤差B}$		
總和	$df_{總}$	$SS_{總}$			

結果分析表

178

　　我們把獨立測量的因素（因素 A）分派到各列，而重複量數的因素（因素 B）分派到各欄，所以每一個受試者的結果都會在表上形成一列。列出結果時必須小心且一致，這樣在計算兩個因素的效果時就不會出錯了。同樣地，如果用電腦來分析資料，當表列結果的方式不同時，分析就很容易出錯。

結果分析表

因素 A		因素 B B_1 組	B_2 組	...	B_b 組	
A_1 組	S_1	X_1	$X_{..}$		$X_{..}$	T_{S1}
	S_2	X_2	$X_{..}$		$X_{..}$	T_{S2}
	:	:	:		:	:
	S_n	X_n	$X_{..}$		$X_{..}$	T_{Sn}
		T_{A1B1}	T_{A1B2}		T_{A1Bb}	T_{A1}
A_2 組	S_{n+1}	$X_{..}$	$X_{..}$		$X_{..}$	$T_{S..}$
	S_{n+2}	$X_{..}$	$X_{..}$		$X_{..}$	$T_{S..}$
	:	:	:		:	:
	S_{2n}	$X_{..}$	$X_{..}$		$X_{..}$	$T_{S..}$
		T_{A2B1}	T_{A2B2}		T_{A2Bb}	T_{A2}
:	:	:	:	:	:	
A_a 組	$S_{..}$	$X_{..}$	$X_{..}$		$X_{..}$	
	$S_{..}$	$X_{..}$	$X_{..}$		$X_{..}$	
	:	:	:		:	
	S_{an}	$X_{..}$	$X_{..}$		$X_{..}$	T_{San}
		T_{AaB1}	T_{AaB2}		T_{AaBb}	T_{Aa}
		T_{B1}	T_{B2}		T_{Bb}	ΣX

$df_A = a-1$　　　　　　　a 是因素 A 的組數

$df_{誤差A} = a(n-1)$　　　　N 是每個 AB 組中的分數個數

$df_B = b-1$　　　　　　　b 是因素 B 的組數

$df_{A \times B} = (a-1)(b-1)$

$df_{誤差B} = a(b-1)(n-1)$　　n 是一個 AB 組中的人數

$df_{總} = N-1$　　　　　　N 是總人數

平方和：

$$SS_{總} = \Sigma X^2 - \frac{(\Sigma X)^2}{N}$$

$$SS_A = \frac{\Sigma T_A^2}{nb} - \frac{(\Sigma X)^2}{N} \quad 其中 \Sigma T_A^2 = T_{A1}^2 + T_{A2}^2 + ... + T_{Aa}^2$$

$$SS_{誤差A} = \frac{\Sigma T_S^2}{b} - \frac{(\Sigma X)^2}{N} - SS_A \quad 其中 \Sigma T_S^2 = T_{S1}^2 + T_{S2}^2 + ... + T_{San}^2$$

（受試者間的平方和，也就是 SS 誤差A 中前兩的部分，包含了所有因素 A 的變異。若我們把 A 的組間變異，SS_A，移除掉，剩下的就是誤差項，即 A 組內的變異量。）

$$SS_B = \frac{\Sigma T_B^2}{na} - \frac{(\Sigma X)^2}{N} \quad 其中 \Sigma T_B^2 = T_{B1}^2 + T_{B2}^2 + ... + T_{Ba}^2$$

$$SS_{A \times B} = \frac{\Sigma T_{AB}^2}{n} - \frac{(\Sigma X)^2}{N} - SS_A - SS_B \quad 其中 \Sigma T_{AB}^2 = T_{A1B1}^2 + ... + T_{AaBb}^2$$

$$SS_{誤差B} = \Sigma X^2 - \frac{\Sigma T_S^2}{b} - SS_B - SS_{A \times B}$$

（受試者內的變異量，也就是 SS_B 的前兩個部分，包含了 B 和 A×B 的變異。把 B 和 A×B 的組間變異移除，剩下的就是 B 和 A×B 的誤差項平方和，這是未被個體差異影響的部分。）

平均平方數：

$$MS_A = \frac{SS_A}{df_A}$$

$$MS_{誤差A} = \frac{SS_{誤差A}}{df_{誤差A}}$$

$$MS_B = \frac{SS_B}{df_B}$$

$$MS_{A \times B} = \frac{SS_{A \times B}}{df_{A \times B}}$$

$$MS_{誤差B} = \frac{SS_{誤差B}}{df_{誤差B}}$$

變異比：

$$F_A(df_A, df_{誤差A}) = \frac{MS_A}{MS_{誤差A}}$$

$$F_B(df_B, df_{誤差B}) = \frac{MS_B}{MS_{誤差B}}$$

$$F_{A \times B}(df_{A \times B}, df_{誤差B}) = \frac{MS_{A \times B}}{MS_{誤差B}}$$

然後就拿 F 值和查表值（附錄表 A.3）比較，即可決定是否有顯著效果存在。

　　有家公司把一台新型機器引入廠房，老闆想知道工人們操作機器技巧提升的狀況，尤其想比較曾操作過舊型機器的老鳥和未在廠房中操作過任何機器的新手之間是否有表現上的差異。研究者隨機選了六位老鳥作業員和六位新手作業員，並觀察他們在三週內操作新機器所犯的錯誤次數，以判斷這兩群人在操作機器上的表現是否有差異。結果如下：

受試者	時間		
	第一週	第二週	第三週
新手			
1	7	6	5
2	4	4	3
3	6	4	4
4	7	6	5
5	6	5	4
6	4	2	2
老鳥			
7	7	3	2
8	8	4	2
9	6	2	1
10	9	6	3
11	7	4	3
12	10	6	3

其中，獨立測量的因素，*經驗*，標爲因素 A，「新手」爲 A$_1$，「老鳥」爲 A$_2$。重複測量的因素是「時間」，它是因素 B，分爲「第一週」B$_1$、「第二週」B$_2$、「第三週」B$_3$。可把結果用下表表示：

結果分析表

因素 A		B$_1$ 組	B$_2$ 組	B$_3$ 組	
A$_1$ 組	S$_1$	7	6	5	T$_{S1}$=18
	S$_2$	4	4	3	T$_{S2}$=11
	S$_3$	6	4	4	T$_{S3}$=14
	S$_4$	7	6	5	T$_{S4}$=18
	S$_5$	6	5	4	T$_{S5}$=15
	S$_6$	4	2	2	T$_{S6}$=8
		T$_{A1B1}$=34	T$_{A1B2}$=27	T$_{A1B3}$=23	T$_{A1}$=84
A$_2$ 組	S$_7$	7	3	2	T$_{S7}$=12
	S$_8$	8	4	2	T$_{S8}$=14
	S$_9$	6	2	1	T$_{S9}$=9
	S$_{10}$	9	6	3	T$_{S10}$=18
	S$_{11}$	7	4	3	T$_{S11}$=14
	S$_{12}$	10	6	3	T$_{S12}$=19
		T$_{A2B1}$=47	T$_{A2B2}$=25	T$_{A2B3}$=14	T$_{A2}$=86
		T$_{B1}$=81	T$_{B2}$=52	T$_{B3}$=37	ΣX=170

表頭：因素 B

自由度：

df $_{誤差A}$=a(n-1)=2(6-1)=10

df$_B$=b-1=3-1=2

df$_{A×B}$=(a-1)(b-1)=(2-1)(3-1)=2

df $_{誤差B}$=a(b-1)(n-1)=2(3-1)(6-1)=20

df $_{總}$=N-1=36-1=35

只要先算出下面這些部分，要算出各種平方和就容易多
了。

$$\frac{(\Sigma X)^2}{N} = \frac{170^2}{36} = 802.78$$

$$\frac{\Sigma T_A^{\;2}}{nb} = \frac{84^2 + 86^2}{6 \times 3} = 802.89$$

$$\frac{\Sigma T_B^{\;2}}{na} = \frac{81^2 + 52^2 + 37^2}{6 \times 2} = 886.17$$

$$\frac{\Sigma T_S^{\;2}}{b} = \frac{18^2 + 11^2 + ... + 19^2}{3} = 852.00$$

$$\frac{\Sigma T_{AB}^{\;2}}{n} = \frac{34^2 + 27^2 + 23^2 + 47^2 + 25^2 + 14^2}{6} = 907.33$$

$$\Sigma X^2 = 7^2 + 4^2 + ... + 3^2 + 3^2 = 962.00$$

現在開始來算下面這些平方和：

$$SS_{總} = \Sigma X^2 - \frac{(\Sigma X)^2}{N} = 962.00 - 802.78 = 159.22$$

$$SS_A = \frac{\Sigma T_A^{\;2}}{nb} - \frac{(\Sigma X)^2}{N} = 802.89 - 802.78 = 0.11$$

$$SS_{\text{誤差}A} = \frac{\Sigma T_S^2}{b} - \frac{(\Sigma X)^2}{N} - SS_A = 852.00 - 802.78 - 0.11 = 49.11$$

$$SS_B = \frac{\Sigma T_B^2}{na} - \frac{(\Sigma X)^2}{N} = 886.17 - 802.78 = 83.39$$

184
$$SS_{A \times B} = \frac{\Sigma T_{AB}^2}{n} - \frac{(\Sigma X)^2}{N} - SS_A - SS_B = 907.33 - 802.78 - 0.11 - 83.39 = 21.05$$

$$SS_{\text{誤差}B} = \Sigma X^2 - \frac{\Sigma T_S^2}{b} - SS_B - SS_{A \times B} = 962.00 - 852.00 - 83.39 - 21.05 = 5.56$$

平均平方數：

$$MS_A = \frac{SS_A}{df_A} = \frac{0.11}{1} = 0.11$$

$$MS_{\text{誤差}A} = \frac{SS_{\text{誤差}A}}{df_{\text{誤差}A}} = \frac{49.11}{1} = 4.91$$

$$MS_B = \frac{SS_B}{df_B} = \frac{83.39}{2} = 41.70$$

$$MS_{A \times B} = \frac{SS_{A \times B}}{df_{A \times B}} = \frac{21.05}{2} = 10.53$$

$$MS_{\text{誤差}B} = \frac{SS_{\text{誤差}B}}{df_{\text{誤差}B}} = \frac{5.56}{20} = 0.28$$

變異比：

$$F_A(1,10) = \frac{MS_A}{MS_{\text{誤差}A}} = \frac{0.11}{4.91} = 0.02$$

$$F_B(2,20) = \frac{MS_B}{MS_{\text{誤差}B}} = \frac{41.70}{0.28} = 148.93$$

185
$$F_{A \times B}(2,20) = \frac{MS_{A \times B}}{MS_{\text{誤差}B}} = \frac{10.53}{0.28} = 37.61$$

結論是，*經驗*的主要效果（F（1, 10）=0.02）未達顯著（查表得出 p=0.05 時，F（1, 10）=4.96），而*時間*（F（2, 20）=148.93）及交互作用（F（2, 20）=37.61）都有高度顯著的效果（由查表可知 p=0.01 時，F（2, 20）=5.85）。

ANOVA 簡表

變異來源	自由度	平方和	平均平方數	變異比（F）	機率
因素 A	1	0.11	0.11	0.02	p＞0.05
A 的誤差 （A 中的 S）	10	49.11	4.91		
因素 B	2	83.39	14.70	148.93	p＜.001
交互作用 A×B	2	21.05	10.53	37.61	p＜0.01
B 和 A×B 的誤 差 （B×AS）	20	5.56	0.28		
總和	35	159.22			

因為得出交互作用達顯著的結果，我們可以觀察平均值以得知交互作用的來源。平均數列在下表，並可畫成圖 15.2。

	時間		
	第一週	第二週	第三週
新手	5.67	4.50	3.83
老鳥	7.83	4.17	2.33

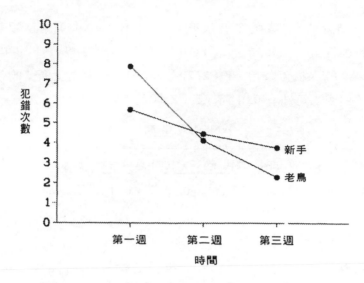

【圖 15.2　時間和經驗對犯錯次數造成的交互作用】

　　可由圖中看到，在這三週期間，兩組人錯誤總數之間沒有太大差異，因此沒有*經驗*的主要效果。這些作業員都隨著時間有錯誤數漸降的情形，表示*時間*的主要效果有高度顯著。也有高度顯著的交互作用的出現，有趣的是一開始老鳥們比新手多犯很多錯誤，但在第二週後就已迎頭趕上，第三週時犯錯次數就很低了。他們一開始遇到的困難可能是前面曾提過的負向轉移，但之後他們過去的經驗卻顯現出強大的助力。這有點詭異，但和之前的分析結果是一致的。

　　在混合設計 ANOVA 中，當交互作用達顯著時我們較常去注意獨立測量的因素在重複量數因素各組上所顯現出的簡單主要效果，而不是看*時間*對新手或老鳥的影響，因此在此只

看因素 A 的簡單主要效果[1]，它可以讓我們忽略其他週的資料，只看到*經驗*在某一週時對錯誤數的影響。此種設計必須算出各個簡單主要效果不同的誤差項。

*經驗*在第一週的簡單主要效果：

$$SS_{A在B1} = \frac{\Sigma T_{AB1}^2}{n} - \frac{T_{B1}^2}{an} = \frac{34^2 + 47^2}{6} - \frac{81^2}{2 \times 6} = 560.83 - 546.75$$
$$= 14.08$$

$$df_{A在B1} = a - 1 = 2 - 1 = 1$$

$$MS_{A在B1} = \frac{SS_{A在B1}}{df_{A在B1}} = \frac{14.08}{1} = 14.08$$

$$SS_{誤差A在B1} = \Sigma T_{AB1S}^2 - \frac{\Sigma T_{AB1}^2}{n} = 7^2 + 4^2 + ... + 10^2 - 560.83 = 20.17$$

ΣT_{AB1S}^2 是每個受試者在因素 A 各個值（新手和老鳥）內對 B_1 時的分數平方和。

$$df_{誤差A在B1} = a(n-1) = 2(6-1) = 10$$

$$MS_{誤差A在B1} = \frac{SS_{誤差A在B1}}{df_{誤差A在B1}} = \frac{20.17}{10} = 2.02$$

$$F_{A在B1}(1,10) = \frac{MS_{A在B1}}{MS_{誤差A在B1}} = \frac{14.08}{2.02} = 6.97$$

（從表中可知，p=0.05 時，F（1, 10）=4.96）

---

[1] 我在此處用和 Keppel 一樣的方法選用誤差項（Keppel, G. 1973. *Design and Analysis: A Researcher's Handbook*, Endlewood-Clifs, N.J.:Prentice Hall Inc.）。在這篇文章中建議讀者該如何選用此類簡單主要效果的誤差項，它也提供各種兩因素 ANOVA 中有關簡單主要效果的詳細內容。

經驗因素在第一週的簡單主要效果達顯著（p<0.05），我們可以下結論說有經驗的作業員在第一週時明顯比無經驗的作業員犯更多錯誤。

把上面計算中的 B_1 換成 B_2 以得出經驗在第二週的簡單主要效果。因為 $F_{A在B1}$（1, 10）=0.14，兩組作業員在第二週時的犯錯次數沒有顯著差異。當然也可以計算*經驗*在第三週時的簡單主要效果，$F_{A在B3}$（1,10）=6.64，在 p=0.05 的標準下達到顯著，這表示第三週時兩組作業員有明顯差異，老鳥犯的錯顯然比較少。因此，由「目測」圖 15.2 中，簡單主要效果的解釋確認了交互作用的來源。

¹⁸⁸ 兩因素重複量數 ANOVA

研究時兩個因素都是重複量數因素，其好處在於我們可以用較少的受試者來進行兩因素的分析，也可以由其中得出受試者的變異量，以決定受試者們的表現是否類似。

兩因素都是用重複量數的測量方法取得資料的實驗設計，是各種兩因素 ANOVA 中，計算上最複雜的一種。這是因為我們要算出三個研究因素（A、B、A×B）各自的誤差項。此種實驗設計可以抽出受試者間差異，所以受試者（S）在分析中可視作隨機（獨立測量）因素。要產生一個因素的誤差項，我們用的是 S 和要檢定的因素間之交互作用，如下表所示：

ANOVA 簡表

變異來源	自由度	平方和	平均平方數	變異比（F）	機率
因素 A	df_A	SS_A	MS_A	F_A	p_A
因素 B	df_B	SS_B	MS_B	F_B	p_B
受試者 S	df_S	SS_S	(MS_S)	(F_S)	(p_S)
交互作用 A×B	$df_{A \times B}$	$SS_{A \times B}$	$MS_{A \times B}$	$F_{A \times B}$	$p_{A \times B}$
A 的誤差項 （A×S）	$df_{誤差A}$	$SS_{誤差A}$	$MS_{誤差A}$		
B 的誤差項 （B×S）	$df_{誤差B}$	$SS_{誤差B}$	$MS_{誤差B}$		
A×B 的誤差項 （A×B×S）	$df_{誤差AB}$	$SS_{誤差AB}$	$MS_{誤差AB}$		
總和	$df_{總}$	$SS_{總}$			

在表中我給受試者的平均平方數及 F 值括上括號，這是
因為只有在我們認為受試者間個體差異達顯著時，才要去考慮
這兩個值。

結果分析表

在混合設計中資料經過特意安排，使結果分析中的各欄
表示的是重複量數的因素。當兩因素都是重複量數設計時，寫
結果表仍維持相同的形式，把受試者放在各列，而因素 A 和 B
的各組放在欄。因為兩個因素都是重複測量的，我們選哪個稱
它作因素 A，哪個是因素 B 都無所謂，只要前後一致就好了。

結果分析表

受試者	因素 A_1		...	因素 A_2		T_S
	B_1 組...	B_b 組 ...		B_1 組...	B_b 組	
S_1	X_1	X_b		$X_{..}$	$X_{..}$	T_{S1}
S_2	X_2	$X_{..}$		$X_{..}$	$X_{..}$	T_{S2}
$\vdots$	$\vdots$	$\vdots$		$\vdots$	$\vdots$	$\vdots$
S_n	X_n	$X_{..}$		$X_{..}$	X_{abn}	T_{Sn}
	$T_{A1B1}...$	T_{A1Bb}	...	$T_{AaB1}...$	T_{AaBb}	ΣX

　　我們還可以再算出兩個另外的表格以幫助計算：AS 矩陣和 BS 矩陣。只要把因素 B 中各組分數相加就可得出 AS 矩陣，而把因素 A 各組分數總加可得出 BS 矩陣。對於 1 號受試者，T_{A1S1} 是他在 T_{A1} 組中所有 B 因素各組分數的總和，也就是他從 A_1B_1 組加到 A_1B_b 組的總和。類似地，T_{B1S1} 是 1 號受試者由 A_1B_1 組加到 A_aB_1 組的總和。

190

AS 矩陣				BS 矩陣		
受試者	A_1S	...	A_aS	受試者	B_1S	... B_bS
S_1	T_{A1S1}		T_{AaS1}	S_1	T_{B1S1}	T_{BbS1}
S_2	T_{A1S2}		T_{AaS2}	S_2	T_{B1S2}	T_{BbS2}
S_3	T_{A1S3}		T_{AaS3}	S_3	T_{B1S3}	T_{BbS3}
$\vdots$	$\vdots$	$\vdots$	$\vdots$	$\vdots$	$\vdots$	$\vdots$
S_n	T_{A1Sn}		T_{AaSn}	S_n	T_{B1Sn}	T_{BbSn}
	T_{A1}	...	T_{Aa}		T_{B1}	... T_{Bb}

計算公式

自由度：

$df_A = a-1$	a 是因素 A 的組數
$df_B = b-1$	b 是因素 B 的組數
$Df_S = n-1$	n 是一個 AB 組中的人數
$df_{A \times B} = (a-1)(b-1)$	
$df_{誤差 A} = (a-1)(n-1)$	
$df_{誤差 B} = (b-1)(n-1)$	
$df_{誤差 AB} = (a-1)(b-1)(n-1)$	
$df_{總} = N-1$	N 是總人數

平方和：

$$SS_{總} = \Sigma X^2 - \frac{(\Sigma X)^2}{N}$$

$$SS_A = \frac{\Sigma T_A^2}{nb} - \frac{(\Sigma X)^2}{N} \quad 其中\Sigma T_A^2 = T_{A1}^2 + T_{A2}^2 + ... + T_{Aa}^2$$

$$SS_B = \frac{\Sigma T_B^2}{na} - \frac{(\Sigma X)^2}{N} \quad 其中\Sigma T_B^2 = T_{B1}^2 + T_{B2}^2 + ... + T_{Bb}^2$$

191

$$SS_{A \times B} = \frac{\Sigma T_{AB}^2}{n} - \frac{(\Sigma X)^2}{N} - SS_A - SS_B \quad 其中\Sigma T_{AB}^2 = T_{A1B1}^2 + ... + T_{AaBb}^2$$

$$SS_S = \frac{\Sigma T_S^2}{ab} - \frac{(\Sigma X)^2}{N} \quad 其中\Sigma T_S^2 = T_{S1}^2 + T_{S2}^2 + ... + T_{Sn}^2$$

$$SS_{誤差 A} = \frac{\Sigma T_{AS}^2}{b} - \frac{(\Sigma X)^2}{N} - SS_A - SS_S$$

$$其中 \quad \Sigma T_{AS}^2 = T_{A1S1}^2 + ... + T_{A1Sn}^2 + ... + T_{AaS1}^2 + ... + T_{AaSn}^2$$

$$SS_{誤差B} = \frac{\Sigma T_{BS}^{2}}{a} - \frac{(\Sigma X)^{2}}{N} - SS_{B} - SS_{A \times B}$$

$$其中 \Sigma T_{BS}^{2} = T_{B1S1}^{2} + ... + T_{B1Sn}^{2} + ... + T_{BbS1}^{2} + ... + T_{BbSn}^{2}$$

$$SS_{誤差BA} = SS_{總} - SS_{A} - SS_{B} - SS_{S} - SS_{A \times B} - SS_{誤差A} - SS_{誤差B}$$

平均平方數：

$$MS_{A} = \frac{SS_{A}}{df_{A}}$$

$$MS_{B} = \frac{SS_{B}}{df_{B}}$$

$$MS_{S} = \frac{SS_{S}}{df_{S}}$$

$$MS_{A \times B} = \frac{SS_{A \times B}}{df_{A \times B}}$$

$$MS_{誤差A} = \frac{SS_{誤差A}}{df_{誤差A}}$$

$$MS_{誤差B} = \frac{SS_{誤差B}}{df_{誤差B}}$$

$$MS_{誤差AB} = \frac{SS_{誤差AB}}{df_{誤差AB}}$$

變異比：

$$F_{A}(df_{A}, df_{誤差A}) = \frac{MS_{A}}{MS_{誤差A}}$$

$$F_{B}(df_{B}, df_{誤差B}) = \frac{MS_{B}}{MS_{誤差B}}$$

$$F_S(df_S, df_{誤差AB}) = \frac{MS_S}{MS_{誤差AB}}$$

$$F_{A\times B}(df_{A\times B}, df_{誤差B}) = \frac{MS_{A\times B}}{MS_{誤差AB}}$$

最後，用 F 值與查表值相比較。

範例

在某個工廠中有一台機器生產兩種產品，其中一種需要作業員一連串繁複的指令才能完成，另一種則很容易就做的出來。工廠排班制分爲日班和夜班兩種。工廠經理人希望能把工廠生產產品時的錯誤降到最低。一位研究者決定要研究*排班*（日班和夜班）及*產品*（製作過程複雜的及簡單的）對作業員犯錯次數的影響爲何。所有的作業員依照排班系統，日班和夜班都會上到。他隨機選了 6 位作業員測量他們在日班和夜班時的疲累效果，有三位作業員先測日班表現，而另外三位先測夜班時的表現。下表所示爲一班中的犯錯次數。

作業員	複雜的產品		簡單的產品	
	日班	夜班	日班	夜班
1	5	9	3	2
2	5	8	2	4
3	7	7	4	5
4	6	10	5	4
5	4	8	3	3
6	6	9	5	6

兩個因素都屬於重複量數的設計，所以可以用重複量數 ANOVA 來檢定這兩個自變項對執行表現的影響。我把*產品*標為因素 A，「複雜的產品」是 A_1，「簡單的產品」是 A_2；而排班是因素 B，「日班」是 B_1，「夜班」是 B_2。因素 A 中有兩組（a=2），因素 B 也有兩組（b=2），有 6 位受試者（n=6）共產生 24 個分數（N=24）。

　　首先先作出結果分析表：

受試者	因素 A_1		因素 A_2		T_S
	B_1 組	B_2 組	B_1 組	B_1 組	
S_1	5	9	3	2	$T_{S1}=19$
S_2	5	8	2	4	$T_{S2}=19$
S_3	7	7	4	5	$T_{S3}=23$
S_4	6	10	5	4	$T_{S4}=25$
S_5	4	8	3	3	$T_{S5}=18$
S_6	6	9	5	6	$T_{S6}=26$
	$T_{A1B1}=33$	$T_{A1B2}=51$	$T_{A2B1}=22$	$T_{A2B2}=24$	$\Sigma X=130$

　　由結果分析表中可得出 AS 和 BS 的矩陣。

AS 矩陣				BS 矩陣		
受試者	A_1S	A_2S		受試者	B_1S	B_2S
S_1	14	5		S_1	8	11
S_2	13	6		S_2	7	12
S_3	14	9		S_3	11	12

S_4	16	9	S_4	11	14	
S_5	12	6	S_5	7	11	
S_6	15	11	S_6	11	15	
	T_{A1}=84	T_{A2}=46		T_{B1}=55	T_{B2}=75	

現在來計算 F 值：

自由度：

df_A=a-1=2-1=1

df_B=b-1=2-1=1

df_S=n-1=6-1=1

$df_{A \times B}$=(a-1)(b-1)=(2-1)(2-1)=1

$df_{誤差 A}$=(a-1)(n-1)=(2-1)(6-1)=5

$df_{誤差 B}$=(b-1)(n-1)=(2-1)(6-1)=5

$df_{誤差 AB}$=(a-1)(b-1)(n-1)=(2-1)(2-1)(6-1)=5

$df_{總}$=N-1=24-1=23

如果先把公式裡的一些部分先算出來，要計算各種平方和就容易多了。

$$\frac{(\Sigma X)^2}{N} = \frac{130^2}{24} = 704.17$$

$$\frac{\Sigma T_A^{\ 2}}{nb} = \frac{84^2 + 46^2}{6 \times 2} \ 764.33$$

$$\frac{\Sigma T_B^{\ 2}}{na} = \frac{55^2 + 75^2}{6 \times 2} = 720.83$$

195

$$\frac{\Sigma T_S^{\ 2}}{ab} = \frac{33^2 + 51^2 + 22^2 + 24^2}{2 \times 2} = 791.67$$

$$\frac{\Sigma T_{BS}^{\,2}}{a} = \frac{8^2 + 7^2 + 11^2 + ... + 11^2 + 15^2}{2} = 738.00$$

$$\Sigma X^2 = 820.00$$

平方和：

$$SS_{總} = \Sigma X^2 - \frac{(\Sigma X)^2}{N} = 820.00 - 704.17 = 115.83$$

$$SS_A = \frac{\Sigma T_A^{\,2}}{nb} - \frac{(\Sigma X)^2}{N} = 764.33 - 704.17 = 60.16$$

$$SS_B = \frac{\Sigma T_B^{\,2}}{na} - \frac{(\Sigma X)^2}{N} = 720.83 - 704.17 = 16.66$$

$$SS_{A \times B} = \frac{\Sigma T_{AB}^{\,2}}{n} - \frac{(\Sigma X)^2}{N} - SS_A - SS_B = 791.67 - 704.17 - 60.16$$
$$- 16.66 = 10.68$$

$$SS_S = \frac{\Sigma T_S^{\,2}}{ab} - \frac{(\Sigma X)^2}{N} = 719.00 - 704.17 = 14.83$$

$$SS_{誤差A} = \frac{\Sigma T_{AS}^{\,2}}{b} - \frac{(\Sigma X)^2}{N} - SS_A - SS_S$$
$$= 783.00 - 704.17 - 60.16 - 14.83 = 3.84$$

$$SS_{誤差B} = \frac{\Sigma T_{BS}^{\,2}}{a} - \frac{(\Sigma X)^2}{N} - SS_B - SS_{A \times B}$$
$$= 738.00 - 704.17 - 16.66 - 14.83 = 2.34$$

$$SS_{誤差BA} = SS_{總} - SS_A - SS_B - SS_S - SS_{A \times B} - SS_{誤差A} - SS_{誤差B}$$
$$= 115.83 - 60.16 - 16.66 - 14.83 - 10.86 - 3.84 - 2.34 = 7.32$$

平均平方數：

$$MS_A = \frac{SS_A}{df_A} = \frac{60.16}{1} = 60.16$$

$$MS_B = \frac{SS_B}{df_B} = \frac{16.66}{1} = 16.66$$

$$MS_S = \frac{SS_S}{df_S} = \frac{14.83}{5} = 2.97$$

$$MS_{A \times B} = \frac{SS_{A \times B}}{df_{A \times B}} = \frac{10.68}{1} = 10.68$$

$$MS_{誤差A} = \frac{SS_{誤差A}}{df_{誤差A}} = \frac{3.84}{5} = 0.77$$

$$MS_{誤差B} = \frac{SS_{誤差B}}{df_{誤差B}} = \frac{2.34}{5} = 0.47$$

$$MS_{誤差AB} = \frac{SS_{誤差AB}}{df_{誤差AB}} = \frac{7.32}{5} = 1.46$$

變異比：

$$F_A(1,5) = \frac{MS_A}{MS_{誤差A}} = \frac{60.16}{0.77} = 78.13$$

$$F_B(1,5) = \frac{MS_B}{MS_{誤差B}} = \frac{16.66}{0.47} = 35.45$$

$$F_S(5,5) = \frac{MS_S}{MS_{誤差AB}} = \frac{2.97}{1.46} = 2.03$$

$$F_{A \times B}(1,5) = \frac{MS_{A \times B}}{MS_{誤差AB}} = \frac{10.68}{1.46} = 7.32$$

ANOVA 簡表

變異來源	自由度	平方和	平均平方數	變異比（F）	機率
因素 A	1	60.16	60.16	78.13	p<0.01
因素 B	1	16.66	16.66	35.45	p<0.01
受試者 S	5	14.83	2.97	2.03	p>0.05
交互作用 A×B	1	10.68	10.68	7.32	p<0.05
A 的誤差項 （A×S）	5	3.84	0.77		
B 的誤差項 （B×S）	5	2.34	0.47		
A×B 的誤差項 （A×B×S）	5	7.32	1.46		
總和	23	115.83			

198　　　　結論是，因素 A（*產品*）的 F（1, 5）=78.13，及因素 B（*排班*）的 F（1, 5）=35.42，兩者都有高度顯著的影響，（相較於查表值，p=0.05 時，F（1, 5）=16.26）。*產品*和*排班*的交互作用（F（1, 5）=7.32）在 p=0.05 的顯著水準有達到顯著（查表得到 p=0.05 時，F（1, 5）=6.61）。*受試者*的效果（F（5, 5）=2.03）不顯著（查表得到 p=0.05 時，F（1, 5）=6.61），這表示受試者間的表現沒有明顯的差異。

　　　　各組錯誤數的平均值表列如下：

複雜的產品	複雜的產品	簡單的產品	簡單的產品
日班	夜班	日班	夜班
5.50	8.50	3.67	4.00

這些平均數畫在圖 15.3 有助於解釋交互作用。製作複雜產品時犯的錯比簡單產品多（這是*產品*的主要效果），而排夜班時犯的錯比日班時多（這是*排班*的主要效果）。但從圖 15.3 中可以看見，製作複雜產品時日夜班的犯錯數差距，比製作簡單產品時的日夜班犯錯數的差距要來得大。

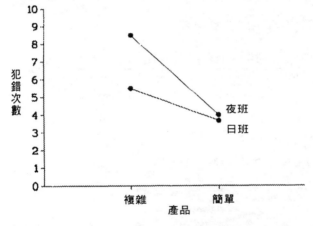

【圖 15.3　產品與排班對作業員犯錯次數的交互作用】

我們可以把排班在兩種產品上的簡單主要效果分別計算出來，以確認上面對交互作用達顯著的解釋是否正確。每個簡單主要效果都有各自不同的誤差項，但計算的公式都是一樣

的，只要依據你所選擇的因素把正確的數值帶入即可[2]。首先計算*排班*（因素 B）在複雜產品（A_1）上的簡單主要效果：

$$SS_{B在A1} = \frac{\Sigma T_{A1B}^2}{n} - \frac{T_{A1}^2}{bn} = \frac{33^2 + 51^2}{6} - \frac{84^2}{2 \times 6} = 615 - 588 = 27$$

$$df_{B在A1} = b - 1 = 2 - 1 = 1$$

$$MS_{B在A1} = \frac{SS_{B在A1}}{df_{B在A1}} = \frac{27.00}{1} = 27.00$$

$$SS_{誤差B在A1} = \Sigma T_{A1BS}^2 - \frac{\Sigma T_{A1B}^2}{n} - \frac{\Sigma T_{A1S}^2}{b} + \frac{T_{A1}^2}{bn}$$

其中 $\Sigma T_{A1B}^2 = 5^2 + 5^2 + 7^2 + ... + 8^2 + 9^2 = 626$

$$\frac{\Sigma T_{A1B}^2}{n} = 615 \text{（見上面）}$$

$$\frac{\Sigma T_{A1S}^2}{b} = \frac{14^2 + 13^2 + 14^2 + 16^2 + 12^2 + 15^2}{2} = 593$$

$$\frac{T_{A1}^2}{bn} = 588 \text{（見上面）}$$

$$SS_{誤差B在A1} = 626 - 615 - 593 + 588 = 6$$

$$df_{誤差B在A1} = (b-1)(n-1) = (2-1)(6-1) = 5$$

$$MS_{誤差B在A1} = \frac{SS_{誤差B在A1}}{df_{誤差B在A1}} = \frac{6}{5} = 1.20$$

$$F_{誤差B在A1}(1,5) = \frac{MS_{B在A1}}{MS_{誤差B在A1}} = \frac{27.00}{1.20} = 22.50$$

我們可以下結論說*排班*對製作複雜產品時的犯錯次數有高度顯著的影響（p<0.01）。觀察平均值的話可以看見值夜班時比日班所犯的錯誤明顯增加很多。

---

[2] Keppel（1973）對簡單主要效果有更深入的說明（見上面註 1）。

當然也可以用同樣的方法計算*排班*（因素 B）對簡單產品（A_2）的簡單主要效果，只要把前面式子中的 A_1 換成 A_2 就可以了。最後得出 $F_{B \, \text{在} \, A2}$（1, 5）=0.47，表示製作簡單產品時，兩個班的錯誤次數差異不明顯（p>0.05）。

不顯著的交互作用

前面三種兩因素 ANOVA 所舉的例子都有顯著的交互作用，這是為了說明交互作用的內容，及怎麼用簡單主要效果來找出交互作用的來源。當然還有很多狀況是交互作用未達顯著，此時可能是因素本身的效果為加法性的，或根本影響就未達顯著，在這些情況發生時，仍可選擇適當的誤差項更深入分析主要效果，或依需要進行如 Tukey 或 Scheffé 等事後檢定。

第 16 章

無母數分析導論

◆ 順序的計算

　　想想下面的狀況：研究者對一個班級中男生和女生的一些行爲差異有興趣。研究者的假設之一是想要知道，在班上，女生是否比男生更容易集中注意力。現在有一班適合施測的小朋友可用來進行實驗，但因爲無法在班上錄影然後分析記錄，研究者決定讓老師來作評分，他要求老師用 0~100 的量尺對班上同學的注意力加以評分。這位老師在實驗結束前都不知道此施測的假設爲何。

　　這一班 10 個小朋友的評分結果如下：

小朋友	老師的評分
蘇珊	67
琳達	55
約翰	26
瑪莉	70
彼得	36
依恩	57
特瓦	32
安德魯	65
海倫	59
克莉絲汀	24

　　我把以下結果畫在 0~100 的量尺上，並用每個人的名字首字來標示老師的給分。如此看來似乎有較多女生在高分端，而較多男生在低分端，如果這些資料是這樣分布的話，用之前所學，我們可用 t 檢定來比較結果。

0	10	20	30	40	50	60	70	80	90	100

203

女生　　　　克　　　　琳 海 蘇瑪

男生　　　　　約 特 彼　　依 安

　　在這裡可能會發生一個問題：我們對資料的假設可能是無效的，此問題與使用何種形式的**評分量尺**（rating scale）有關。若光看數字，克莉絲汀與約翰差異很小，瑪莉和琳達的差異很大。而克莉絲汀和約翰間的差異，與安德魯和蘇珊間的差異一樣，都是 2。如果這樣解釋分數，便是預設這位老師的評分標準是在一個**等距尺度**（interval scale）上進行，也就是說量尺上每個相鄰的數字差距都是相同的（見第 2 章有介紹各種型態的數字量尺）。

　　為何預設老師的評分是等距尺度會是無效的呢？有兩個理由：第一，老師不是時鐘，不是溫度計，也不是米達尺，這些工具都是設計來測量間距相等的東西，人類無法用像這些工具那麼標準化地評斷差異。第二，我們無法用檢查一個時鐘準不準的方式去確定這個老師的評分標準為何。

　　實際上老師可能視克莉絲汀和約翰比安德魯和蘇珊間更為接近。而彼得與琳達間的差距可能被認為和約翰與特瓦間的差距相同，即使數字上，彼得和琳達是相差較多的。評斷標準並非等距，這個可能性很大。等距尺度就好像米達尺一樣，用堅硬不變形的材料製成，每個刻度的間距都一樣大。現在想像一下一支用橡皮作成的米達尺，這位老師的「米達尺」（評分量尺）可能在某些地方是拉長的，而有些地方則是擠在一起，使得這個量尺很不一致。這位老師的評分量尺實際上可能如下

第 16 章 無母數分析　245

所示：

0	10	20	30	40	50	60	70	80	90	100
女生		克			琳海	蘇 瑪				
男生		約	特 彼		依	安				

當我們不確定某個量尺是否等距時，最好假定它不是等距的，否則在資料分析時可能會有嚴重的錯誤。不幸的是，這也會產生另一個問題，到目前為止我們在這本書上學到的統計檢定（z、t 檢定、ANOVA）都假設依變項是等距尺度資料，實際上也必須如此，這樣一來平均數、標準差及其他的統計量才能順利地算出來。若資料不屬於等距尺度的測量，那麼這些計算也就沒有意義了。

從上面可以看到計算統計量時會發生的問題。對老師而言，安德魯和蘇珊間的差距比克莉絲汀和約翰間的差距要大，因為「米達尺」的 60 與 70 之間被拉得比 20 到 30 間還要長，即使這兩個差距在數字上都差 2，但克莉絲汀－約翰的「2」比安德魯－蘇珊的「2」還要大。如此一來，計算平均數或標準差顯然是很不妥的，因為數字無法反映實際使用的量尺。

我們在此提到兩種型式的資料：一種是由等距尺度的測量而來，可以用它作統計量的計算，而另一種由順序尺度資料而來。等距資料通常來自實驗中用格式化的標準工具測量出的依變項，比如說反映時間、減輕的體重、某些測驗分數等等。我們可以用這些資料進行**母數檢定**（parametric test），如 t 檢定或 ANOVA。母數檢定必須使用等距資料，另一個重要特色

是它有一些對母群的預設，也就是抽出樣本的母群必須具備某些特徵或條件才行，這些預設包括了母群是常態分配、抽出樣本的那些分配其變異數都相等。所有檢定的目的都在於用樣本統計量來估計未知母群的參數，而這些母群及參數必須符合以上的限制。如果母數檢定的預設不成立，用它們來估計母群就很不妥當，因為它們無法適切地檢定假設。當我們認為資料不是等距的，或是對母群的預設無效時，就得改用**無母數檢定**（nonparametric test），它沒有測量量尺為等距的預設，也不對母群分配有任何限制。

怎麼用無母數的方法分析資料呢？首先要注意的是，如同前面提到的，我們不能用原來的數字進行分析，也就是說不能直接用原始分數進行運算或對母數分配有任何預設。但我們可以知道這些數字所從出的評分量尺應該是**順序**資料（ordinal rank），我們無從判斷 24 分和 26 分對這位老師的意義為何，但可以確定的是，得 26 分的人會比得 24 分的人更容易集中注意力。因此這種評分是**順序尺度**（ordinal scale）的資料，受試者有其特定順序。回頭看看老師對這群小朋友的評分就可以由這些分數知道，瑪莉是最容易集中注意力的，而克莉絲汀是最差的。我們可以用他們的分數來排序，下表中是把注意力最差的受試者（第 1）排到注意力表現最佳的（第 10）：

205

小朋友	老師的評分	排名
蘇珊	67	9
琳達	55	5
約翰	26	2
瑪莉	70	10
彼得	36	4
依恩	57	6
特瓦	32	3
安德魯	65	8
海倫	59	7
克莉絲汀	24	1

　　只要資料的型態是順序的，就可以確定，由原始資料中整理出來的資訊（順序）是有效的。分析順序資料時我們不會有任何等距尺度或有關母群分配的假設。基本上，所有的無母數分析都是在比較自變項中各組得來的順序資料。我們可以比較男生和女生的序數，如果女生的序數很高而男生卻很低的話，就可以支持原本的實驗假設了。各種無母數檢定的核心重點在於我們如何及何時判斷一組序數明顯地與另一組不同。通常無母數檢定是用在當特定的母數檢定預設無法符合時。下表是一些最常用的母數檢定及其對等的無母數檢定。

組數	母數檢定	無母數檢定
2（獨立）	獨立 t 檢定	曼－懷 U 檢定
2（相依）	相依 t 檢定	衛氏 符號－序數檢定
≥2（獨立測量）	單因素獨立測量 ANOVA	克－瓦 檢定
≥2（重複測量）	兩因素重複量數 ANOVA	費氏 檢定

順序的計算

206

在統計分析中要分派序數時，通常把最低分標為第一，然後二、三、四...直到最高分。有一些檢定不在乎排序時資料分數是由高到低還是由低到高，但如果有要求，則必須由低分排到高分。因此，養成這種排序的習慣會比較好。

常會有一個以上的受試者在測驗中同分的情況發生，此時就該給這些人相同的序數。先找出有多少人原始分數是相同的，標為 s，好比說有 3 位受試者同分，則 s=3。前面的排序到此處的序數是 r，比如說我們之前已排了 5 個分數，到第 6 個開始遇到有幾個人同分，那麼 r=6。計算同分者序數的公式如下：

$$序數 = \frac{r + (r+1) + ... + (r+s+1)}{s}$$

當 s=3，r=6 時，序數 $= \dfrac{6+7+8}{3} = 7$。這三個受試者分派到的序數都是 7。

由上面的例子很容易看出用這個序數的理由，如果原本他們的得分不同，那他們的序數會分別為 6、7、8；當他們分數相同時，就要去平分這些序數。而在下面的那些序數就會是 r+s，在此例中，下個序數會是 9。

有時同分者的序數不是整數，如果 2 個受試者同分，而他們的前一個序數是 5，那麼這 2 個受試者得到的序數會是 6.5。只有在類似這樣的情況下才會得到非整數的序數。

用序數來計算

有一些運用序數進行計算的方法，這些計算可以用來進行統計檢定。計算序數而非分數往往比較容易，因為 10 個分數可能是任何數值，但 10 個序數必定就是 1 到 10 間的數字。用序數來計算，只要知道分數個數，就可以算出一些順序統計量。如果有 n 個分數，且 R 表示序數，那麼：

1.　序數總和 (ΣR) 是 $\dfrac{n(n+1)}{2}$

　　如果有 10 個評分（n=10）且把它們排序，那麼
　　$\Sigma R = \dfrac{10(10+1)}{2} = 55$

2.　前 n_1 個序數的總和，其中 $n_1+n_2=n$，即 $n_1 n_2 + \dfrac{n_1(n_1+1)}{2}$。

　　又，n=10 時，若要要求前 3 個序數的總和，則 $n_1=3$，$n_2=7$。
　　前 3 個序數的總和 $= (3 \times 7) + \dfrac{3(3+1)}{2} = 27$

3. 序數的平均數為 $\left(\dfrac{\Sigma R}{n}\right) = \dfrac{n+1}{2}$ ，當 n=10，序數的平均數

$= \dfrac{10+1}{2} = 5.5$

4. 只要其中沒有同分的情況出現，序數平方的總和就是 $\left(\Sigma R^2\right) = \dfrac{n(n+1)(2n+1)}{6}$ 。如果同分的序數越多，其中會有一些統計計算變得比較不具效度。當 n=0，序數平方的總 208

和 $= \dfrac{10(10+1)(20+1)}{6} = 385$（其中沒有同分的序數）。

下面幾章我們會用這些計算來作無母數的資料分析。

第 17 章

兩樣本無母數分析

◆ 曼－懷 U 檢定（適用於獨立樣本）

◆ 衛氏符號－序數檢定（適用於相依樣本）

兩樣本間的比較，是比較自變項的兩組在依變項上的表現，如果樣本都符合 t 檢定的預設，一般會用 t 檢定來分析。當基本假設沒有完全成立，且只能確知資料是順序尺度的話，我們就必須使用無母數分析了。在這章中我們要來看與獨立及相依 t 檢定相對應的無母數等式，分別叫做曼－懷 U 檢定（Mann-Whitney U test）及衛氏 符號－順序檢定（Wilcoxon signed-ranks test）。

曼－懷 U 檢定（適用於獨立樣本）

前一章中有位老師為班上同學的注意力好壞排序，可以作為獨立兩樣本的一個例子。我們不能預設說這個老師是基於等距尺度來評分的，也不能就認定這些分數的分配一定是長成某個樣子。要進行統計分析必須以這些順序為基礎，受試者得分的排名如下：

姓名	排名
瑪莉	10
蘇珊	9
安德魯	8
海倫	7
依恩	6
琳達	5
彼得	4
特瓦	3
約翰	2
克莉絲汀	1

研究者的假設是認為女生較具注意力，若真是如此，我們會期望女生的序數要比男生高，反過來說，如果男生的注意力表現較佳，則他們可以達到較高的序數，若是兩組在注意力上沒有差異，那就可以期望說男女在序數上的分布情形是差不多的。找出某一組是集中在高排名或低排名，只要知道此群中有多少人比另一群人的排名要前面即可。看下表可以知道沒有任何一個男生的得分比瑪莉和蘇珊高，有一個比海倫高，兩個比琳達高，五個比克莉絲汀高，可以用這個方法來看男生的情況，如下表所示：

姓名	排名	比她高分的男生數	比他高分的女生數
瑪莉	10	0	
蘇珊	9	0	
安德魯	8		2
海倫	7	1	
依恩	6		3
琳達	5	2	
彼得	4		4
特瓦	3		4
約翰	2		4
克莉絲汀	1	5	
總和		8	17

　　如果這五個女生正好都排在前五名，她們的總分是 5×0 $= 0$（因為沒有男生的分數比她們高），而男生們的總分是 $5 \times$

5＝25，（因爲五個女生比這五個男生的排名都要前面）。如果是男生都排在前面的名次，則得出的總分會與前面的相反。研究者用單尾測驗，也就是把焦點放在女生的總分上，期望她們的總分很小，排名很前面。如果女生們的總分爲 0，那麼似乎就表示男女的評分上眞的有差異；如果女生總分是 25，就明白地表示她們的排名比男生要差。當總分介在兩者之間（12 或 13），則這兩群的排序是混在一起的。

前面的例子裡，女生的總分是 8，是否已低到足以下結論說她們的排名眞的都是比較前面的呢？由此發展出的分析方法叫做曼—懷 U 檢定（Mann-Whitney U test，用在兩獨立樣本時），它是以實際的排名順序與「最佳可能排名」比較，也就是用觀察的排名順序與視此群所有成員的排名都在最前面時的狀況相比較。

爲便於計算，把女生標爲 1 號樣本，樣本數 n_1＝5，男生是 2 號樣本，n_2＝5，若女生佔了前 n_1（5）個排名，那麼序數的總和會是 10＋9＋8＋7＋6＝40，或如下述公式：

$$n_1 n_2 + \frac{n_1(n_1+1)}{2} = 5 \times 5 + \frac{5(5+1)}{2} = 40$$

女生的實際資料和它差多少？如果我們把女生實際上的排名序數總加，會得到

$$\Sigma R_1 = 10 + 9 + 7 + 5 + 1 = 32$$

1 號樣本中，以排前五名時產生的序數減去實際序數，結

果為 40－32=8，稱此數爲 U_1，U_1=8。

我們也可以找出男生的 U，若他們佔了前 n_2 個名次，那他們的序數總和就是

$$n_1 n_2 + \frac{n_2(n_2+1)}{2} = 5 \times 5 + \frac{5(5+1)}{2} = 40$$

男生實際上的序數總和是 $\Sigma R_2 = 8+6+4+3+2 = 23$，男生的 U_2=40－23=17。

注意到上表中的值同樣已是 8 和 17，因爲這兩種分析是相同的，**曼－懷 U 統計量**是樣本的實際序數與可能達到的最大序數之間的差異，U 值小代表的是這群人的排名傾向於較前面，可用下式計算：

$$U_1 = n_1 n_2 + \frac{n_1(n_1+1)}{2} - \Sigma R_1 \qquad U_2 = n_1 n_2 + \frac{n_2(n_2+1)}{2} - \Sigma R_2$$

可以用 $U_1 + U_2 = n_1 n_2$ 來驗算。

U 達顯著

213

要判斷樣本間是否有顯著差異，要看兩樣本是從同一母群分配中抽出的機率有多大。U 值要多少，我們才能預期虛無假設爲眞呢？

想像一下我們只對兩男兩女施測，女生的 U 值爲 1，而男生的 U 值是 3，不是因爲母群間差異而是純由機率得出如此結果的機會有多大？下面列出在 2 男 2 女狀況下所有可能的排

序：

排名	排序 1	排序 2	排序 3	排序 4	排序 5	排序 6
4	女	女	女	男	男	男
3	女	男	男	女	女	男
2	男	女	男	男	男	女
1	男	男	女	男	女	女
U（女）	0	1	2	2	3	4
U（男）	4	3	2	2	1	0

　　當虛無假設為真，我們會期望這些可能性發生的機率相等，因為有 6 種可能性，所以每一種排序發生的機率都是 1/6 或是 0.167。現在可以算出隨機得出某個 U 值的機率大小。女生 U 值為 0、1、3、4 的機率都是 0.167，因為各只有一種排序法可以得出這樣的 U 值，但 U=2 的排序方法有兩種，所以其機率為 0.33。在假設檢定中，要考慮的是大於或小於某特定值的機率為何，在此例中，女生的分數為 1，隨機得到小於或等於 1 的機率，也就是得到 1 的機率（0.167）加上得到 0 的機率（0.167），即 0.33。若顯著水準 p=0.05，那麼隨機得到小於或等於 1 的機會很大（0.33），表示在 p=0.05 時不顯著。

　　回到前面 5 男 5 女的例子，我們可以做同樣的機率計算，用相同的邏輯來看，共有 252 種不同的排序方法，但要全部算出是相當麻煩的。當虛無假設為真，每種排序可能出現的機率都會很接近，我們可由此算出達到某個值的機率。女生 U 值為 0 的排序方法只有一種，所以其機率為 1/252 或 0.004，得

214

到 U=1 的方法只有一種（機率=0.004），U=2 的方法有兩種（機率=0.008），諸如此類，如下表所示：

U	隨機得出此值的方式有幾種	隨機得出此值的機率	得到小於或等於此值得機率	
0	1	0.004	0.004	
1	1	0.004	0.008	
2	2	0.008	0.016	
3	3	0.012	0.028	
4	5	0.020	0.048	←$p < 0.05$
5	7	0.028	0.076	

　　我算到 U=5 就停下來，有兩個原因：(1)後面的數值越來越不容易計算，(2)若看最後一欄，隨機發生此 U 值的機率已小於 0.05 的顯著水準了。在 5 男 5 女情況下得到 U 值小於或等於 4 就可視為達顯著（p=0.05 時），因為其隨機發生的機率比顯著水準小。

　　還好我們不必自己算出整個機率表，在附錄表 A.5 中就列出了各種顯著水準下 U 值的臨界值了，你可以看到，當 n_1、n_2 很小時，沒有任何臨界值存在，只在該細格中畫了一槓小短線。在 2 男 2 女的例子中可以看出，這麼小的樣本數不太可能得到機率比顯著水準 p=0.05 還小的值。

　　查表時要先判斷現在做的是單尾或雙尾預測，我們在這邊進行的是單尾預測：檢驗的對象是女生的 U 值，因為我們關心的不是男生的表現，所以只看女生的部份即可。若進行的

是雙尾檢定，那麼只要選出U_1及U_2中較小的那個再與查表值比較即可。由上面可知，查表時要注意的是，算出的值要小於或**等於**查表值，我們才算是得到顯著的結果。

現在用查表值（表 A.5）與計算出的U_1值比較，在單尾檢定中，n_1=5 且n_2=5，在顯著水準 p=0.05 時，U 值爲 4，因女生的 U 值較大（8），在這個顯著水準上無法拒絕虛無假設，表示老師對注意力的評分，在男生與女生間沒有差異。

U 分配

當虛無假設爲眞，任何兩樣本間序數的變異都是來自機率的因素，所以我們會想要知道在單只有機率造成變異時會有怎樣的差異產生，以便於用算出的值來作判斷，因此找到虛無假設成立時形成的 U 分配是必要的。

U 的可能值是由 0 到$n_1 n_2$，但當虛無假設爲眞，我們不會期望 U 的值極大或極小，而會期望 U 值落在$\dfrac{n_1 n_2}{2}$附近，也就是分配中央處。如上面看到的，在n_1及n_2值不大時，要得出 U 分配並不難，這些值也可由查表的方式得出，但當樣本數很大時（兩群人數都在 20 以上），U 分配就會很接近常態分配，且其中：

$$\mu = \frac{n_1 n_2}{2} \quad , \quad \sigma = \sqrt{\frac{n_1 n_2 (n_1 + n_2 + 1)}{12}}$$

當樣本很大時，我們可以把計算出的 U 值換算成 z 分數，並查出其在標準常態分配表（表 A.1）中的機率值。Z 的計算

如下：

$$z = \frac{U - \dfrac{n_2 n_2}{2}}{\sqrt{\dfrac{n_1 n_2 (n_1 + n_2 + 1)}{12}}}$$

在使用 U 作統計計算時要多加小心，當資料中相同的序 216
數越多，檢定就會越不準。如果相同的序數實在太多，那麼最
好是檢查一下依變項在使用上是不是區分受試者及其序數的
過程太過粗糙。

計算曼－懷 U 統計量的過程

1. 把所有的分數由最低分排到最高分
2. 用 下 列 公 式 算 出 各 樣 本 群 的 U 值 。
$$U_1 = n_1 n_2 + \frac{n_1 (n_1 + 1)}{2} - \Sigma R_1 \qquad U_2 = n_1 n_2 + \frac{n_2 (n_2 + 1)}{2} - \Sigma R_2$$

3. 用較小的值與表中臨界值（附錄表 A.5）相比，算出
   的值要小於或等於查表值才算達到顯著。（在單尾檢
   定中，若預期序數最高的那個樣本反而是兩個 U 中
   較小的，則它當然就是不顯著的了！）

範例

有兩個社團，山頂社和溪谷社，決定要組團包下一個觀
賞莎劇的包廂。社團中的一位秘書想知道大家對這齣戲的喜好

程度如何，所以就在包廂中要每個人對這齣戲的喜好程度打一個分數，範圍是 0 到 100 分。溪谷社的成員都自視為高文化水準者，所以秘書預期他們給自己打的分數會比山頂社的成員要高。下面的資料是否支持他的假設？

山頂社	溪谷社
23	46
54	45
35	62
42	62
14	75
24	50
38	80
	55
	33

我們對這個資料沒有任何預設（只認定它是順序尺度的資料），也不預設他的母群分配樣態必定是如何，所以現在可以進行曼－懷 U 檢定。

首先把各組中的評分分數加以排序，並考慮重複的情形：

1 號樣本 山頂社	排名（序數）	2 號樣本 溪谷社	排名（序數）
23	2	46	9
54	11	45	8
35	5	62	13.5
42	7	62	13.5
14	1	75	15
24	3	50	10
38	6	80	16
		55	12
		33	4
$n_1=7$	$\Sigma R_1=35$	$n_2=9$	$\Sigma R_2=101$

可以算出兩個 U

$$U_1 = n_1 n_2 + \frac{n_1(n_1+1)}{2} - \Sigma R_1 = 7 \times 9 + \frac{7(7+1)}{2} - 35 = 56$$

$$U_2 = n_1 n_2 + \frac{n_2(n_2+1)}{2} - \Sigma R_2 = 7 \times 9 + \frac{9(9+1)}{2} - 101 = 7$$

　　此預測是單尾的，所以我們選用溪谷社的 U 值，因它是兩個 U 值中較小的，且也符合資料中預測的方向性。要決定是否達到顯著，可以用 n_1 和 n_2 查出臨界值，從表 A.5 中，單尾檢定 p=0.01 時，n_1=7，n_2=9，則 U=9，因為算出的值 7 比查表值要小，我們便可下結論說，溪谷社的成員在喜愛戲劇程度上的給分，明顯比山頂社的成員要高。

衛氏符號－序數檢定（適用於相依樣本）

　　比較兩相依樣本的無母數檢定是衛氏符號－序數檢定，可用下例加以說明。有個老師想要檢驗某個設計來提高小朋友對數學更有興趣的新電視節目是否眞有影響。實驗中用到 9 位小朋友，老師在他們看該節目之前及之後分別詢問他們對數學感興趣的程度，以 0 到 10 來評分。其結果如下：

	對數學有興趣	
兒童	之前	之後
1	2	4
2	5	8
3	5	4
4	2	8
5	3	7
6	2	9
7	7	4
8	7	7
9	4	9

219　　衛氏檢定常在標題出現**配對**（matched pairs）的字樣，這是因爲第一個樣本中每個分數都各和另一個樣本數中的分數形成一對對的配對，在此例中，每個小朋友都和自己形成配對。把分數配成一對對是爲了產生差值分數，這不是隨隨便便就預設配對中的分數可拿來相比，因爲評分量尺在不同的小朋友之間也可能有差異。如果電視節目眞的有助益（單尾預測是

正確的），那麼可預期的是，看節目後的給分會一致地比看電視節目前要高。這個一致性會以看電視後的給分減去看電視前的給分，出現一組負的差異表現出來。若結果是正、負號等量混合的話，就表示樣本間的差異缺乏一致性，亦即有些小朋友的興趣增加了，但有些卻降低，這就是虛無假設的預期內容。因此，要達到顯著，我們要找出一個一致的改變型態，也就是差值分數的正負號要盡量有一致性，不管是均為正或均為負都可以。

各差值如下表所示，注意到 8 號小朋友的差值分數為 0，這個數值無法支持資料有正向改變或負向改變，所以在分析時要排除掉這筆資料，因為它不能幫助判斷。所以我們把 n 減去 1 而成為 8。

兒童	之前	之後	差值的符號	差值大小	差值排序
	1 號樣本	2 號樣本			
1	2	4	-	2	2
2	5	8	-	3	.35
3	5	4	+	1	1
4	2	8	-	6	7
5	3	7	-	4	5
6	2	9	-	7	8
7	7	4	+	3	3.5
8	7	7		0	
9	4	9	-	5	6

衛氏檢定並不是比較差值的正負號,它比較的是差值大小。如果不一致的差值分數(如上表中的正號)很大,對研究假設會造成較大的問題,因爲很難解釋。衛氏檢定把差值大小(絕對值,亦即忽略正負號,把它們都當作正數來看)加以排序,序數如上表第六欄。

差異不一致的情況出現在兩個正的差值(+),其序數分別爲 1 和 3.5,它們是否小到讓我們可以下結論說此結果不太可能是純因機率發生的呢?在衛氏檢定中要看不一致者序數的總和,1+3.5=4.5,我們把它稱爲 T。當虛無假設爲眞,T 爲 4.5 的機率有多大?如果 T 很小,就可以達到顯著,因爲那表示有高度的一致性:當 T 爲 0,即是在序數上沒有任何不一致的情況發生,而每一對中較高的分數一定都在同一群樣本中。

每個序數的方向都可能隨機是正的(+)或負的(-),所以當虛無假設成立時,每個受試者得到這兩種可能結果的機率是相等的。有 8 個受試者就會共有 2^8=256 種不同的可能性。這些可能性中有多少的正序數總和會小於或等於 4.5?其中只有一種使正序數總和爲 0 的排序方法(每個差值都是負的),所以純然因爲機率得到 0 的機率是 1-256 或 0.004;也只有一種方法可使正的序數總和爲 1(最小的差值爲正,其他都是負的);得到 2 的方法只有一種(最小的兩個差值爲正,其他都是負的);得到正序數何爲 3 的方法則有 2 種,一種是只有第三低的那個差值是正數,另一種則是最小的兩個序數爲正,其餘爲負。我們在下表中把一些值列出來:

T	隨機得到此值的方法數	隨機得到此值的機率	隨機得到小於等於此值的機率	
0	1	0.004	0.004	
1	1	0.004	0.008	
2	1	0.004	0.012	
3	2	0.008	0.020	
4	2	0.008	0.027	
5	3	0.012	0.039	←p<0.05
6	3	0.012	0.051	

　　（第三欄數值的累加和第四欄的數值有些微的不同，是 221 小數點下第三位四捨五入造成的。）

　　注意到，在 T 為 6 時機率就大於 0.053 了，而要得出 5 或更小的機率就比 0.05 還小了。在這個例子中，若 T 為 4.5，就可以在 p=0.05 的顯著水準下拒絕虛無假設，並可以下結論說看完電視節目後，小朋友對數學的興趣有顯著增加。

　　很幸運的，我們不必每次都先算出虛無假設成立時的機率值，因為前人已經把這些資訊建構成一個表了（附錄表 A.6）。這個例子是單尾預測，但若改作雙尾預測的話，我們就算同時考慮負的序數總和及正的序數總和，再選出較小的數當作 T。達顯著的 T 臨界值也必須同時考慮分配的兩個尾巴（也就是說，要得到更小 T 值的機率，無論它是正的還是負的），因此它會比單尾檢定更為保守。要謹記，當查 T 表時，算出的值必須小於或等於查表值才能說它達到顯著。

T 分配

n 值小時（小於 25），我們可以在表中查到虛無假設為真時的 T 臨界值，而當 n（受試者人數）越來越大，T 分配就會越接近常態分配，其中

$$\mu = \frac{n(n+1)}{4} \qquad , \qquad \sigma = \sqrt{\frac{n(n+1)(2n+1)}{24}}$$

因此，n 大於或等於 24 時，檢定 T 是否達到顯著就要算出 z 分數，並用它和標準常態分配相比，公式如下：

$$z = \frac{T - \dfrac{n(n+1)}{4}}{\sqrt{\dfrac{n(n+1)2n+1)}{24}}}$$

222

如果資料中序數重複的情況太多，使用 T 可能會不大合適，在這種情況下，必須檢查一下依變項的測量方式，看看是否能讓它更敏感，以使不同分數間更能區辨並使同序數的情形盡量減少。

計算衛氏符號－序數檢定的過程

1. 計算每位受試者的差值分數，即他在 1 號樣本的分數減去他在 2 號樣本中的分數，當受試者的差值分數為 0，我們就把他的資料由分析中移除，並把樣本數 n 減去 1。

2. 把差值分數忽略正負號後由低到高排序。

3. 把正的差值所對應的序數總加（ΣR_+），也把負的差值對應的序數總加（ΣR_-），這兩者中較小的那個就是計算得出的 T（在單尾預測中，較小的值必須和原本的預測一致，如果不一致，當然就是不顯著了）。最好再驗算一下 $\Sigma R_+ + \Sigma R_- = \dfrac{n(n+1)}{2}$ 是否成立，因為兩種不同符號的序數總加後就是全部序數的總和。

4. 比較算出的 T 與查表的臨界值（表 A.6），在選定的顯著水準上用 n 找出正確的值。算出的 T 必須小於或等於查表值，才算達到顯著。

範例

某個負責面試的團體有 10 個主考官，他們負責給兩個應徵者評分，看它們是否適合郵務工作，給分範圍是 1 到 20 分。兩位應徵者中是否有一人明顯比另一人得到較高的分數呢？

主考官	應徵者 1	應徵者 2
1	14	10
2	17	7
3	12	14
4	16	6
5	14	14
6	10	4
7	17	10
8	12	4
9	6	11
10	18	6

我們對資料及母群分配沒有任何預設，只確定資料是順序尺度的，所以用衛氏 符號－序數檢定來檢驗這個假設。首先要算出每位受試者（主考官）的差值分數（應徵者 1－應徵者 2），差值為 0 者要被排除。差值按大小的排序如下表：

主考官	應徵者 1	應徵者 2	差值正負號	差值大小	排名
1	14	10	+	4	2
2	17	7	+	10	7.5
3	12	14	-	2	1
4	16	6	+	10	7.5
5	14	14		0	
6	10	4	+	6	4
7	17	10	+	7	5
8	12	4	+	8	6
9	6	11	-	5	3
10	18	6	+	12	9

224

5 號主考官的差值分數為 0，所以由分析中移除，現在受試者人數 n 為 9。接下來分別計算正差值和負差值的序數總和。

$$\Sigma R_+ = 2 + 7.5 + 7.5 + 4 + 5 + 6 + 9 = 41$$
$$\Sigma R_- = 1 + 3 = 4$$

因為沒有特定方向的預測，所以它是個雙尾檢定，我們取較小的值作為計算出的 T，T=4。顯著水準 p=0.05，n=9 時，

雙尾檢定的查表值是 5,因為算出的 T 值比查表值小,所以我
們可以說主考官在評分上明顯給 1 號應徵者較高的分數。

第 18 章

順序資料的單因素 ANOVA

◆ 克－瓦檢定（適用於獨立樣本）

◆ 費氏檢定（適用於相依樣本）

　　當分析的資料不是等距尺度資料，或是不符合 ANOVA 的預設條件時，就必須進行無母數檢定。而在單因子設計中若要分析兩個以上的樣本，就要進行克－瓦檢定（Kruskal-Wallis test，用在樣本相互獨立時）或費氏檢定（Friedman test，用在樣本相依時）。這兩種就是用於無母數檢定中單因素獨立測量 ANOVA 及單因素重複測量 ANOVA 的檢定方法。

克－瓦檢定（適用於獨立樣本）

　　克—瓦檢定的分析類似於利用序數作的 ANOVA，它用於母數分析 ANOVA 的預設不成立，或沒有任何預設的情況。下面有一個例子：有位研究者想知道個人魅力對工作應試是否錄取是否有不同的影響。研究者請幾位女性主考官針對男性應徵者的個人魅力予以評分，其中一個問題是，是否鬍鬚會影響女性對男性個人魅力的評判。有個大型私人公司的女經理同意參加這個實驗，她給一大堆男性的大頭照評以 0~50 的分數，分數越高表示他越有魅力。她評分的照片是由大型男性相片資料庫中隨機取出，共有 5 位留著鬍子，5 位留鬢角，及 5 位沒有留鬍子或鬢角的不同男性。（此資料庫中的照片，年齡、髮型、及儀容整齊程度都經過配對。）若檢驗下面的資料，是否能觀察到有無鬍鬚對個人魅力判斷的影響？

留鬍鬚的情況					
留 鬍 子		留 鬢 角		沒有鬍鬚或鬢角	
評分	排名	評分	排名	評分	排名
5	1	9	3	23	10
6	2	16	6	28	12
10	4	19	8	35	13
15	5	25	11	44	14
17	7	20	9	47	15
	$T_1=19$		$T_2=37$		$T_3=64$

在這裡獨立測量的單一因素*是留鬍鬚的情況*，我們把各組資料分別排序，排出的序數如上表，如果兩組間沒有差異，就可預期各組序數排列是散亂看不出規則的；若自變項有效果，可預期兩組間會有系統性的差異。所以必須找出一個方法來測量特定組內序數的聚集現象。

若要進行 ANOVA，就要算出 F，而 F 值為 $\dfrac{MS_{組間}}{MS_{誤差}}$，但在克—瓦檢定中，我們計算的是 H，這個統計量的計算和 F 有些不同：

$$H = \frac{SS_{組間}}{MS_{總}}$$

要計算上面這個式子，要先算出平方和及平均平方數，但因計算的對象是序數，所以可以用一個較簡單的式子來代

替。

我們知道 $SS_{總} = \Sigma X^2 - \dfrac{(\Sigma X)^2}{N}$，但現在處理的是序數（R）而非分數（X），在沒有序數重複出現的情形下，可以用一些東西來取代式子中的成分：

$$\Sigma X^2 = \Sigma R^2 = \frac{N(N+1)(2N+1)}{6} \quad 並且 \quad \Sigma X = \Sigma R = \frac{N(N+1)}{2}$$

由此可知，$(\Sigma X)^2 = (\Sigma R)^2 = \dfrac{N^2(N+1)^2}{4}$，把這些用序數計算的式子代入前面的公式，則平方和為：

$$SS_{總} = \frac{N(N+1)(2N+1)}{12}$$

此資料的自由度為 N-1，則：

$$MS_{總} = \frac{N(N+1)}{12}$$

也就是說不管我們收集的資料是哪一種，序數的 MS 總 都會是由 N 決定的定值。從這裡也可以知道為何要算出 H 而非 F。MS 總 提供了一個「平均」變異量的定值，亦即不管自變項的效果為何，她都是由序數個數 N 決定的。若比較組間變異量和此定值的差異，我們可以看出實際上組間變異是大得多的。例如，N=15 的話，MS 總 永遠都會是 20（當序數沒有重

複出現的狀況時）。

下面是一般使用的平方和公式：

$$SS_{組間} = \frac{\Sigma T^2}{n} - \frac{(\Sigma X)^2}{N}$$

用序數公式取代 $(\Sigma X)^2$，可得出：

$$SS_{組間} = \frac{\Sigma T^2}{n} - \frac{N(N+1)^2}{4}$$

T 是一個組中的序數總和，$\Sigma T^2 = T_1^{\ 2} + T_2^{\ 2} + ... + T_k^{\ 2}$，而 k 229 是組數，n 是每組的分數個數。

從以上的計算可以得出一個比較簡單的 H 公式：

$$H = \frac{12}{N(N+1)} \times \frac{\Sigma T^2}{n} - 3(N+1)$$

H 告訴我們的是組間變異大小（平方和）相較於排序時其「平均」變異數而言，差距有多大。因爲 MS 總 一定是和 N 有關的定值，所以自由度很重要，她和組數有關，$df_{組間} = k-1$，因爲 H 要受研究中的組數影響。

在鬍子的例子中，N=15，n=5，k=3，T_1=19，T_2=37，T_3=64，而

$$H = \frac{12}{15(15+1)} \times \frac{19^2 + 37^2 + 64^2}{5} - 3(15+1) = 10.26, df = 2$$

所以組間序數的變異（組間平方和）是序數「平均」變異（總的平均平方數）的 10.26 倍。

樣本數不等

　　就好像獨立測量 ANOVA 一樣，各組的受試者人數可能會不同，若發生這樣的狀況，則 H 公式為：

$$H = \frac{12}{N(N+1)} \times \Sigma \frac{T^2}{n} - 3(N+1)$$

　　其中 $\Sigma \frac{T^2}{n} = \frac{T_1^2}{n_1} + ... + \frac{T_k^2}{n_k}$ ，而 n_1 到 n_k 是第一組到第 k 組各組的受試者人數。

230　H 分配

　　你可以提出一個問題：為何資料為順序型態時，我們使用的是 H 而非 F？有幾個原因：如果同前面曾提及的，$MS_{總}$ 是由 N 而來的定值，在此例中，N=15，則無論分為幾組，他們之間的變異量永遠都是 20，因此，我們可以視 $MS_{總}$ 為一個基準點，那麼 $SS_{組間}$ 就會是 0，因為每一組內的序數總和都相等，而若組間變異很大，則 $SS_{組間}$ 就會很大，表示相近的序數集中在某一特定組內。但要多大才叫做「夠大」呢？這就是用 $MS_{總}$ 來比較的原因。在此例中，當分別算出 $SS_{組間}$ =205.2 及 $MS_{總}$ =20 後，可知 $SS_{組間}$ 比 $MS_{總}$ 大了約 10 倍，這暗示組間的變異不是隨機產生的，也指出了留鬍鬚的情況的確影響了對個人魅力的評判。現在必須要找出虛無假設成立時的 H 分配，以

得到判斷顯著與否的 H 值。

在此可以看到 H 是多麼有用的一個統計量，且 H 分配已經被求出來了。因為 H 分配很接近**卡方分配**（χ^2 distribution）這個已知分配。只要每組中至少有 5 個分數，利用卡方分配來看 H 就可以準確到小數點下兩位[1]。在下一章可以看到對卡方分配更詳細的說明，在此只要注意一點：z 是分數與平均數的差值除以標準差，如果把 z 平方，則 z^2 是差值的平方數除以變異數，而 z^2 分配就是 χ^2 分配，z^2 的總和也是平方和除以變異數，也就是 H。

很明白地，H 的大小要視組數而定，因此在查 H 達顯著的值為何的時候，要用 df=df $_{組間}$=k-1，還好 χ^2 分配各自由度對應的值都已算出。在我們的例子中，df=2，就可查出適當的 χ^2 值，在 χ^2 分配表中（表 A.7），p=0.01，df=2 時，χ^2=9.21。因為算出的 H 值比查表值大，我們可以下結論說留鬍鬚的情況不同，對於個人魅力的評斷會產生不同的效果。

序數重複出現

若有序數重複的現象，就應該用 SS $_{組間}$ 及 MS $_{總}$ 原本的計算公式來算出那些序數，如果直接地把重複的序數代入 H 的式子計算，算出的值會比原本應有的值要更小，可能因此而漏失了達到顯著的差異。但這只有在計算的值很接近達顯著的水準時，此問題才顯得特別嚴重。我們應該要注意的是剛好沒能達到顯著的結果。在大部分的情況，都可以用較簡單的公式算

231

---

[1] 出處：Winer, B. J.(1971) *Statistical Principles in Experimental Design*, 2nd edition, tokyo: McGraw-Hill Kogakusha Ltd.

出 H，只要沒有太多序數重複出現的情形發生，就不必擔心這個問題。

計算克－瓦檢定的過程

1. 把實驗中所有分數加以排序，不要管它的組別。

2. 把各組內的分數總加，產生每組的序數總和：T_1、...、T_k，
    k 是組數。

3. 用 $H = \dfrac{12}{N(N+1)} \times \Sigma \dfrac{T^2}{n} - 3(N+1)$ 算出 H 的值，這在各組受

    試者人數不等時也適用。N 是受試者總數，而 n_1、...、n_k
    是 k 個組的各組人數。

4. 算出的 H 值要大於或等於 df=k-1 的 χ^2 值，如此便能拒絕
    虛無假設。附錄表 A.7 是 χ^2 分配的臨界值總表。

範例

有 18 個自覺難以感到放鬆的人同意參加一個實驗，實驗中採用三種放鬆技術：有助於完全休息的藥片、催眠術、運動。使用這些技術一週後，請受試者們對自己的放鬆能力用 50 點量表給予評分（由 0 開始表示比以前更糟，25 表示沒有改變，由此到 50 是比過去好很多）。6 個人採用吃藥的方式，5 個進行催眠，而有 7 個人去作運動。放鬆方法對他們的評分是否有不同的影響？

受試者們給分的排序資料如下表：

第一組		第二組		第三組	
藥片	排名	催眠	排名	運動	排名
14	2.5	29	11	44	18
10	1	38	15	30	12
18	4	27	9	40	16
22	6	25	7	28	10
14	2.5	26	8	33	13
20	5			35	14
				42	17
n_1=6	T_1=21	n_2=5	T_2=50	N_3=7	T_3=100

現在可以算出 H：

$$H = \frac{12}{N(N+1)} \times \Sigma \frac{T^2}{n} - 3(N+1)$$

$$= \frac{12}{18(18+1)} \left(\frac{21^2}{6} + \frac{50^2}{5} + \frac{100^2}{7} \right) - 3(18+1)$$

$$H = \frac{12}{342}(73.5 + 500 + 1428.27) - 57 = 13.25$$

自由度，k-1=3-1=2。

由 χ^2 表可知，p=0.01 時，χ^2=9.21。因為算出的值 13.25 比查表值大，我們可以下結論說不同的放鬆方法在受試者評分上有明顯差異（在 p=0.01 的顯著水準）。

費氏檢定（適用於相依樣本）

費氏檢定是當資料無法符合母數檢定中單因子重複測量 ANOVA 的基本預設時，可用來進行的無母數檢定法。在這個檢定中，是針對序數作分析，因為實驗是重複量數設計，所以分數是在每個受試者內排序，而不是所有的分數一起排序。下面的例子是請 6 位私人公司主管用 0~10 的量表對西裝顏色所能代表專業形象的程度予以評分。此實驗中選用的西裝顏色有棕、黑、藍三色。

受試者	棕 評分	棕 排名	黑 評分	黑 排名	藍 評分	藍 排名	序數總和
1	5	1	8	2	9	3	6
2	4	1	6	3	5	2	6
3	3	1	4	2	9	3	6
4	5	2	4	1	8	3	6
5	4	1	5	2	6	3	6
6	5	2	3	1	7	3	6
	$T_1=8$		$T_1=2$		$T_1=17$		

若樣本間無差異，可預期的是各組的序數會是隨機散佈的，如果自變項有影響，那麼我們會期望相近的序數集中在同一組內。在上面的例子中，大部分的序數 1，都集中在「棕」組，大部分的序數 2 集中在「黑」組，而大部分序數 3 集中在

「藍」組，所以可預期的是，我們算出的統計量會顯示出組間有顯著差異。

在單向重複量數 ANOVA 中要算出的統計量是 F，但在費氏檢定中要計算的則是 χ_r^2，這是用序數計算得出的卡方值：

$$\chi_r^2 = \frac{SS_{\text{組間}}}{MS_{\text{受試者內}}}$$

注意到上表中，當我們把每個受試者的資料排序後，受試者間是沒有差異的（$SS_{\text{受試者間}} = 0$），因爲每個受試者的序數總和是一樣的，在這個例子中，他們的總和都是 6，所以這些序數的變異都是來自受試者內（$SS_{\text{總}} = SS_{\text{受試者間}}$）。在此可看出克－瓦檢定和費氏檢定的相似之處。

234

$SS_{\text{受試者內}}$ 的公式：$SS_{\text{受試者內}} = \Sigma X^2 - \dfrac{\Sigma T_s^2}{k}$

因爲處理的是序數，如果每個受試者內序數都沒有重複出現的情形：

$$\Sigma X^2 = \Sigma R^2 = \frac{nk(k+1)(2k+1)}{6} \quad \text{且} \quad \Sigma T_s^2 = \frac{nk^2(k+1)^2}{4}$$

這些序數的公式和第 16 章中有些不同，因爲這裡是在每個受試者內排序，不是實驗中所有分數排序。我們現在可以用序數的公式取代原本用分數計算的 ANOVA 公式：

$$SS_{受試者內} = \frac{nk(k+1)(2k+1)}{6} - \frac{nk(k+1)^2}{4}$$

把式子化簡後得到：

$$SS_{受試者內} = \frac{nk(k+1)(k-1)}{12}$$

受試者內自由度為 n(k-1)，所以：

$$MS_{受試者內} = \frac{k(k+1)}{12}$$

這是由 k 而來的定值。有 3 個實驗條件時，MS $_{受試者內}$永遠都是 1。組間平方和可用下式算出：

$$SS_{組間} = \frac{\Sigma T^2}{n} \frac{(\Sigma X)^2}{nk}$$

235   其中 nk=N，是分數總個數，而是 T_1、...、T_k 每組分數總和。

如果資料是序數，假設沒有重複的情況發生，可以用 ΣX 代換 $\frac{nk(k+1)}{2}$，T 就成了某一組的序數總和：

$$SS_{組間} = \frac{\Sigma T^2}{n} - \frac{nk(k+1)^2}{4}$$

最後，

$$\chi_r^{\ 2} = \frac{12}{nk(k+1)} \Sigma T^2 - 3n(k+1)，自由度：k\text{-}1$$

在西裝顏色的例子中，n=6，k=3，T_1=8，T_2=11，T_3=17：

$$\chi_r^{\ 2} = \frac{12}{6 \times 3(3+1)}(8^2 + 11^2 + 17^2) - 3 \times 6(3+1) = 7，df=2$$

$\chi_r^{\ 2}$ 分配

　　和克—瓦檢定的統計量很類似，$\chi_r^{\ 2}$ 是組間平方和與一個定值（序數的「平均」變異）的比較。如果虛無假設為真，我們就預期組間變異為 0，而當虛無假設不成立時，就期望組間變異會很大。而「大」的定義要看那個定值：MS _{受試者間}。

　　另一個與克—瓦的 H 統計量類似之處是 $\chi_r^{\ 2}$ 和 χ^2 的分配很接近，只要用組間自由度 k-1，就可找出適當的分配。但當組數和受試者人數都很少時(k=3 且 n<10，或 k=4 且 n<5 時)，那麼 χ^2 分配就和 $\chi_r^{\ 2}$ 不太像了[2]。如果發生這種情況，就必須算出當虛無假設成立時 $\chi_r^{\ 2}$ 的各種機率。比如說在 k=3 且 n=3 時，每個受試者把各組排為 1、2、3 的順序可以有 6 種方式，所以 3 個受試者共有 6×6×6＝216 種排序方式。$\chi_r^{\ 2}$ 的極大值是 6，這發生在每個受試者對每一組都給予相同的序數時，有 6 種可能的方式，所以隨機得出 $\chi_r^{\ 2}$=6 的機率是 6/216 或曰

236

———————————————————

[2] 見 Winer, B.J. (1971)，有更多關於 $\chi_r^{\ 2}$ 的詳細內容。

p=0.028。再下來最大的 χ_r^2 值是 4.67，且隨機得到此值的機率會大於 0.05，因此，當 k=3 且 n=3 時，只有 χ_r^2=6 再 p=0.05 的水準上會達到顯著。小樣本的 χ_r^2 臨界值示於附錄表 A.8。

西裝顏色的例子是 k=3 且 n=6 的小樣本範例。p＜0.05 的查表值是 7.0，因為算出的 χ_r^2=7 與它相等，所以我們可以下結論說西裝顏色對評判專業形象有顯著影響（在 p=0.05 的顯著水準上）。

如果資料中有許多重複的序數就要多加小心，因為這可能使分析不準。還好我們是對受試者內加以排序，這種情況比較不會發生，但只要重複的序數稍微多了些，就必須考慮是否要改用更敏感的依變項以減少序數重複的情況。

計算費氏檢定的過程

1. 把受試者資料設在列，把組的資料設在欄。
2. 分別對 n 位受試者的分數排序，由最低排到最高。
3. 算出各組的序數總和（T）：T_1，...，T_k，k 是組數。
4. 用下式算出 χ_r^2：

    $$\chi_r^2 = \frac{12}{nk(k+1)}\Sigma T^2 - 3n(k+1)，其中 df=k-1$$

5. 算出的 χ_r^2 值必須大於或等於適當的 χ^2 查表值（附錄表 A.7），或大於等於小樣本表（A.8）中的 χ_r^2 值。

範例

有 10 位飯店的住客都在該飯店解決他們的三餐。某天有人請他們用 0 到 100 (從差到好) 的量表給三餐的食物品質評分。在他們對品質的評分中，三餐是否有差異？

評分結果如下表所示，對資料唯一的假設是其型態為順序尺度資料，對於其他母群分配等都不作任何預設。237

受試者	早餐 評分	早餐 排名	午餐 評分	午餐 排名	晚餐 評分	晚餐 排名
1	50	1	58	3	54	2
2	32	2	37	3	25	1
3	60	1	70	3	63	2
4	41	1	66	3	59	2
5	72	1	73	2	75	3
6	37	3	34	2	31	1
7	39	1	48	3	44	2
8	25	2	29	3	18	1
9	49	2	54	3	42	1
10	51	1	63	2	68	3
n=10						
K=3		T_1=15		T_2=27		T_3=18

我們把受試者自己給三餐的評分排序，如上表，而每組 (三餐) 的序數總和也算出來了。現在來算 χ_r^2。

$$\chi_r^2 = \frac{12}{nk(k+1)} \Sigma T^2 - 3n(k+1) = \frac{12}{10 \times 3 \times 4}(15^2 + 27^2 + 18^2) - 3 \times 10 \times 4$$
$$= 0.1 \times 1278 - 120 = 7.8 \quad \text{其中} df = k - 1 = 3 - 1 = 2$$

由表 A.7 可知，p=0.05，df=2，χ^2=5.99，因為我們算出的 χ_r^2 比 χ^2 查表值還大，所以可以下結論說，在品質評分上，三餐有顯著差異。

第 19 章

分析次數資料：卡方

◆ 名目資料、類別及次數計數

◆ χ^2 導論

◆ 卡方（χ^2）作爲「配適度」檢定

◆ 卡方（χ^2）作爲獨立與否的檢定

◆ 卡方分配

◆ 卡方分配的預設

名目資料、類別及次數計數

　　有很多情況是，當資料屬於名目（nominal）尺度時，我
們想要檢驗一個自變項對依變項的效果爲何：資料中的數目代
表的是有多少受試者隸屬於此類，而非順序或等距尺度上的位
置。有個對女學生頭髮長度有興趣的實驗者可能把髮長分成兩
類：長（到肩膀或肩下）及短（肩膀以上）。抽出女學生樣本
後再去看校園中大家較偏好長髮或短髮。注意到由學生們身上
收集到的資料不是分數也不是排名，研究者收集的是**次數資料**
（frequency data），把每一類中的受試者數目加起來。如果隨
機抽出 100 個女性，其中有 62 名長髮及 38 名短髮，我們能否
下結論說喜歡長髮的人明顯較多？在此章中用來檢驗的統計
量，**卡方**（chi-square，χ^2），可讓我們分析次數資料以回答
這些問題。卡方檢定不限制所選的（獨立）類別數，這使得作
問卷及調查時尤其好用，若要比較自由派及保守派對某個新稅
務法案的意見，我們可以問一群自由派的人及一群保守派的
人，看他們贊成或反對此法案。在此分爲 4 類：自由派－贊成、
自由派－反對、保守派－贊成、保守派－反對，計算各類別的
次數有多少。若再把「不知道」一類納入這兩種政治分野，類
別就會增爲 6 類了。

χ^2 導論

　　看 χ^2 統計量最簡單的方法是把它視作 z 統計量的平方。

$$\chi^2 = z^2 = \frac{(X - \mu)^2}{\sigma^2}$$

χ^2 是常態分配中，某個分數與其母群分配間的差值除以 241
母群變異數後的平方數。就好像 F 其實就是 t^2，χ^2 就是 z^2，
也是一個平方數，所以一定是正數。另一個和 F 相似的是，
我們對 χ^2 有興趣的也是位在分配較高的值，但反映到 z 分數
上則必定是雙尾檢定，其中大的正 z 值和大的負 z 值在平方後
都會變成大的正 χ^2 值。

通常我們檢驗的是樣本而非單一的分數，這也是爲何 χ^2
在資料分析上那麼好用的原因。若選出的樣本間**彼此獨立**，那
麼每個分數 X 得出的 χ^2 相加後，仍爲一 χ^2 值。

$$\chi^2 = \Sigma z^2 = \Sigma \frac{(X-\mu)^2}{\sigma^2}$$

這表示我們可以找出每筆樣本的 χ^2 值，而把這些 χ^2 相加
後，仍然是一個 χ^2。如此一來，就可以拿樣本與 χ^2 的抽樣分
配來作比較。但因 χ^2 分配的形狀要視總加時 χ^2 的數目而定，
所以必須考慮樣本的自由度（樣本數減 1）。若我們分成 c 個
類別，那麼 χ^2 的自由度就是 c-1。在髮長的例子中分爲兩個類
別（c=2），兩筆樣本間互相獨立不重疊，因爲不會有哪個學生
同時被歸到這兩類中。假想我們有 100 個女學生（N=100），
若沒有任何頭髮長度的偏好存在，可預期的是，會有一半的女
學生留長髮（機率 p_1=0.5，「長髮」爲類別 1），另一半的女學
生留短髮（機率 p_2=0.5，「短髮」爲類別 2）。因此，當虛無假
設爲眞，可預期有 N p_1 個學生（100×0.5＝50）留長髮，而 N
p_2 個學生留短髮（也是 50）。在虛無假設的狀況下，62 和 38
是否與我們預期的 50 有顯著差異？此時可引入 χ^2，下面的式

子是虛無假設為真時，χ^2 大約會呈現的樣子。

$$\chi^2 = \Sigma \frac{(X - Np)}{Np}$$ ，自由度為 c-1

X 是每個類別中觀察得到的次數，而 Np 是當虛無假設為真時預期會出現的次數。

上面得出的只是 χ^2 的逼近值而非確實的 χ^2，尤其在 Np 至少為 5 時，逼近程度會極佳，也就是說虛無假設成立時每一類別的期望次數要大於或等於 5 才行。這個式子提供了一個分配以與實際值比較，這樣就可以檢定次數間的差異是否顯著。

髮長實驗中有兩個類別，所以可以用以下的新式子算出 χ^2：

$$\chi^2 = \frac{(X_1 - Np_1)^2}{Np_1} + \frac{(X_2 - Np_2)^2}{Np_2} = \frac{(62 - 50)^2}{50} + \frac{(38 - 50)^2}{50}$$

$$= \frac{144}{50} + \frac{144}{50} = 5.76$$

其中 df=c-1=2-1=1 個自由度。

若查 χ^2 分配表（附錄表 A.7），p=0.05 且 df=1 時，χ^2 =3.84，因為算出的值比查表值大，所以可以下結論說校園中的女學生比較偏好長髮。

χ^2 的式子更常用另一種方法表示，其中把 X 視作**觀察次數**（observed frequency，O），把 Np 視作**期望次數**（expected frequency，E），所以一般我們使用的 χ^2 公式如下：

$$\chi^2 = \Sigma\left(\frac{(O-E)^2}{E}\right) \text{，其自由度 df=c-1}$$

卡方（χ^2）作爲「配適度」的檢定

我們想檢驗的是，是否某種次數的分布型態與期望的型態有顯著差異，而這些期望次數通常是當虛無假設爲眞時會出現的數值，但也不一定要是如此，我們可以拿觀察值與任何形式的期望值來比較。這也就是此檢定稱作「配適度」（goodness of fit）的原因：我們可以用它來決定一組觀察值是否能符合某種特定型態的期望值。

範例

243

某位實驗者要檢驗是否人們對車身顏色有偏好存在。四種顏色，紅、藍、黑、白的車子讓 100 位受試者看過後，問他們喜不喜歡這些顏色的車子。

如果沒有任何偏好存在，那麼可預期的是，選各色的人數會一樣多，也就是說當虛無假設爲眞時，每個類別被選中的機率是 1/4 或是 p=0.25。總次數（N）爲 100，期望中每個類別會有 Np 個人選它，也就是 100×0.25=25 人。實驗結束後，研究者發現有 48 人選紅車，15 人選藍車，10 人選黑車，而 27 人選白車。這些觀察值是否與期望值有顯著差異？

我們用 χ^2 的計算來比較觀察次數的型態與期望次數的型態：

$$\chi^2 = \Sigma\left(\frac{(O-E)^2}{E}\right)$$

$$= \frac{(48-25)^2}{25} + \frac{(15-25)^2}{25} + \frac{(10-25)^2}{25} + \frac{(27-25)^2}{25} = 34.32$$

其 df=c-1=4-1=3。

　　從表 A.7 中可知，p=0.01，df=3 時，χ^2=11.34。因為算出的 χ^2 比查表值大，於是可以拒絕虛無假設。表示在觀察次數（也就是實際上由受試者身上得出的資料）與期望次數間有顯著差異；四種顏色被喜愛的程度是不同的。

在常態分配中檢定「配適度」

　　通常我們都用虛無假設中的期望值與觀察值做比較，但有一個特例必須選用另一組期望值來比較。在母數檢定中，我們常預設一或多筆樣本是來自常態分配的母群，但若要深究，其實這種情況並不多，所以 χ^2 的配適度檢定可用於此。

244　　有 200 人進行手眼協調測驗，受試者們犯錯的次數被紀錄下來。分數的範圍由 22 到 69，樣本平均數是 $\overline{X}$=46.86，標準差 s=6，這筆樣本是否與常態分配有顯著差異？

　　首先要分出類別，分成越多類，此檢定的敏感度就越高，但最後每個類別的分數也會很少。若範圍是 22 到 69，每組 5 人，則可分為 10 組，這寫在下表中的第一欄。類別間的分野是 0.5，是分數間最小可能差距的一半（分數間最小可能的差距是 1），這樣任何類別都不會有重疊的部分。若我取 25 作為兩個類別的分界點，那麼 25 這個分數可能同時被分到 20~25 及 25~30 兩組；而用 25.5 作分界點的話，它區分了 20.5~25.5

及 25.5~30.5，就不會有哪個分數同時被分到兩個組，這也表示類別之間沒有空隙，整個分數範圍都被這些類別涵蓋了。下一步是要把這 200 個分數正確地放入它們應屬的類別，最後的結果就是「觀察次數」，在表中第二欄。

現在要算出期望值了，我們先把類別間的分界點用 z 公式轉換成 z 分數。但不幸的是我們沒有母群平均數及標準差，這些是計算 z 分數必備的。所以只好用樣本的 $\overline{X}$ 及 s 來估計了：

$$\text{估計的 } z = \frac{X - \overline{X}}{s} = \frac{X - 46.86}{6}$$

第一個類別中，原始分數 20.5 及 25.5 轉換為 z 分數後變成 −4.39 及 −3.56。。就這樣把所有類別間的分界點都計算出來，結果在表中第三欄。

若在標準常態分配表（附錄 A.1）中查這些數字，可以找到和每個分數相對應的機率。這些機率列在表中第四欄（回想一下，z 分數小於 −4 的話，其機率近乎於 0）。只要分配呈常態，交界點與交界點間的差值就可以告訴我們此分數出現在該類別的機率為何，列在表中第五欄。（要找出平均數附近哪一類的機率有點難，因為一個 z 分數為正，另一為負。我們只要取它們各自和 0.5——也就是平均數的機率——的差值後相加即可。）

把常態分配中可在某類別找到該分數的機率（p）乘上總 245
人數（N=200），就可得出每一類別的預期次數，列在第六欄。

類別分界	觀察次數	z分數	機率	機率差值	期望次數	χ^2
20.5	1	-4.39	0.0000	0.0002	0.04	
25.5		-3.56	0.0002			
25.5	2	-3.56	0.0002	0.0030	0.60	0.1317
30.5		-2.73	0.0032			
30.5	2	-2.73	0.0032	0.0262	5.24	
35.5		-1.89	0.0294			
35.5	26	-1.89	0.0294	0.1152	23.04	0.3803
40.5		-1.06	0.1446			
40.5	55	-1.06	0.1446	0.2644	52.88	0.0850
45.5		-0.23	0.4090			
45.5	60	-0.23	0.4090	0.3201	64.02	0.2524
50.5		0.61	0.2709			
50.5	34	0.61	0.2709	0.1960	39.20	0.6898
55.5		1.44	0.0749			
55.5	16	1.44	0.0749	0.0633	12.66	
60.5		2.27	0.0116			
60.5	3	2.27	0.0116	0.0107	2.14	1.6823
65.5		3.11	0.0009			
65.5	1	3.11	0.0009	0.0009	0.18	
70.5		3.94	0.0000			

　　到這裡就幾乎可以計算 χ^2 了，但仍有一些類別中的期望次數小於 5，我們可以合併一些類別以使這個檢定有效。若合併前三類成為一個新類別的話，也必須合併最後的三類，這樣

就可得出 6 個觀察次數都大於 5 的類別了。新類別 20.5~35.5 的觀察次數爲 5，期望次數 5.88。新類別 55.5~70.5 的觀察次數是 20，期望次數是 14.98，最後：

$$\chi^2 = \Sigma\left(\frac{(O-E)^2}{E}\right)$$
$$= 0.1317 + 0.3803 + 0.0850 + 0.2524 + 0.6898 + 1.6823$$
$$\chi^2 = 3.2215$$

自由度是類別數減 1，6-1=5。但此例中母群平均數及標準差爲未知，所以要用樣本估計值來取代。這樣一來，每個估計值會「用掉」一個自由度，因此最後自由度是 3，從 χ^2 表中，p=0.05，df=3 時，χ^2=7.82。我們可以下結論說，因爲算出的值小於查表值，未發現我們的分數與常態分配有顯著差異。

卡方（χ^2）作爲獨立與否的檢定

χ^2 作爲獨立與否的檢定，其做法和配適度檢定一樣，都是拿觀察值與期望值相比較，但在這邊，我們會比較兩個或更多的次數分布型態，來看看它們是否相互不同（獨立與否）。若我們對保守派和自由派進行稅務政策觀點的抽樣，就可以用 χ^2 分配得知「贊成」與「反對」的分布型態，在自由派與保守派之間是否有差異。

範例

　　研究者想知道在某些新稅制的觀點上，保守派和自由派是否有差異。在一個調查中，有 120 個保守派者，80 個自由派者。調查的其中一個問題問他們對新稅制的態度是同意（「贊成」）、不同意（「反對」）或沒有意見（「不知道」）。觀察值的結果表列如下：

觀察次數	贊成	反對	不知道	原始分數
保守派	78	30	12	120
自由派	18	50	12	80
欄內總和	96	80	24	200

　　注意到，保守者和自由者人數不同，即使在虛無假設成立時我們也不預期每個類別的人數都相同。因為保守者比自由者要多，在「不知道」這一類別下有 12 個保守者，表示他們這群人裡有 12/120 或曰 10%的人態度是如此；而此類別下有 12 個自由者，則佔他們那群人的 12/80 或曰 15%。相對而言，自由者作此回答的人數較多。當這兩群的回答型態沒有差異時，期望值會是每一類別中佔該群體的比例是相同的。當虛無假設為真，期望值可用下式計算出來：

$$該細格的期望值 = \frac{列總和 \times 欄總和}{全部總和}$$

　　一個細格是一類，有 6 格，所以 c=6。以第一格（保守者

一贊成）爲例，若兩個政治團體在「贊成」的比例上沒有差異，那 96 個確實回答「贊成」的人應以他們的相對大小區分爲保守派及自由派。總共有 200 人，保守派所佔比例爲 120/200，所以 96 個回答「贊成」的人中，若兩團體的回答無差異，則我們預期其中保守的人數爲：

$$E = \frac{120 \times 96}{200} = 57.6$$

我們可以用這個方式把所有細格的期望值都算出來。　　248

期望次數	贊成	反對	不知道	原始分數
保守派	27.6	48.0	14.4	120
自由派	38.4	32.0	9.6	180
欄總和	96	80	24	200

現在可以用公式算出 χ^2。

$$\chi^2 = \Sigma\left(\frac{(O-E)^2}{E}\right) = \frac{(78-57.6)^2}{57.6} + \frac{(30-48.0)^2}{48.0} + \frac{(12-14.4)^2}{14.4} +$$
$$\frac{(18-38.4)^2}{38.4} + \frac{(50-32.0)^2}{32.0} + \frac{(12-9.6)^2}{9.6}$$

$$\chi^2 = 7.23 + 6.75 + 0.4 + 14.84 + 10.13 + 0.6 = 35.95$$

要判斷是否達顯著，就用上面算出的值與適當的 χ^2 分配

查表值作比較。在這裡要小心，自由度不是類別數減一（c-1），因為我們比較的是列資料（兩群政治團體）在各欄結果的型態（不同的觀點）。這是獨立性檢定與配適度檢定不同之處。在此，我們有 2 列，R=2，及 2 欄，C=2。在獨立性檢定中的自由度為：

$$df=（R-1）（C-1）$$

在此例中 df=（2-1）（3-1）=2，從 χ^2 表中，p=0.01，df=2時，χ^2=9.21，因算出的值比查表值大，所以可以在 0.01 的顯著水準上拒絕虛無假設。這表示保守派及自由派對新稅制的回答型態是不同的。

我們要確定各細格的期望值必須是 5 或更大，用 χ^2 分配才是適當的。在這邊這個例子無此問題。若「不知道」類別中的期望次數太小，那麼我們可能就不把「不知道」這一類納入比較，而只看「贊成」與「反對」的差異，才會是一個有效的檢定，或者是收集更多的資料，使各細格次數增加。

卡方分配

因 χ^2 是平方數或平方和，所以 χ^2 值一定比 0 大，且分配的形狀會隨自由度而改變。在虛無假設成立時，我們預期平方和在 0 的附近，但因有隨機變異存在，使它不會正好為 0。若把幾個正數相加，每個都比 0 大一點，其總和會隨加入的數字越多而漸增。因此，自由度越多，得出的平方和就會越大。

在虛無假設下 df=1 時，因觀察值和期望值的差異很小，

大部分的結果會很接近 0（見圖 19.1）。想像一下如果把常態分配的每個數都予以平方，形成的分配會是如何。現在把自由度增大，就是把一個個 df=1 的獨立 χ^2 值相加。取 df=5 爲例，就是把 5 個獨立的 χ^2 相加，而這些 χ^2 都很接近 0，當把他們相加時會沿著量尺堆積起來（見圖 19.1，你也可以照這個方法模擬一下）。自由度逐漸增加，此分配的平均數會在量尺上面右移。在自由度小時，此分配很不對稱，而在 df 漸大時，分配會越來越對稱（見圖 19.1 的 df=10）。當自由度大到 30 以上時，χ^2 分配會很趨近常態分配。因此 χ^2 分配表通常只列到 df=30，在 df 值更大時，我們就可以改用標準常態分配表了。

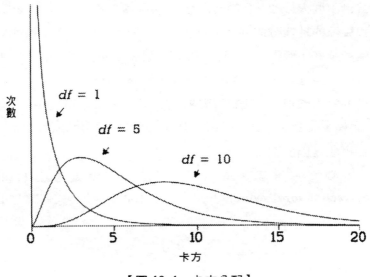

【圖 19.1　卡方分配】

卡方分配的預設

　　為了要能比較算出的 χ^2 與適當的 χ^2 分配，必須在檢定前有一些假設才能進行下去，就如同大多數的分配一樣，樣本是由母群中隨機抽出的，否則有偏誤的樣本會影響統計量的推論性。對 χ^2 有個特別重要的要求，就是各類別間是互斥的，基本上要確認一個受試者只會隸屬在一個細格中。

　　卡方分配是「連續性」的，就是說這個曲線是連續沒有間斷的，但我們在 χ^2 檢定中算出的值會形成一個間斷的量尺，而不具連續性，這是因為觀察次數是以某個特定單位在變化，我們可能觀察到次數為 10 或 11，但不可能是 10.4 或 10.6，當自由度大於 1，且期望次數至少為 5（最好是 10），統計量和實際的抽樣分配間差異就很小了。因此我們希望每格的次數越多越好。例如，100 和 101 的差異是很小的，兩者間只差了 1%；但 5 到 6 的差異就有 20% 了，差很多呢。再說，只要細格內的次數很少，觀察值與期望值間的任何差距（即使只差了 1）都會看起來很大，這樣一來 χ^2 很容易就達到顯著（達顯著很可能是因為型 I 錯誤的關係）。

　　要彌補這個問題，可以用**葉氏不連續修正（Yate's correction for discontinuity）**，它用下式對 χ^2 公式作調整：

251
$$\text{修正的 } \chi^2 = \sum \frac{(\,|\,O - E\,| - 0.5)^2}{E}$$

　　O-E 兩邊的直線表示絕對值，表示如果差值是負的，我們便忽略負號，把它當成正數來處理。然後在平方之前先減去

0.5，這樣一來，算出的 χ^2 會比較小，也以此降低犯型 I 錯誤的風險。但葉氏修正過度彌補了不連續的問題，而且使得判斷變得太過保守。當然，如果修正後結果仍顯著，或與未修正時不一致才會出現問題，此時的推論就要更加小心了。當結果接近或沒那麼顯著時，我們應該考慮以增加樣本數或更深入的探究來處理這種模糊的情況。

第 20 章

線性相關與迴歸

◆ 導論

◆ 皮爾森 r 相關係數

◆ 線性迴歸

◆ 相關與迴歸的解釋

◆ 相關與迴歸的問題

◆ 估計的標準誤

◆ 史比曼 r_s 相關係數

　　　　花最多時間唸書的學生能在考試裡拿第一名，而最不用功的學生就一定吊車尾嗎？這個問題是在問變項*讀書時間*是否與變項*考試表現相關*。如果我發現眞有這個現象，那麼我就會說這兩個變項間有正**相關**，亦即，當一個變項的分數增加時，另一個變項中相對應的分數也一樣會增加。有時也會發生一個變項的分數增加時，另一變項的分數卻在下降，這就叫做**負相關**。我們可能在抽煙和健康間看到負相關的情況，因爲一個人煙抽得越多，他就會越不健康。

　　　　如果兩個變項眞有相關，這個資訊就可以幫助我們用一個變項的分數來預測另一個變項相對應的值。本章會介紹如何得出一個迴歸式來作這種預測。而如果兩變項間沒有關係，我們就說它們**無關**。且一個變項中的分數無法用來預測另一變項的狀況。

　　　　下面的資料可用來說明：10 個大學一年級新生報告他們這一年來每週平均花多少時間唸書，研究者並查出他們期末考試的分數（滿分 100），這些資料是否顯示有相關存在？

學生	讀書時間	考試分數
1	40	58
2	43	73
3	18	56
4	10	47
5	25	58
6	33	54
7	27	45
8	17	32
9	30	68
10	47	69

當我們只用目測時，似乎看出有正相關存在，如果把資料化成**散佈圖**（scatterplot）會更清楚，其中兩個軸分別代表兩個變項，圖 20.1 是這些結果的散佈圖。

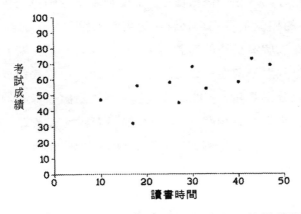

【圖 20.1　讀書時間對考試表現的散佈圖】

　　注意到這些點不是隨機散佈的（兩變項無關時我們會預期資料點呈隨機散佈），它們落在一個帶狀區域中，表示有相關。（要說明這個，想像一下，如果要剪下一塊紙張剛好可以把所有，或大部分的點蓋住，這張紙的寬度不必太大就可做到。）當這種情況發生時，我們會說這樣的資料不是隨機誤差造成的話，它們會落在一條直線（迴歸線）的附近，因此，在分析中可以算出一條「最適合」資料的直線方程式。在做此假設時，我們已預設了有**線性相關**（linear correlation）的存在，並可計算出**線性迴歸**（linear regression），也可稱它做**線性模型**（linear model），因為我們假設兩變項間關係的模型是一條直線。在上面的例子中，這樣的假設很合理，因為圖中的點所形成的帶狀區域看起來是直直的一條。如果點的分布樣態是一條曲線，仍表示有相關，但關係不是直線性的。在本書中只考慮線性相關和迴歸。

　　我們要作的就是找出可以測量相關強度的方法。如果所有的點剛好都落在一條直線上，那麼它就是一個完全相關。像圖 20.1 的相關不是完全相關，因為點與點間分得很開，但它們仍是在一個窄長條的範圍內。它可以算是一個相關，因為可以看出這些點是落在一條直線上，不是由隨機誤差造成的。如果這些點分得更開，相關就會越弱，到了隨機散佈的地步，我們就說它完全沒有相關。一般用來描述資料點有多集中在一條直線的程度叫做**皮爾森 r 相關係數**（Pearson correlation coefficient r）。

皮爾森 r 相關係數

在前面的例子中，兩個變項是用不同的等距尺度測量的，這使得判斷甲變項的分數與乙變項的分數有多相關變得很不容易。每週**讀書時間** 30 小時和**考試分數**得到 60 分是相等的嗎？要克服這些問題，可以將分數標準化，也就是把兩個變項的分數都求出其 z 分數[1]。標準分數可以找出該分數以標準差為單位，相對於平均數的位置所在，這使得不同的變項可以用相同的標準單位來衡量。要計算標準分數，我們可以比較每個分數在該變項分數分配上的相對位置。讀書時間的平均數是 29，標準差 11.42，稱此變項為 X。考試表現的平均數 56，標準差 11.80，稱此變項為 Y。每個變項的 z 分數如下表所示：

學生	讀書時間	讀書時間 z 分數	考試成績	考試成績 z 分數	Z 分數的積
	X	z_X	Y	z_Y	$z_X z_Y$
1	40	0.96	58	0.17	0.16
2	43	1.23	73	1.44	1.77
3	19	-0.96	56	0.00	0.00
4	10	-1.66	47	-0.76	1.26
5	25	-0.35	58	0.17	-0.06
6	33	0.35	54	-0.17	-0.06
7	27	-0.18	45	-0.93	0.17
8	17	-1.05	32	-2.03	2.13
9	30	0.09	68	1.02	0.09
10	47	1.58	69	1.10	1.74

---

[1] 在相關係數 r 的分析中，是用 z 分數來計算的。而 z 分數需要母群平均數和標準差，因此，分數們被視為一個母群，因此計算標準差的公式是用第二章中的母群標準差計算公式，又，因為要算出平均數和標準差，分數必須是等距尺度測量的資料。

現在可以看到每個受試者在 X 變項的分數是否與 Y 變項的分數在分配上佔有相同的位置。看上表，每個受試者的兩個 z 分數都很接近，z 分數的大小相近，表示有相關，而符號相同（都是正號或都是負號）表示是正相關。（如果 z 分數相近但符號相反就是負相關。）要怎麼用數學的方式看出其相似性呢？有個方法是把每個受試者兩變項的 z 分數相乘，當有相關存在時，兩個 z 分數會很接近，因此一相乘，小的數會變得更小，而大的數會更大。正相關中，我們把同號的 z 分數相乘（都是正的或都是負的），產生的積數也會是正的。如果是負相關，相乘的兩個 z 分數異號，積就會是負的。因此，把 z 分數相乘的積總加起來（ $\Sigma z_X z_Y$ ），如果得到一個很大的正數就表示有

258 　正相關，而得到大的負數就表示那是負相關。若沒有相關，乘積就會有正有負，並且會互相抵銷，總和便趨近於 0。若完全相關，每個受試者在兩變項得的 z 分數都會相等，N 個 z 分數平方相加，一定等於 N（試試看！），所以完全正相關其 z 分數乘積的總和等於 N。在完全負相關的情況下，總和是－N。在前面的例子中， $\Sigma z_X z_Y$ =7.2，所以是個正相關（比 0 大），但不是完全相關（該值不等於 10，我們有 10 個受試者）。

　　最後，如果把 z 分數乘積的總和除以 N，那麼我們就可以得到一個統計量是在完全正相關時等於 1，而完全負相關時為－1，完全不相關時等於 0。這個統計量就稱爲**皮爾森相關係數** r。

$$r = \frac{\Sigma z_X z_Y}{N}$$

正相關，以 r 大於 0 表示，而負相關時 r 就小於 0。相關強度是看 r 有多接近 1（負相關中就看有多接近－1）。前面說到，此例的 r=0.72，是高度正相關，因爲它很接近 1。等一下再來看看怎樣才算達顯著。

r 的重要性，除了可以告訴我們相關的強度和方向，也提供了一個公式供我們用一個變項的分數來預測另一變項的分數。若在散佈圖上把兩變項的 z 分數畫出來，可看出 r 其實就是迴歸線（最能把變項間的線性關係呈現出來的直線，即「line of best fit」）的斜率，我們假設如果沒有隨機誤差存在，z 分數會完全落在此值線上。圖上最符合 z 分數的直線方程式寫作 $z_X = r \cdot z_Y$，因此，如果分數落在此值線上，只要一個變項的 z 分數已知，就可以用這方程式以已知的 r 來預測另一變項的 z 分數。看起來似乎挺好的，但實際上我們對 z 分數沒什麼興趣，還是必須把它們轉換回原始分數才行。

算出 r 的簡便方法

要得到 r 不一定要先算出 z 分數，我們可以用另一種方法得出同上的結果，並且只要用原始分數就可以了。

$$\text{皮爾森} r = \frac{SP}{\sqrt{SS_X \times SS_Y}}$$

259

SP 是**積數總和**（sums of products），它是兩個變項一起變化的測量值：

$$SP = \Sigma(X - \overline{X})(Y - \overline{Y}) = \Sigma XY - \frac{(\Sigma X)(\Sigma Y)}{N}$$

SS_X 是第一個變項分數的平方和。第一個變項標爲 X（在我們的例子中，是*讀書時間*）。這個測量值表示分數本身的變化。

$$SS_X = \Sigma(X - \overline{X})^2 = \Sigma X^2 - \frac{(\Sigma X)^2}{N}$$

SS_Y 是第二個變項，Y，分數的平方和。（例子中的*考試表現*），它也是分數本身變化的一個測量值：

$$SS_Y = \Sigma(Y - \overline{Y})^2 = \Sigma Y^2 - \frac{(\Sigma Y)^2}{N}$$

如果每個 X 分數與 $\overline{X}$ 間的距離與 Y 和 $\overline{Y}$ 間的距離一樣的話，SP 會很大。如果 X 和 Y 的分數沒有同時變化，SP 就會較小，而在完全無關時，SP 會變成 0。$\sqrt{SS_X \times SS_Y}$ 就是兩變項中每個分數變異量的測量值。如果我們可以用共變（SP）來說明每個分數的變化，那麼 $\sqrt{SS_X \times SS_Y}$ 會和 SP 一樣大，且 r 在正相關時等於＋1，負相關時爲－1。

260　　　以下用我們的例子來看看要怎麼計算：

受試者	X	X^2	Y	Y^2	XY
1	40	1600	58	3264	2320
2	43	1849	73	5329	3139
3	18	324	56	3136	1008
4	10	100	47	2209	470
5	25	625	58	3364	1450
6	33	1089	54	2916	1782
7	27	729	45	2025	1215
8	17	289	32	1024	544
9	30	900	68	4624	2040
10	47	2209	69	4761	3243

N=10

$$\Sigma X = 290 \quad \Sigma X^2 = 9714 \quad \Sigma Y = 560 \quad \Sigma Y^2 = 32752 \quad \Sigma XY = 17211$$

$$SP = \Sigma XY - \frac{(\Sigma X)(\Sigma Y)}{N} = 17211 - \frac{290 \times 560}{10} = 971$$

$$SS_X = \Sigma X^2 - \frac{(\Sigma X)^2}{N} = 9714 - \frac{290 \times 290}{10} = 1304$$

$$SS_Y = \Sigma Y^2 - \frac{(\Sigma Y)^2}{N} = 32752 - \frac{560 \times 560}{10} = 1392$$

$$r = \frac{SP}{\sqrt{SS_X \times SS_Y}} = \frac{971}{\sqrt{1304 \times 1392}} = 0.72$$

我們現在要看看兩變項間實際上無關時,隨機得出 r 值大於或等於 0.72 的機率是多少,之後才能判斷出相關是否達到顯著。

r 分配

　　兩變項間沒有相關時，我們會期望 r 是 0，但仍有一些隨機誤差出現，因此在這種情況下，很可能得出的 r 值和 0 有一些差異，但如果 r 值和+1 或-1 越接近，就越不可能是在兩變項實際上無關時隨機得出的結果。因此大概可以知道在虛無假設成立時的 r 分配是對於平均數等於 0 呈對稱，向著＋1 和－1 兩邊下降。當受試者較少時，分配較爲扁平，而當受試者越多，平均數附近一帶就隆起得越高。因爲受試者很多的話，個別受試者對於相關程度的影響就越小，所以 r 受到隨機誤差的影響會越降低而集中在 0 的附近。

　　要比較 r 分配和計算出的值時，重要的不是受試者到底有多少人，而是自由度的大小，基於以下的理由，r 的自由度是 N－2（不是 N－1）：r 實際上是 z 分數「最適合」的迴歸線斜率，我們至少要有已知的兩點才可能畫出一條直線，所以再找這條直線時，會「用掉」2 個自由度。（在其他檢定中只會用掉一個自由度，就是樣本平均數。）r 分配示於圖 20.2。

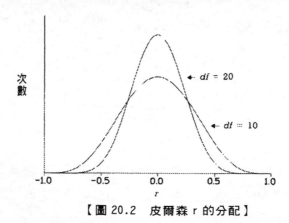

次數

df = 20

df = 10

-1.0　　-0.5　　0.0　　0.5　　1.0

r

【圖 20.2　皮爾森 r 的分配】

相關的預測可以是單尾的或是雙尾的，單尾檢定會指明此相關是正向或是負向的，而雙尾預測只在檢定變項間是否有顯著的相關，在設定顯著水準時，必須考慮到這個。在此例中我們預測有正相關存在，也就是說考試表現會隨讀書時間增加而變得更好，所以這是一個單尾檢定。從 r 的表中（附錄表 A.9），單尾檢定中，p=0.05，8 個自由度時，r=0.5494。因為計算出的值 0.72 比查表值大，所以可以拒絕需無假設，並宣稱兩變項間有顯著相關。

線性迴歸

　　有一些書會把線性相關和線性迴歸分開在兩個不同的章中講述。可能分開來講可以講得更清楚，但別忘了相關和迴歸是一體的兩面。線性相關表達的是直線上的兩變項關係有多接近；線性迴歸是最能描述兩變項線性關係的那條直線。相關很高時，我們或多或少可以由散佈圖上的迴歸線看出端倪。當相關很弱時就沒那麼明顯，因為資料點會散得很開而不是聚在一個窄長條裡。即使相關不高，我們仍然可以問一個問題：如果變項間真有線性相關存在，畫出來的直線會是如何？

　　有了一條迴歸線，我們就可以預測，當甲變項中一個分數是某數時，對應到乙變項的分數是多少。r 是用 z 分數做出的迴歸線的斜率，但這並不是我們真正要求的，如果可以知道最符合原始分數的直線，就可以直接用一個變項的分數預測另一變項的分數，而不必轉換為 z 分數才能算出。

　　在此要用到一些代數觀念，不會很困難。X 與 Y 兩變項間的直線關係方程式是 Y=a+bX，其中「a」和「b」是常數（無

第 20 章 線性相關與迴歸　315

論 X、Y 怎麼變化，他們都仍維持不變），而 X 和 Y 就是兩個變項。你可以任選兩個數字作為 a 和 b，然後代入任意的 X 值，用此方程式算出 Y，把（X，Y）畫在座標圖上，這些點一定都落在同一條直線上。比如說，我選了 a=2，b=3，那麼 Y=2+3X 是一條直線。我可以用任何值的 X 代入，好比說 X=4，就可以得出 Y=2+(3×4)=14。當 X=0，Y 就會等於 a（在我舉的例子中，X=0，Y=2），所以 a 是直線切在 Y 軸上的那一點。直線的斜率是常數 b，它表示這條線上升或下降的幅度有多陡，好像沿著一條筆直的路走上坡或走下坡。斜率比 1 大是比較陡的，因為每沿著 X 軸走一步，這條線就會比相對於 X 軸的位置而言越來越接近 Y 軸。而斜率小於 1 表示此線較平緩，每沿著 X 軸走一步，這條線離 X 軸的距離就比離 Y 軸要更接近一些。試試看隨便寫一些直線方程式，把它們畫在縱軸為 Y，橫軸為 X 的圖上。

我們可以用直線公式求出某研究中兩變項的迴歸線。若有完全相關（r=+1 或 −1）存在，散佈圖上的點會都落在同一條直線上，這就是我們的迴歸線。但通常不會是完全相關，迴歸線也不是那樣明顯。在線性模型中我們假設除非有隨機變異，否則資料點都會落在一條直線上。所以必須算出哪個才是最符合資料的直線。注意到達顯著的相關可以證明兩個變項的確有相關存在，當相關很弱時，我們仍可算出一迴歸線，但線性關係就不一定真的存在了。

首先要判斷哪個變項要被作預測（在我們的例子中是*考試表現*，變項 Y），及哪個變項要用來作預測（*讀書時間*，變項 X）。迴歸分析的邏輯，第一步是預設 X 變項的分數都是正

確的，這樣才能說 Y 分數是因為隨機誤差才使資料點沒有落在一條直線上。我們分析的基礎是 X 的分數，用下面的公式表示：

Y=以 X 得出的迴歸＋誤差

Y=Y'＋E

我們預設眞正的 Y 分數是結合了直線上的 Y'和因誤差（E）而導致不在直線上的偏誤。眞正要求出的是落在直線上的 Y'值，所以可以忽略誤差的影響：Y'=Y＋E，那麼 Y'值是多少？因此我們眞正要找的直線應該是

Y'=a＋bX

它是 y 對 x 做出的迴歸線，其中沒有誤差項（E）。接下來要求出適當的 a 和 b。

分析的第二步要用到一個事實：「最適合的直線」就是誤差值最小的直線。迴歸線應該是最接近資料點的直線，我們要找出一條直線是在 E=Y－Y'中 E 值最小的。用數學的方法說就是那條直線可以把 E「減到最小」，而 E 就是實際的資料點 264 與迴歸線的距離。圖 20.3 中把這個例子的情況畫出來。

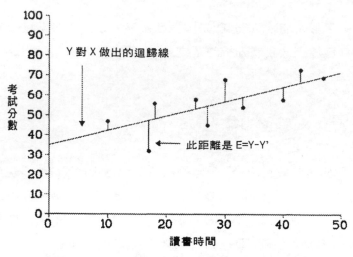

【圖 20.3　把誤差值（E）減到最小以求出迴歸線】

　　我們用一個叫**最小平方法**（the least squared method）的
程序求出線性迴歸中最小的 E 值。先把每個受試者的誤差值
（Y-Y'）總加得出 ΣE=Σ(Y-Y')，但因誤差中有些是正的有
些是負的，所以會互相抵銷（在圖 20.3 中可以看出）而掩蓋
了誤差真正的大小。要克服這個問題，必須把每個誤差平方，
如此它們就都變成正數了，便可以產生一個平方和 ΣE²=Σ
(Y-Y')²。(在此又一次看見「平方和」在統計分析中的重要性。)
現在要找出何時這個平方和會最小。我們可以把平方和式子中
的 Y'用 a+Bx 取代，如此一來式子終究只有 X 和 Y，這是已
知的值，而不是我們要求得的 Y'，因此可以得出 Σ(Y-a-bX)²。
現在希望能知道在 ΣE²=Σ(Y-a-bX)² 中，a 和 b 是多少時使此
式的值最小。在此運用的方法是以一個數學的技巧—**微分法**
（differentiation，這裡不對微分法的內容多做說明，但不熟悉

它的讀者們仍有必要知道現在這個討論的邏輯是：有這個技巧的存在，且它有助於導出迴歸線）。用了微分和一些代數，得出平方和最小是在：

$$b = \frac{SP}{SS_X} \quad 及 \quad a = \overline{Y} - b\overline{X}$$

其中 $\overline{X}$ 和 $\overline{Y}$ 是兩變項分數的平均值，而 SP 是兩變項積的總和，SS_X 是變項 X 分數的平方和，有了這些就可以開始計算 r 了。

現在唯一要做的是算出 a 和 b 以得到迴歸線。例如，回頭看看 r 的計算，SP=971，SS_X=13.4，$\overline{X}$=29，$\overline{Y}$=56，所以：

$$b = \frac{971}{1304} = 0.74 \quad 以及 \quad a = 56 - (0.74 \times 29) = 34.54$$

最後，把 a 和 b 的值代入 Y' 公式。可用下面方程式來表示迴歸線：

Y'=34.54+0.74X

我們可以用這個方程式以 X 值（*讀書時間*）來預測 Y 值（*考試表現*）。下表示兩變項的實際值即以 X 預測得到的 Y' 值。

學生	讀書時間	考試成績	預測的考試成績
	X	Y	Y'
1	40	58	64.14
2	43	73	66.36
3	18	56	47.86
4	10	74	41.96
5	25	58	53.04
6	33	54	58.96
7	27	45	54.52
8	17	32	47.12
9	30	68	56.74
10	47	69	69.32

266　　　　我們也可以用迴歸線來預測其他的值。例如，資料中沒有人每週唸書 35 小時，那麼要怎麼預測念這麼久的人考試會得幾分？用 Y' 的式子可以得到：Y'=34.54+(0.74×35)=60.44。可以預期一個每週唸書 35 小時的學生在這次考試中會得 60.44 分。[2]

r 和迴歸線斜率

前面的計算得出了迴歸線的斜率 b，以及相關係數 r，r 也是 z 分數形成的迴歸線的斜率。二者間有個簡單的關係：

---

[2] 在迴歸線的計算中我一直都用小數點下兩位的計數方式，這樣講解起來比較清楚。通常我們會用到小數點下更多位以增加計算的精確性。

$$b = r \left(\frac{\text{Y的標準差}}{\text{X的標準差}} \right)$$

b 把兩變項不同的測量單位也納入考慮,而 r 則是用標準化的程序把這個影響去除掉。在我們的例子中 b=$0.72 \left(\frac{11.80}{11.42} \right)$=0.74,所以,無論用何種方式算出 b,值都是一樣的。

由 Y 預測 X

迴歸分析的邏輯中並沒有禁止我們用其他的方式來作迴歸,如果要假設 Y 值是正確的,而 X 值是因誤差才未落在一條迴歸線上,也是可以的。用 Y 來預測 X 的邏輯是相同的,只要求 X 對 Y 做出的迴歸線就可以了。在這種情況下要求的是 X'=a+bY(也是一個直線方程式),其中 b=$\frac{SP}{SS_Y}$,而 a=$\overline{X}$-b$\overline{Y}$。在我們的例子中,此式為 X'=0.70Y-10.20,由這個式子可以預測某個在考試中得 60 分的人,每週讀書(0.70×60)-10.20=31.80 個小時。

若把這兩條迴歸線(Y 對 X 及 X 對 Y)在同一個圖上, 267
在我們的這個例子中,它們靠得很近(見圖 20.4),這是因為相關越強,迴歸線會越離越近。完全相關時兩條線會重和。相關越來越弱,迴歸線就會越分越開,到 r=0 時,這兩條線會呈直交,亦即兩線互為直角,且無法用來預測,因為變項間已不再存有線性關係。

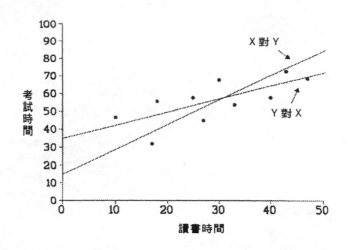

【圖 20.4　Y 對 X 及 X 對 Y 的迴歸】

相關與迴歸的解釋

解釋達顯著的相關係數要小心。首先要注意是較小的 r 值，要有更多的 N 才能達到顯著。r 低到 0.2 時，若單尾檢定的自由度有 70，或雙尾檢定的自由度達 100，r 在 p=0.05 的水準上仍可達到顯著。檢定相關係數，要問的不只是它有無顯著，還有它是否夠大？判斷相關的重要性，方法之一是考慮一個變項中分數的變異有多少可被另一變項的分數變異解釋（預測）。有可能得到了達顯著的相關，但若它只能說明小部份的變異，那麼它可能就沒什麼預測的價值了。

回想一下「Y=以 X 得出的迴歸＋誤差」，以及 Y 分數的變異（ $SS_Y=\Sigma(Y-\overline{Y})^2$ ）等於來自迴歸的變異（ $SS_{迴歸}=\Sigma(Y-\overline{Y})^2$ ）加上來自誤差的變異（ $SS_{誤差}=\Sigma(Y-Y')^2$ ）。在這裡就可以問一個問題：Y 的總變異中，有多少可被迴歸中的變異解釋？我們

268

可以把 SS $_{迴歸}$ 視作 SS $_Y$ 的一部份。Y 的總平方和中有多少可被由 X 得出的迴歸其中的平方和解釋？結果如下：

$$\frac{SS_{迴歸}}{SS_Y} = \frac{SP^2}{SS_X SS_Y} = r^2$$

　　一組分數中的變異可被迴歸解釋的部分，其實就是相關係數的平方，r^2，稱作**決定係數**（coefficient of determination）。圖 20.5 就是把 r^2 用圖示方法表示。一個圓是一個變項的變異所能解釋的部分，r^2。

　　完全相關 r=+1 或-1 時，r^2=1，並且 Y 分數中所有的變異情況都可用迴歸來解釋。迴歸線就是 Y 分數的完美預測工具。高度相關如 r=0.7 時，得出的 r^2=0.49，它所傳達的是，Y 中不到一半的變異量可以被 X 的變化預測（反之亦然）。在相關只有 0.2 時，Y 分數中就只有 0.04 的變異量可被由 X 得出迴歸解釋了，所以在這種情況下，即使統計上達到顯著，我們仍有權質疑 X 值是否能用來預測 Y。

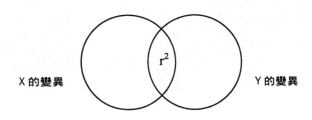

【 圖 20.5　決定係數（r^2）　】

相關和迴歸的問題

　　進行相關的分析時，我們必須小心檢查資料是否有相關關係同質性。基本上，**相關關係同質性**（homoscedasticity）的意思是在所有的點上，不管分數離迴歸線是遠是近，兩變項的關係都是不變的。分散的點和密集的點都會對相關係數有很大的影響，而隱藏了變項間真正的關係，特別是在我們沒有用到變項中全部的分數時。

　　有個例子可以用來說明這樣的資料點：一個研究者預測商店的店員對顧客微笑得越勤，他售出的商品數就會越多。在一個店裡，每個店員都有一台錄影機記錄一整天的狀況，從他接到一個客人到客人決定買或不買的這段時間中，記錄下店員微笑的量。研究者檢驗各店員對每個顧客的平均*微笑時間*（單位是分鐘）與一天中該店員售出的*商品總數*間的相關。9 個店員的結果示於下表：

店員	微笑時間	售出商品數
	X	Y
1	0.4	16
2	0.8	12
3	0.8	20
4	1.2	16
5	1.4	34
6	1.8	30
7	2.2	26
8	2.6	22
9	3.0	38

考慮 9 個受試者，我們得到 r=0.69（SP=43.26，SS_X=6.28，SS_Y=627.56，df=7）。在 p＜0.05 的水準下達顯著（見附錄表 A.9，其中單尾檢定 p=0.05，df=7 時，r=0.5822）。但圖 20.6 的散佈圖中，可以看到 9 號受試者的點離大家都很遠。如果去掉他的資料，r=0.52（SP=20.80，SS_X=4.00，SS_Y=400.00，df=6）就 沒 有 達 到 顯 著 了（在 單 尾 檢 定 中，p=0.05，df=6 時，r=0.6215）。因此 9 號受試者的影響使得相關達顯著，但 9 號受試者是不典型的，所以即使這個結果在統計上達到顯著，我們仍不認為它有實用價值。由此可知一個「極端值」對相關的影響有多大。

270

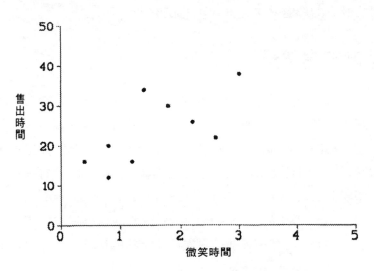

【圖 20.6　微笑時間與售出商品數的散佈圖】

　　由散佈圖也可以看出所有受試者表現出的型態不盡相同：微笑與售出商品沿著這條迴歸線走來，他們之間的關係都

不盡相同。如果只看 1 到 4 號的受試者，可以發現 r=0（SP=0，SS_X=0.32，SS_Y=32.00，df=2），這些受試者表現出的變項間關係是沒有相關。如果現在只看 5 號到 8 號，我們得到相關係數 r=-1（SP=-8.0，SS_X=0.8，SS_Y=80，df=2），是完全負相關。這兩群的結果大不相同，正說明了為何我們不想再研究時只用一部份範圍來作計算。缺乏相關關係同質性會造成正、負、或零相關，端賴我們選了哪些受試者而定。

沿著迴歸線有類似的資料分布型態，證明了相關的確存在於兩變項之間。分散的資料點、聚成一群一群、或只用了有限範圍都可能造成虛假相關。要解釋相關的意義，必須在 r 達到統計上的顯著後，更進一步的探究。

271 ## 估計的標準誤

不管我們的資料最後得出的 r 是多少，一定可以畫出一條迴歸線，這是因為只要經由計算就可以得出迴歸，並不表示在理論上相關有達顯著。一個預測要能說服人，是基於真正存在的關係，我們希望每個點都靠近迴歸線。判斷資料點有多接近迴歸線必須計算**估計標準誤**（standard error of the estimate），亦即，由 X 得出的 Y 迴歸線中，Y 分數離這條迴歸線距離形成的標準差。回想一下前面提過的，變異數是平方和除以自由度，所以誤差變異數是 Y 分數與迴歸線之間的差異，即 $\dfrac{SS_{誤差}}{N-2}$，求出此數後再開平方根以得出標準差。

$$估計標準誤 = \sqrt{\frac{SS_{誤差}}{N-2}}$$

從上面也可以知道 $SS_Y = SS_{迴歸} + SS_{誤差}$，以及 $r^2 = \frac{SS_{迴歸}}{SS_Y}$ 。

由這兩個公式可以導出 $SS_{誤差} = (1-r^2)SS_Y$。。由前面得出的估計

標準誤公式代換 $SS_{誤差}$，可以知道：

$$估計標準誤 = \sqrt{\frac{(1-r^2)SS_Y}{N-2}}$$

在讀書時間/考試表現的例子中，$r^2 = 0.52$，$SS_Y = 1392$，所

以估計標準誤，也就是 Y 分數離迴歸線的標準距離是

$$\sqrt{\frac{(1-r^2)SS_Y}{N-2}} = \sqrt{\frac{(1-0.52)}{10-2}} = 9.14$$

史比曼 r_s 相關係數

有時候要求相關的資料不是以等距尺度測量出的，只要

是順序尺度資料，我們可以用史比曼 r_s 相關係數，以序數求出

它們的相關程度。每一組分數分別由低到高排序，然後用皮爾

森 r 來計算這些序數。但在序數中只要沒有順序重複的情況發

生，就可用一個叫簡單的公式來計算。因為兩組分數中有相同

的敘述出現，所以 $SS_X = SS_Y$，如果在 r 的公式中用 SS_X 來取代

SS_Y，可以得到：

272

$$r = \frac{SP}{\sqrt{SS_X \times SS_Y}} = \frac{SP}{SS_X}$$

序數的 SP=$SS_X - \frac{\Sigma D^2}{2}$，其中 D 是一個受試者在兩變項中序數的差值，再進一步來看，序數的 $SS_X = \frac{N^3 - N}{12}$，把 SP 和 SS_X 的式子代入 r 公式：

$$\text{史比曼 } r_s = 1 - \frac{6\Sigma D^2}{N^3 - N}$$

我們只要把資料排序算出 r_s 就可以了，然後可以在 r_s 的表中（附錄表 A.10）查出某個顯著水準下的值。在此要找出正確的 r_s 查表值所用的不是自由度，而是 N，即序數的個數。凡是應用到序數的分析都必須多加小心是否有任何重複的序數出現，並且盡量用更敏感的測量方法來減少此情形發生；另外，沒有重複序數出現的話，也可以使用皮爾森的原始公式來計算。

史比曼係數在兩變項分數有相關卻不呈線性關係時也很好用。只要兩個變項變化的步調相同，亦即當一個增大時，另一個也會穩定地跟著增大，或是穩定地跟著減小，這樣就可以使用 r_s 係數了。

範例

兩位老師被要求用 0~20 的量尺評定 6 個青少年*在大學課業表現優良的可能性*為何，從不可能到極可能。結果如下。兩

位老師給的排名是否有正相關?

受試者	1 號老師的 給分	2 號老師的 給分	1 號老師的 排名	2 號老師的 排名	D	D^2
1	15	8	4	3	1	1
2	12	13	3	5	-2	4
3	18	16	6	6	0	0
4	4	5	1	2	-1	1
5	8	2	2	1	1	1
6	17	10	5	4	1	1
						$\Sigma D^2 = 8$

273

　　將兩位老師的評分分別予以排序。從這些序數算出一系
列的差值分數(D),表示兩個老師給分序數的差異,然後把
差值分數平方(D^2)。差值分數的總和$\Sigma D^2 = 8$,有 6 個受試
者,所以 N=6。現在可以算出 r_s。

$$r_s = 1 - \frac{6\Sigma D^2}{N^3 - N} = 1 - \frac{6 \times 8}{6^3 - 6} = 0.77$$

　　預測是一個單尾檢定,看看它是否有正相關。由附錄表
A.10 中,單尾檢定在 p=0.05,N=6 時,r_s =0.829。計算出的值
沒有超過查表值,所以我們未在排名上發現顯著的相關。(注
意到,受試者人數很少時,相關係數值要更高才會達到顯著。)

第 21 章

多重相關與迴歸

◆ 多變項分析導論

◆ 部分相關

◆ 多重相關

◆ 多重迴歸

我們已經看過了兩變項間的相關,但其實還可以考慮三個或更多變項間的相關,比如說 IQ、學業分數、大學成績和職場表現之間的關係。同時處理許多變項稱作**多變項分析**(multivariate analysis),這一章中會檢驗兩個或以上的變項,它們之間的相關與迴歸,因為當我們收集很多個因素的資訊(如在一份問卷或調查中)要來分析,又希望能辨明它們之間的關係,這是分析上一個很重要的形式。好比說要調查屋況、房屋密度、社會支持系統和污染程度,與健康有怎樣的關係,就是運用這種分析。

部分相關

在前一章中分析的一些範例資料,其中讀書時間和考試表現的相關達顯著。我們或許會判斷第三個變項,*智力*,可能會影響這個相關關係。如果智力與讀書時間有正相關,亦即,越聰明的學生花越多時間唸書,那麼智力和考試表現間的相關,可能只是第三個因素造成的。若是如此,讀書時間和考試表現間的關係就不是真的,它們會出現相關只是因為它們都是*智力*造成的結果。也就是說,引入智力變項的影響後,越聰明的學生學習時間對於考試表現的關係可能就會消失。

特別提醒

在此值得注意的是,相關並不表示有因果關係存在。我們也許會發現在幾年的期間內房屋數和一個市鎮的污染程度呈

正相關，要是宣稱是房屋帶來了污染，或污染越多，房子就會越多，那可就大錯特錯了。在這裡，相關可能是來自第三個因素—*人口數*，它和二者都有相關。人口數（以及人類活動）增加，會同時使房屋數增多，並造成更多污染。房屋和污染間的相關只是第三個因素的結果，而非它們本身眞有重要的相關。

要回答智力對讀書時間/考試表現二者的相關有什麼影響。必須在移走智力的效果*之後*再來檢驗讀書時間和考試表現間的相關。如果相關消失了，我們就可以知道原來的結果其實是因爲有第三個因素存在的關係。可以用計算**部分相關**（partial correlation）的方式來確定。第一步要知道智力因素分別予讀書時間和考試表現的相關各有多強，先用標準智力測驗測出學生的智力，測驗結果、讀書時間、考試分數等資料，表列如下：

學生	智力分數	讀書時間	考試分數
1	118	40	58
2	128	43	73
3	110	19	56
4	114	10	47
5	138	25	58
6	120	33	54
7	106	27	45
8	124	17	32
9	132	30	68
10	130	47	69
平均數	122	29	56
標準差	9.72	11.42	11.80

用前一章教過的技巧求出相關係數：

讀書時間和考試表現　r=0.72
讀書時間和智力　r=0.37
考試表現和智力　r=0.48

其中智力與兩個變項都呈正相關，所以必須再繼續研究下去。

回想前一章用迴歸的方式，可以一個變項預測另一變項。如果我們操作一個讀書時間對智力的迴歸，結果有助於用智力來預測讀書時間。因此，真正的讀書時間及由智力來預測讀書時間之間的差值表示的就是智力因素移除後，要花多少時間讀書。在此，這些差值叫**殘差**（residuals）而非「誤差」（error），因為它是我們有興趣的東西，也就是把智力對讀書時間的影響取走後剩下的東西（分數中殘差的變異）[1]，不是因為測量過程中的隨機變異形成的「誤差」。

運算讀書時間對智力的迴歸，得出了以下的方程式：讀書時間＝0.44×智力－0.68。由此可以算出預測的讀書時間，實際分數減掉它們以得出殘差值，如下表：

---

[1] 在計算迴歸線時，我使用的位數會到小數點下兩位以助於清楚的說明。通常會使用更多位數，這樣在預測上會更具精確姓。

學生	讀書時間	用智力預測出的讀書時間	讀書時間殘差值
1	40	27.24	12.76
2	43	31.64	11.36
5	25	36.04	-11.04
6	33	28.12	4.88
7	27	21.96	5.04
8	17	29.88	-12.88
9	30	33.40	-3.04
10	47	32.52	14.48

上面是把智力的效果由讀書時間移除後的結果，現在則要279把它由考試時間中移除。用和前面一樣的方法並做出考試表現對智力的迴歸。迴歸式為：考試表現＝0.59×智力－15.98。用這個方程式可以把考試表現的殘差值算出：

學生	考試分數	以智力預測出的考試分數	考試分數的殘差值
1	58	53.64	4.36
2	73	59.54	13.46
3	56	48.92	7.08
4	47	51.28	-4.28
5	58	65.44	-7.44
6	54	54.82	-0.82
7	45	46.56	-1.56
8	32	57.18	-25.18
9	68	61.90	6.10
10	69	60.72	8.28

現在可以計算移走智力因素效果後，讀書時間的殘差值與考試成績殘差值間的相關，得出的 r 值為 0.665，稱作**部分相關**（partial correlation），因為這裡的讀書時間/考試成績相關中已**剔**除了智力效果。相關變小了，但仍是顯著的（在 p=0.05 的水準上），所以原先的相關並非全部來自第三個變項—智力。考慮了智力因素**之後**，花在讀書上的時間與考試表現好壞仍有明顯的關係。

我現在用圓圈代表每個變項中分數的變異，來說明前面的過程。圖 21.1 中三個圓圈互有重疊。SE+SIE 的那一塊是可被讀書時間解釋的考試表現變異量，SI+SIE 是讀書時間中可被智力解釋的部分，而 IE+SIE 是可用智力解釋的考試表現變異。這些區域的大小是由計算每個相關的 r^2 得知。當移走了智力的效果，我們就把智力的那個圓圈拿掉（I+SI+SIE+IE），留下讀書時間變異量中的 S+SE 即考試表現變異量中的 E+SE。讀書時間與考試表現的部分相關中，以移除了智力影響的部分，剩下的 SE 就是考試表現的殘差變異量中可被讀書時間的殘差變異量解釋的部分。

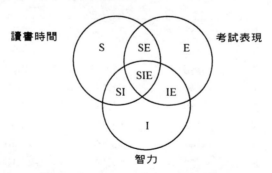

【圖 21.1 三個變項的分數變異量】

還好，如果先知道兩兩變項間的相關係數的話，有一個比先求出殘差更簡單的方法可以計算部分相關。先把變項分別標為 1、2、3...（而非 X 和 Y，這樣一來，外加的那個變項也會得到一個代號）。我把考試表現標為 1，讀書時間標為 2，而智力是 3。變項 1 和 2 之間的相關是 r_{12}，變項 2 和 3 之間的相關是 r_{23}，而 r_{13} 是變項 1 和 3 的相關。移除變項 3 的效果後，變項 1 和 2 的部分相關寫成 $r_{12.3}$，可用下面較簡單的式子算出：

$$r_{12.3} = \frac{r_{12} - r_{13}r_{23}}{\sqrt{1 - r_{13}^2}\sqrt{1 - r_{23}^2}}$$

我們的例子中：

$$r_{12.3} = \frac{0.72 - (0.48 \times 0.37)}{\sqrt{1 - 0.48^2}\sqrt{1 - 0.37^2}} = 0.665$$

281

還可以再求出其他的部分相關，只要適當地調查公式中的相關係數，可以再求出 $r_{13.2}$（移走讀書時間的效果後，考試表現和智力的相關）及 $r_{23.1}$（移走考試表現效果後，讀書時間和智力的相關），所以把 r_{12} 換成 r_{13}，就可以得出 $r_{13.2}$。注意到有些部分相關比其他的有用，只是統計的推理讓我們有分析的可能性，但並不表示每個運算都有做的價值。

當然還可以把分析延伸得更多樣化，比如說移除兩個或更多個變項的效果後再求相關。我們可以用下面的式子再移除變項 4 的效果。

$$r_{12.34} = \frac{r_{12.3} - r_{14.3}r_{24.3}}{\sqrt{1 - r_{14.3}^2}\sqrt{1 - r_{24.3}^2}}$$

　　注意，這個式子還存有移走變項 3 後的部分相關。同樣的邏輯可以再繼續移除變項 5、6…諸如此類。然而，此公式的背後有一個預設：這些變項和變項 1、2 都有**線性相關**的關係，也就是預設所有的變項都呈線性的模式。如果此預設無效，我們就只能把變項中線性的那些部分排除，而不是它們全部的效果。

多重相關

　　部分相關有助於計算**多重相關**（multiple correlation）。多重相關係數 R 可以一次測量 3 個或多個變項之間的相關。在此也要給它們一些代號。有個特別的變項叫做 Y，它是依變項，我們要算出它和其他變項的相關。通常是要被預測的變項（後面的多重迴歸中會看到）。我選了*考試表現*作為 Y，因為它是要被預測的變項。把其他的變項叫做 1、2、3、…。但只剩下兩個變項，所以稱*讀書時間*為變項 1，*智力*為變項 2。

282　　　若用多重相關的決定係數 R^2 來說明 R 的意義會比較容易。先把每個變項標為 1、2、3…，接下來找出 Y 的變異中未被前面那些變項解釋的部分。把各部分相加會得出 Y 的變異量中有多少可被其他變項一起解釋。

　　首先要問的問題是，Y 分數的變異中，有多少可被變項 1——讀書時間解釋？這就是兩變項間相關的決定係數 r_{Y1}^2。現在再求 Y 其餘的變異中有多少可被變項二——智力解釋？這

的問題的答案並不是 $r_{Y2}{}^2$，如果回頭看看圖 21.1，$r_{Y2}{}^2$ 是 SIE 和 IE 的區域，但我們在 $r_{Y1}{}^2$ 已用過 SE 和 SIE 了，而 SIE 已用來做過預測，不能用到它兩次。因為智力和讀書時間有相關，它們有相同的一部份被用來解釋考試表現的變異（區域 SIE）。要克服這個問題，必須再找出智力對考試表現的其餘變異有何影響前，把讀書時間（變項 1）的效果移除。移走讀書時間的效果後，考試表現剩下的部分是 $1-r_{Y1}{}^2$（亦即，整塊 I 減去被讀書時間解釋的部分後，剩下的 E+IE）。區域 $1-r_{Y1}{}^2$ 被智力變項解釋的量，就是移走讀書時間的效果後，考試表現和智力的部分相關，即 $r_{Y2.1}{}^2$（區域 IE），表示剩下的 Y 變異量中有一部份（把 IE 視作 E+IE 的一部份）是 $r_{Y2.1}{}^2$（$1-r_{Y1}{}^2$）。

結論：Y 變異量中被變項 1 和變項 2 解釋的大小為

$$R_{Y.12}{}^2 = r_{Y1}{}^2 + r_{Y2.1}{}^2 (1 - r_{Y1})^2$$

（用圖 21.1 中考試表現那個圓圈的各部分來說，就是變項 1 的 SE+SIE 和變項 2 的 IE。）

多重相關分析（multiple correlation coefficient，即 $R_{Y.12}$），就是上面那個數開平方根。在我們的例子中，r_{Y1}=0.72，$r_{Y2.1}$=0.33，所以 $R_{Y.12}{}^2$=0.72²+0.33²(1-0.72²)=0.57，而多重相關係數 $R_{Y.12}$，是 $\sqrt{0.57}$=0.75。這表示 Y（考試表現）的變異可被讀書時間和智力同時解釋的部分（$R_{Y.12}{}^2$=0.57），比單只用讀書時間來解釋（$r_{Y1}{}^2$=0.52）要來得大，不過並沒有大很多。

我們可以用任何個數的變項算出它們的多重相關係數，每個新變項或多或少可以解釋前一個變項無法解釋的 Y 變異

283

量。有四個變項的話，$R_{Y.123}{}^2 = R_{Y.12}{}^2 + r_{Y3.12}{}^2(1 - R_{Y.12}{}^2)$，其中 R_S 是它們的多重相關係數。但有一個問題，就是每加入一個變項，就可以解釋掉一些 Y 的變異，所以 R 會越來越大，每個變項都會帶來風險，即增加 R 的可能是隨機變異，而非真的關係。因此使用多重相關時要多加小心，且當好幾個變項同時作為「預測」變項時，R 中的相關有可能是由漸增的隨機變異造成的。

R^2 達顯著

我們可以用變異比（F）檢定來檢驗多重相關是否達顯著，比較「已解釋變異」的估計變異數與「未解釋變異」的估計變異數孰大孰小：

$$\frac{\dfrac{R^2}{k}}{\dfrac{1 - R^2}{N - k - 1}}$$

其中 N 是受試者人數，k 是用來預測 Y 的變項的個數，因此：

$$F = \frac{R^2(N - k - 1)}{k(1 - R^2)}$$，自由度（k，N-k-1）

在我們的例子中，R^2=0.57，N=10，k=2，F(2，7)$=\dfrac{0.57(10 - 2 - 1)}{2(1 - 0.57)} = 4.64$。從 F 分配表（附錄表 A.3），p=0.05

時，F(2，7)=4.74，所以多重相關在 p=0.05 的水準上未達顯著。
注意到如果 R^2 值相同，但只要受試者多一點（N=11），結果
仍會達顯著。這再一次顯現了處理相關時樣本大小的重要性。

多重迴歸

我們可以計算兩個或更多變項共組的線性迴歸。仍須把其
中一個變項命名為 Y，成為依變項。其他的變項是自變項或預
測變項，就是要來預測 Y 的情況的。在此要用到好幾個變項
X_1、X_2、...X_k 來得出迴歸，k 是預測變項的個數。可以用下
面的直線方程式來算出迴歸線：

$$Y = a + b_1 X_1 + b_2 X_2 + ... + b_k X_k$$

在此先只用兩個預測變項來說明多重迴歸，這是最簡單的
情況。即使預測變項再多，邏輯也是一樣的，只是計算更複雜，
在本書中不多做說明。

有兩個預測變項時，我們希望能解出下面的方程式：

$$Y = a + b_1 X_1 + b_2 X_2$$

回憶一下前面再一個預測變項的情況下，Y=a+bX，其中
b=$\left(\dfrac{s_X}{s_Y}\right) r_{XY}$，而 s_X 和 s_Y 是兩變項分數的標準差[2]。但有 2 個預

---

[2] X 和 Y 的受試者人數相同，所以不管是用母群標準差或是用樣本

測變項時，沒辦法直接用 $b_1 = (\frac{s_Y}{s_1})r_{Y1}$ 和 $b_2 = (\frac{s_Y}{s_1})r_{Y2}$ 就算出 b_1 和 b_2，除非 X_1 和 X_2 互相*無關*。（s_Y、s_1、s_2 是三個變項的標準差）。和多重相關很類似，其問題在於兩變項可預測 Y 的部分會有一些重疊，如果不小心，很容易就把重疊的部分算兩遍，在 X_1 中算一次，在 X_2 中又算一次，那麼此預測就會被扭曲。要解決這個 b 的問題，必須用到**部分迴歸係數**（partial regression coefficient），也就是說，影響一個變項的係數再算再另一個 b 時會先被排除掉。所以在預測時：

$$b_1 = \beta_1(\frac{s_Y}{s_1}) \quad \text{及} \quad b_2 = \beta_2(\frac{s_Y}{s_2})$$

285　　　　其中 β_1 和 β_2 是**標準部分迴歸係數**（standard partial regression coefficient）：

$$\beta_1 = \frac{r_{Y1} - r_{Y2}r_{12}}{1 - r_{12}^2} \quad \text{及} \quad \beta_2 = \frac{r_{Y2} - r_{Y1}r_{12}}{1 - r_{12}^2}$$

兩個變項時把 X 和 Y 轉換成 z 分數得出的迴歸線，斜率為 r，同樣的，β_1 和 β_2 是在所有分數都轉換成 z 分數時用兩變項預測 Y 得出的迴歸其部分（partial）斜率。

我們用下面的式子求得 a 以完成線性迴歸：

標準差算出的 s_X 和 s_Y 值，用它們算出的 $\frac{s_Y}{s_X}$ 都是相同的。

$$a = \overline{Y} - b_1\overline{X_1} - b_2\overline{X_2}$$

以下用**讀書時間**（X_1）和**智力**（X_2）預測**考試表現**（Y）的例子來說明如何計算。先求出 β_1 和 β_2：

$$\beta_1 = \frac{0.72 - (0.48 \times 0.37)}{1 - 0.37^2} \quad \beta_2 = \frac{0.48 - (0.72 \times 0.37)}{1 - 0.37^2}$$

接下來用各變項標準差的值（在本章的第 2 頁）算出 b_1 和 b_2：

$$b_1 = 0.63\left(\frac{11.80}{11.42}\right) = 0.65 \quad b_2 = 0.25\left(\frac{11.80}{9.72}\right) = 0.30$$

最後算出 a：

$$a == 56 - (0.65 \times 29) - (0.30 \times 122) = 0.55$$

現在可以得出多重迴歸的方程式：

$$Y' = 0.55 + 0.65X_1 + 0.30X_2$$

把變項原來的名稱代入此式，就是用讀書時間和智力預測考試表現的方程式了：

考試分數＝0.55+0.65 讀書時間+0.30 智力

　　由此可以預測一個智力 110 的學生，如果她每週唸書 30 小時，我們可以得到如下的考試分數：

考試分數=0.55+(0.65×30)+(0.30×110)=53.05

　　因此，用線性迴歸就可預測出此學生在這次考試中會得到 53.05 分。

共線性

　　當預測變項彼此高度相關時，稱之為有**共線性**（multicollinearity）的關係。這在多重迴歸中會產生問題，第一，每個預測變項可解釋 Y 變項的部分會有很大的重疊。比如說有兩個預測變項，當它們彼此無關時，X_1 可解釋 Y 的變異就和 X_2 可解釋的部分完全不同，但二者有相關時，它們能解釋的部份就開始有了重疊，相關越強，重疊部份就越大。第二，因為它們解釋到的變異部分差不多，我們無法知道這幾個共線性的變項中何者較重要。解決方法就是把它們合併成一個單一的變項或是只留下一個足以預測那部分變異的測量變項即可。

計算多重迴歸

　　在我們的例子中是把所有的預測變項都囊括進迴歸中，在只有兩個預測變項時這看起來似乎是理所當然的，這樣的做法叫做**直接迴歸**（direct regression）。預測變項更多時，研究者要先用與依變項相關最高的一個預測變項來形成方程式，其他

的變項以它們能增加多少解釋力為準，一個一個加入迴歸式中，直到 R^2 不再有顯著增加為止。這就叫做**向前迴歸**（forward regression）。另一種做法是把所有的預測變項都先納入迴歸，然後把對 R^2 貢獻最少的變項一個個依序移除，直到再移走一個變項就會顯著減少 R^2 為止。這稱作**向後迴歸**（backward regression）。一步步進行的迴歸（stepwise regression）包含前面的兩種方法。我們用這兩種直接迴歸的變形來作，理由在於只要幾個變項就可以解釋依變項的話是最好的，不只是因為其具有簡約性的特色，也表示我們可以把對預測沒什麼貢獻的累贅變項排除掉。

第 22 章

使用電腦上的統計軟體

◆ 輸入資料時的錯誤

◆ 解釋輸出的結果

◆ 結論

　　這整本書我都在談怎麼進行統計分析。接下來要講的這件事可能會有點讓人意外：如果你有台電腦可用，就別花太多寶貴的時間作統計分析！許多很棒的統計軟體可以快速地計算，而且比人類更精確。在這本書裡我想強調的是如何操作統計分析、其背後的理由、統計的預設、以及哪些型態的資料要用何種特定的分析方法…這些知識不但可用於計算機的計算，在操作電腦時也一樣，如果你不知道你在幹嘛，那麼使用電腦只會使問題變得更複雜。好比說用手算 t 檢定，你可以學到一些有關檢定的運作方式及邏輯，但用電腦的話，檢定好像變魔術一樣就變出一個結果，好像從帽子裡變出兔子一樣。如果你在做之前一無所知，那麼做完後你也不會變得更聰明。只有在我們知道自己在幹嘛，電腦才能真正幫得上忙。了解傳統統計分析的人會明白電腦所做的一切，更重要的是，如果電腦沒有作出他想做的事，他也會知道。

　　有件重要的事請牢記，用電腦不過是個縮寫字 GIGO—Garbage in, garbage out（一堆垃圾進來，出去的也是垃圾）。如果你輸入的是一堆無用的東西，那麼也會有一堆無用的東西跑出來！電腦不曉得你會不會失誤，實際上它們什麼都不知道，它們只是一個指令一個動作。如果你用了錯誤的分析方法，或把資料打錯了，電腦仍會對這些資料進行分析，如果你不相信自己會犯錯，可能不知不覺就得出了不正確或不適當的結果。

有幾個檢查方法可用來確定你是否正確地把資料輸入要作分析的電腦程式或軟體中。第一步先列印出你輸入進電腦的資料，之後便可對這些資料進行檢查，看這些實際要被分析的東西是不是你希望分析的資料。看看報表紙，問自己下面幾個問題：

1. 是否有預期以外的大數字出現？如果你的手在鍵盤上按太久，可能會一次輸入同一個數字兩次，檢查一下那個數是應該是 2 而非 22 或 222。

2. 是否有分數被遺漏了？如果有一連串的數字要輸入，很可能會漏掉一兩個。檢查一下共有幾個數字要輸入。

3. 資料的型態看起來對嗎？往往大量資料中你可以看出數字的排列中有某種型態存在，好比說會有一欄全都是 1。當你掃描過所有的資料，是否有怪數字出現？若是如此，檢查看看它是否正確

4. 要分析的資料輸入順序是否正確？這是個很重要的問題，若要進行如兩因素混合設計 ANOVA 這樣複雜的分析，資料就一定要以正確的順序輸入，若非如此，電腦可能會把獨立因素當作重複量數的因素來分析，反之亦然。

解釋輸出的結果

只要電腦開始分析，軟體就會把分析結果展示或列印出來。當解釋一個分析時，請牢記：這是你輸入資料時預期要得到的東西嗎？如果不是的話，那你要的結果在哪裡？這說明了

為何統計分析的知識是重要的，若你知道某個分析不可能產生這樣的結果，那你一定知道哪裡出了問題；但如果有人不具備統計分析的知識，他就只能接受說這就是正確的結果。

可以先檢查平均數、總和、標準差等統計量。或許你在進行分析前就已算出各組平均數，電腦算出的值和你的一樣嗎？各組的平均數是否都正確？可以用簡單的計算來確定資料輸入是否正確，以及數字是否都在它們應該在的位置上。

接下來要檢查看看這個統計分析是不是你要的。通常分析的名稱也會列印在輸出的結果上。當你本來希望計算獨立設計，它出現的標題竟然是「相依或重複量數」？但當你要作重複量數分析時，卻出現了「完全隨機或獨立測驗」？只要看列印結果上端的資訊就可完全了解。總之，在你要求電腦跑程式之前，必須先確知你要做的分析到底是什麼。

有時候電腦程式會有一些錯誤，大公司出品的軟體中有「bug」的機會很小，但如果你用的是自己或同事、朋友寫的程式，那麼，就得確定結果是否符合你的預期。回想看看是否有些結果是不可能出現的，比如說在 ANOVA 簡表中的平方和出現一個負數。一定要先確定資料正確，但也別太信賴軟體。

電腦程式呈現的分析和手算的呈現方式有些不同，最常見的差異是某個發現達顯著的呈現方式。電腦程式往往給的結果是隨機發生的實際機率，而不是該值是否大於顯著水準。例如，電腦上不會出現「$p<0.05$」或「在 $p=0.05$ 時達顯著」，出現的會是「$p=0.034215$」，表示在虛無假設成立時，該結果出現的機率是 0.034215，你就可以用它來和選定的顯著水準比較，因此如果結果出現的機率是 0.03425，在 $p=0.05$ 的水準上

便達到顯著，因爲它比 0.05 小，但在 p=0.01 時卻沒有顯著。有時結果會出現 p=0.000000，這表示在虛無假設的情況下，這個結果極不可能出現，但實際上隨機出現的機率不可能是 0，只是電腦的位數不夠，無法顯示夠多的小數點以下爲數，因此我們會把最後一個 0 用 1 代換，所以可以把 0.000000 讀成 0.000001，我們都知道眞的結果是更小的，所以報告一個這樣的結果沒什麼不妥。若我們誤報機率爲 0，其他的研究者會立刻提出指正，因爲 0.000001 的報告已經可以很明白點出它是高度顯著的了。如果你得到了一個這麼小的機率，請檢查一下檢定中該統計量的計算值是不是很大（或非常小，視檢定的種類而定）。

　　一定要對奇怪的數字有所警覺，尤其是預料之外的結果。高度顯著的結果表示一定就眞是如此嗎？尤其結果比你所希望的「更好」時，別輕易被電腦誤導了。看著這些資料，這眞的是你預期會得到的結果嗎？本書中爲了說明，大部分的統計分析結果都有達到顯著，這其實和一般的研究是不同的，一般的研究往往無法達到顯著，而一個達顯著的發現比不顯著者更珍貴，因爲它比不顯著者更有出版的價值。但面對達顯著的結果時仍須抱有一些懷疑，因爲如果它是錯的，要付出的代價會很高。

293

結論

　　用電腦和統計分析軟體（理論上）對任何人來說都是可執行各種統計分析的，那麼爲什麼不要整本書都來講怎麼用電腦作分析呢？在我的經驗中，學生們就算不懂統計分析的原理，仍然會用電腦得出結果，但他們並不了解他們在作什麼、正不正確、或其中的意義。相對而言，多花些時間了解進而解釋結果並決定是否作更深入的探討，他們甚至可以不用電腦就作分析（因爲電腦有時會當機）或在分析結束前就大概猜出結果如何。

　　大部分的人都以爲了解統計分析的人有特殊技能或對神秘知識有不爲人知的了解，根本就不是這麼一回事，只要了解基本的邏輯，之後的就沒什麼大不了了。我們只是看到統計分析公式背後的發展過程及原因罷了，因此會比那些只把數字代入公式的人了解得更深入。統計分析不像表面上看起來那麼困難、混亂，它是非常有邏輯、精緻的、有驚人力量及相當有用的工具，有助於你我在研究上對那些答案加以判斷。

附　錄

感 謝

我要感謝以下的作者和出版社讓我重印及引用他們的統計表格資料。

A.1 標準常態分配表

引自：Fisher, R.A. and Yates, F.(1974) *Statistical Tables for Biological, Agriculture, and Medical Research*, 第六版，表 IIi，London: Longman Group UK Ltd（之前由 Oliver and Boyd Ltd, Edinburgh 出版）

A.2 t 分配的臨界值

引自：Fisher, R.A. and Yates, F.(1974) *Statistical Tables for Biological, Agriculture, and Medical Research*, 第六版，表 III，London: Longman Group UK Ltd（之前由 Oliver and Boyd Ltd, Edinburgh 出版）

A.3 F 分配的臨界值

引自：Merrington, M. and Thompson, C.M. (1943)，*Biometrika*, 冊 33(1943-6)，頁 73-88, 轉換的 Beta (F)分配之百分點表。由 Biometrika Trustees 核可引用。

A.4 Studentized 全距統計值（q）的臨界值

引自：Pachares, J. (1959), *Biometrika*, 46, 461-6, 表二和表三，Studentized 全距表的最前面 10%。由 Biometrika Trustees 核可引用。

A.5 曼—懷 U 統計量的臨界值

引自：Siegel, S. (1956) *Nonparametric Statistics for the Behavioral Sciences*, New York: McGraw-Hill. 表 K。由 McGraw-Hill Inc. 核可引用。

A.6 衛氏 T 統計量的臨界值

引自：Runyan, R.P. and Haber, A. (1991) Fundamentals of Behavioral Statistics, 第七版，New York: McGraw-Hill. 表 J。由 McGraw-Hill Inc.核可後重印。

A.7　卡方（χ^2）分配的臨界值

引自：Fisher, R.A. and Yates, F.(1974) *Statistical Tables for Biological, Agriculture, and Medical Research*, 第六版，表 IV，London: Longman Group UK Ltd（之前由 Oliver and Boyd Ltd, Edinburgh 出版）

A.8　k 與 n 均小時的 χ_r^2 機率表

引自：Friedman, M. (1937) 'The use of ranks to avoid the assumption of normality implicit in the analysis of variance', *Journal of the American Statistical Association*, 32, 200, 675-701. 表 V。經核可後重印，版權（1937）屬於美國統計協會。

A.9　皮爾森 r 相關係數的臨界值

引自：Fisher, R.A. and Yates, F.(1974) *Statistical Tables for Biological, Agriculture, and Medical Research*, 第六版，表 VII，London: Longman Group UK Ltd（之前由 Oliver and Boyd Ltd, Edinburgh 出版）

A.10　史比曼 r_s 序數相關係數的臨界值

引自：Olds, E.G. (1949) 'The 5% significance levels for sums of squares of rank differences and a correction', *Annals of Mathematical Statistics*, 冊 20，頁 117-18。Olds, E.G. (1938) 'Distribution of sums of squares of rank differences for more numbers of individuals' *Annals of Mathematical Statistics*, 冊 9，頁 133-48。經 Institute of Mathematical Statistics 核可後重印。

A.1 標準常態分配表

z	0	1	2	3	4	5	6	7	8	9
0.0	0.5000	0.4960	0.4920	0.4880	0.4840	0.4801	0.4761	0.4721	0.4681	0.4641
0.1	0.4602	0.4562	0.4522	0.4483	0.4443	0.4404	0.4364	0.4325	0.4286	0.4247
0.2	0.4207	0.4168	0.4129	0.4090	0.4052	0.4013	0.3974	0.3936	0.3897	0.3859
0.3	0.3821	0.3783	0.3745	0.3707	0.3669	0.3632	0.3594	0.3557	0.3520	0.3483
0.4	0.3446	0.3409	0.3372	0.3336	0.3300	0.3264	0.3228	0.3192	0.3156	0.3121
0.5	0.3085	0.3050	0.3015	0.2981	0.2946	0.2912	0.2877	0.2843	0.2810	0.2776
0.6	0.2743	0.2709	0.2676	0.2643	0.2611	0.2578	0.2546	0.2514	0.2483	0.2451
0.7	0.2420	0.2389	0.2358	0.2327	0.2296	0.2266	0.2236	0.2206	0.2177	0.2148
0.8	0.2119	0.2090	0.2061	0.2033	0.2005	0.1977	0.1949	0.1922	0.1894	0.1867
0.9	0.1841	0.1814	0.1788	0.1762	0.1736	0.1711	0.1685	0.1660	0.1635	0.1611
1.0	0.1587	0.1562	0.1539	0.1515	0.1492	0.1469	0.1446	0.1423	0.1401	0.1379
1.1	0.1357	0.1335	0.1314	0.1292	0.1271	0.1251	0.1230	0.1210	0.1190	0.1170
1.2	0.1151	0.1131	0.1112	0.1093	0.1075	0.1056	0.1038	0.1020	0.1003	0.0985
1.3	0.0968	0.0951	0.0934	0.0918	0.0901	0.0885	0.0869	0.0853	0.0838	0.0823
1.4	0.0808	0.0793	0.0778	0.0764	0.0749	0.0735	0.0721	0.0708	0.0694	0.0681
1.5	0.0668	0.0655	0.0643	0.0630	0.0618	0.0606	0.0594	0.0582	0.0571	0.0559
1.6	0.0548	0.0537	0.0526	0.0516	0.0505	0.0495	0.0485	0.0475	0.0465	0.0455
1.7	0.0446	0.0436	0.0427	0.0418	0.0409	0.0401	0.0392	0.0384	0.0375	0.0367
1.8	0.0359	0.0351	0.0344	0.0336	0.0329	0.0322	0.0314	0.0307	0.0301	0.0294
1.9	0.0287	0.0281	0.0274	0.0268	0.0262	0.0256	0.0250	0.0244	0.0239	0.0233
2.0	0.0228	0.0222	0.0217	0.0212	0.0207	0.0202	0.0197	0.0192	0.0188	0.0183
2.1	0.0179	0.0174	0.0170	0.0166	0.0162	0.0158	0.0154	0.0150	0.0146	0.0143
2.2	0.0139	0.0136	0.0132	0.0129	0.0125	0.0122	0.0119	0.0116	0.0113	0.0110
2.3	0.0107	0.0104	0.0102	0.0099	0.0096	0.0094	0.0091	0.0089	0.0087	0.0084
2.4	0.0082	0.0080	0.0078	0.0075	0.0073	0.0071	0.0069	0.0068	0.0066	0.0064
2.5	0.0062	0.0060	0.0059	0.0057	0.0055	0.0054	0.0052	0.0051	0.0049	0.0048
2.6	0.0047	0.0045	0.0044	0.0043	0.0041	0.0040	0.0039	0.0038	0.0037	0.0036
2.7	0.0035	0.0034	0.0033	0.0032	0.0031	0.0030	0.0029	0.0028	0.0027	0.0026
2.8	0.0026	0.0025	0.0024	0.0023	0.0023	0.0022	0.0021	0.0021	0.0020	0.0019
2.9	0.0019	0.0018	0.0018	0.0017	0.0016	0.0016	0.0015	0.0015	0.0014	0.0014
3.0	0.0013	0.0013	0.0013	0.0012	0.0012	0.0011	0.0011	0.0011	0.0010	0.0010
3.1	0.0010	0.0009	0.0009	0.0009	0.0008	0.0008	0.0008	0.0008	0.0007	0.0007
3.2	0.0007	0.0007	0.0006	0.0006	0.0006	0.0006	0.0006	0.0005	0.0005	0.0005
3.3	0.0005	0.0005	0.0005	0.0004	0.0004	0.0004	0.0004	0.0004	0.0004	0.0003
3.4	0.0003	0.0003	0.0003	0.0003	0.0003	0.0003	0.0003	0.0003	0.0003	0.0002
3.5	0.0002	0.0002	0.0002	0.0002	0.0002	0.0002	0.0002	0.0002	0.0002	0.0002
3.6	0.0002	0.0002	0.0001	0.0001	0.0001	0.0001	0.0001	0.0001	0.0001	0.0001
3.7	0.0001	0.0001	0.0001	0.0001	0.0001	0.0001	0.0001	0.0001	0.0001	0.0001
3.8	0.0001	0.0001	0.0001	0.0001	0.0001	0.0001	0.0001	0.0001	0.0001	0.0001
3.9	0.0000	0.0000	0.0000	0.0000	0.0000	0.0000	0.0000	0.0000	0.0000	0.0000

要查出某個 z 分數的機率，先用標為「z」的第一欄找到該 z 分數到下數點下一位的數字，其他各欄表示小數點下第二位的數字。例如要查出 z 分數為 1.8641 的機率，先四捨五入至小數點下第二位：1.86。看 z 欄找到 1.8，

再沿著 1.8 那一列到標爲「6」的那一欄（因爲下數點下第二位是 6）就可以得出機率值 0.0314。表示得到一個分數大於或等於 1.86 的機率是 0.0314。

　　注意到此表中的 Z 分數未超過 3.99，那麼如果要做這樣的分析怎麼辦？看一下，3.9 或以上其機率值都寫爲 0.0000，大於等於 3.9 的機率實際上不只 0，只是它已小到無法用此表的小數點下四位來表示了。

A.2 t 分配的臨界值

df	顯著水準 0.05 單尾檢定	顯著水準 0.05 雙尾檢定	顯著水準 0.01 單尾檢定	顯著水準 0.01 雙尾檢定
1	6.314	12.706	31.821	63.657
2	2.920	4.303	6.965	9.925
3	2.353	3.182	4.541	5.841
4	2.132	2.776	3.747	4.604
5	2.015	2.571	3.365	4.032
6	1.943	2.447	3.143	3.707
7	1.895	2.365	2.998	3.499
8	1.860	2.306	2.896	3.355
9	1.833	2.262	2.821	3.250
10	1.812	2.228	2.764	3.169
11	1.796	2.201	2.718	3.106
12	1.782	2.179	2.681	3.055
13	1.771	2.160	2.650	3.012
14	1.761	2.145	2.624	2.977
15	1.753	2.131	2.602	2.947
16	1.746	2.120	2.583	2.921
17	1.740	2.110	2.567	2.898
18	1.734	2.101	2.552	2.878
19	1.729	2.093	2.539	2.861
20	1.725	2.086	2.528	2.845
21	1.721	2.080	2.518	2.831
22	1.717	2.074	2.508	2.819
23	1.714	2.069	2.500	2.807
24	1.711	2.064	2.492	2.797
25	1.708	2.060	2.485	2.787
26	1.706	2.056	2.479	2.779
27	1.703	2.052	2.473	2.771
28	1.701	2.048	2.467	2.763
29	1.699	2.045	2.462	2.756
30	1.697	2.042	2.457	2.750
40	1.684	2.021	2.423	2.704
60	1.671	2.000	2.390	2.660
120	1.658	1.980	2.358	2.617
∞	1.645	1.960	2.326	2.576

表中的值表示切下 t 分配中 0.05 或 0.01 部份的那個 t 在不同的自由度狀況下的數值。例如 df=20 的單尾檢定中，t=1.725 可以切下分配的 0.05。因此，算出的 t 值必須大於或等於其相對應的查表值，也就是說，算出的 t 比查表值大時，純因機率得出此結果的可能性在 0.05 以下。

　　當你算出的自由度在此表中查不到時，（如 df=32），請用表中離它最近的較低值來代用（如以 df=30 代替 df=32）。如果要得到更精確的值，可使用線性內插法。當自由度很大時（百位數以上）請用無限大（∞）對應的那個值。

A.3 F 分配的臨界值

顯著水準 0.05

df 1

df 2	1	2	·3	4	5	6	7	8	9	10	20	∞
1	161.45	199.50	215.71	224.58	230.16	233.99	236.77	238.88	240.54	241.88	248.01	254.32
2	18.51	19.00	19.16	19.25	19.30	19.33	19.35	19.37	19.38	19.40	19.45	19.50
3	10.13	9.55	9.28	9.12	9.01	8.94	8.89	8.85	8.81	8.79	8.66	8.53
4	7.71	6.94	6.59	6.39	6.26	6.16	6.09	6.04	6.00	5.96	5.80	5.63
5	6.61	5.79	5.41	5.19	5.05	4.95	4.88	4.82	4.77	4.74	4.56	4.36
6	5.99	5.14	4.76	4.53	4.39	4.28	4.21	4.15	4.10	4.06	3.87	3.67
7	5.59	4.74	4.35	4.12	3.97	3.87	3.79	3.73	3.68	3.64	3.44	3.23
8	5.32	4.46	4.07	3.84	3.69	3.58	3.50	3.44	3.39	3.35	3.15	2.93
9	5.12	4.26	3.86	3.63	3.48	3.37	3.29	3.23	3.18	3.14	2.94	2.71
10	4.96	4.10	3.71	3.48	3.33	3.22	3.14	3.07	3.02	2.98	2.77	2.54
11	4.84	3.98	3.59	3.36	3.20	3.09	3.01	2.95	2.90	2.85	2.65	2.40
12	4.75	3.89	3.49	3.26	3.11	3.00	2.91	2.85	2.80	2.75	2.54	2.30
13	4.67	3.81	3.41	3.18	3.03	2.92	2.83	2.77	2.71	2.67	2.46	2.21
14	4.60	3.74	3.34	3.11	2.96	2.85	2.76	2.70	2.65	2.60	2.39	2.13
15	4.54	3.68	3.29	3.06	2.90	2.79	2.71	2.64	2.59	2.54	2.33	2.07
16	4.49	3.63	3.24	3.01	2.85	2.74	2.66	2.59	2.54	2.49	2.28	2.01
17	4.45	3.59	3.20	2.96	2.81	2.70	2.61	2.55	2.49	2.45	2.23	1.96
18	4.41	3.55	3.16	2.93	2.77	2.66	2.58	2.51	2.46	2.41	2.19	1.92
19	4.38	3.52	3.13	2.90	2.74	2.63	2.54	2.48	2.42	2.38	2.16	1.88
20	4.35	3.49	3.10	2.87	2.71	2.60	2.51	2.45	2.39	2.35	2.12	1.84
21	4.32	3.47	3.07	2.84	2.68	2.57	2.49	2.42	2.37	2.32	2.10	1.81
22	4.30	3.44	3.05	2.82	2.66	2.55	2.46	2.40	2.34	2.30	2.07	1.78
23	4.28	3.42	3.03	2.80	2.64	2.53	2.44	2.37	2.32	2.27	2.05	1.76
24	4.26	3.40	3.01	2.78	2.62	2.51	2.42	2.36	2.30	2.25	2.03	1.73
25	4.24	3.39	2.99	2.76	2.60	2.49	2.40	2.34	2.28	2.24	2.01	1.71
26	4.23	3.37	2.98	2.74	2.59	2.47	2.39	2.32	2.27	2.22	1.99	1.69
27	4.21	3.35	2.96	2.73	2.57	2.46	2.37	2.31	2.25	2.20	1.97	1.67
28	4.20	3.34	2.95	2.71	2.56	2.45	2.36	2.29	2.24	2.19	1.96	1.65
29	4.18	3.33	2.93	2.70	2.55	2.43	2.35	2.28	2.22	2.18	1.94	1.64
30	4.17	3.32	2.92	2.69	2.53	2.42	2.33	2.27	2.21	2.16	1.93	1.62
40	4.08	3.23	2.84	2.61	2.45	2 34	2.25	2.18	2.12	2.08	1.84	1.51
60	4.00	3.15	2.76	2.53	2.37	2.25	2.17	2.10	2.04	1.99	1.75	1.39
120	3.92	3.07	2.68	2.45	2.29	2.18	2.09	2.02	1.96	1.91	1.66	1.25
∞	3.84	3.00	2.60	2.37	2.21	2.10	2.01	1.94	1.88	1.83	1.57	1.00

算出的 F 值要大於或等於查表值才算顯著。

A.3 F 分配的臨界值（續）

顯著水準 0.01

df2	1	2	3	4	5	6	7	8	9	10	11	12
1	4052.2	4999.5	5403.3	5624.6	5763.7	5859.0	5928.3	5981.6	6022.5	6055.8	6208.7	6366.0
2	98.5	99.00	99.17	99.25	99.30	99.33	99.36	99.37	99.39	99.40	99.45	99.50
3	34.12	30.82	29.46	28.71	28.24	27.91	27.67	27.49	27.34	27.23	26.69	26.12
4	21.20	18.00	16.69	15.98	15.52	15.21	14.98	14.80	14.66	14.55	14.02	13.46
5	16.26	13.27	12.06	11.39	10.97	10.67	10.46	10.29	10.16	10.05	9.55	9.02
6	13.74	10.92	9.78	9.15	8.75	8.47	8.26	8.10	7.98	7.87	7.40	6.88
7	12.25	9.55	8.45	7.85	7.46	7.19	6.99	6.84	6.72	6.62	6.16	5.65
8	11.26	8.65	7.59	7.01	6.63	6.37	6.18	6.03	5.91	5.81	5.36	4.86
9	10.56	8.02	6.99	6.42	6.06	5.80	5.61	5.47	5.35	5.26	4.81	4.31
10	10.04	7.56	6.55	5.99	5.64	5.39	5.20	5.06	4.94	4.85	4.41	3.91
11	9.65	7.21	6.22	5.67	5.32	5.07	4.89	4.74	4.63	4.54	4.10	3.60
12	9.33	6.93	5.95	5.41	5.06	4.82	4.64	4.50	4.39	4.30	3.86	3.36
13	9.07	6.70	5.74	5.21	4.86	4.62	4.44	4.30	4.19	4.10	3.66	3.17
14	8.86	6.51	5.56	5.04	4.70	4.46	4.28	4.14	4.03	3.94	3.51	3.00
15	8.68	6.36	5.42	4.89	4.56	4.32	4.14	4.00	3.89	3.80	3.37	2.87
16	8.53	6.23	5.29	4.77	4.44	4.20	4.03	3.89	3.78	3.69	3.26	2.75
17	8.40	6.11	5.18	4.67	4.34	4.10	3.93	3.79	3.68	3.59	3.16	2.65
18	8.29	6.01	5.09	4.58	4.25	4.01	3.84	3.71	3.60	3.51	3.08	2.57
19	8.18	5.93	5.01	4.50	4.17	3.94	3.77	3.63	3.52	3.43	3.00	2.49
20	8.10	5.85	4.94	4.43	4.10	3.87	3.70	3.56	3.46	3.37	2.94	2.42
21	8.02	5.78	4.87	4.37	4.04	3.81	3.64	3.51	3.40	3.31	2.88	2.36
22	7.95	5.72	4.82	4.31	3.99	3.76	3.59	3.45	3.35	3.26	2.83	2.31
23	7.88	5.66	4.76	4.26	3.94	3.71	3.54	3.41	3.30	3.21	2.78	2.26
24	7.82	5.61	4.72	4.22	3.90	3.67	3.50	3.36	3.26	3.17	2.74	2.21
25	7.77	5.57	4.68	4.18	3.86	3.63	3.46	3.32	3.22	3.13	2.70	2.17
26	7.72	5.53	4.64	4.14	3.82	3.59	3.42	3.29	3.18	3.09	2.66	2.13
27	7.68	5.49	4.60	4.11	3.78	3.56	3.39	3.26	3.15	3.06	2.63	2.10
28	7.64	5.45	4.57	4.07	3.75	3.53	3.36	3.23	3.12	3.03	2.60	2.06
29	7.60	5.42	4.54	4.04	3.73	3.50	3.33	3.20	3.09	3.00	2.57	2.03
30	7.56	5.39	4.51	4.02	3.70	3.47	3.30	3.17	3.07	2.98	2.55	2.01
40	7.31	5.18	4.31	3.83	3.51	3.29	3.12	2.99	2.89	2.80	2.37	1.80
60	7.08	4.98	4.13	3.65	3.34	3.12	2.95	2.82	2.72	2.63	2.20	1.60
120	6.85	4.79	3.95	3.48	3.17	2.96	2.79	2.66	2.56	2.47	2.03	1.38
∞	6.63	4.61	3.78	3.32	3.02	2.80	2.64	2.51	2.41	2.32	1.88	1.00

算出的 F 值要大於或等於查表值才算顯著。

A.4　Studentized 全距統計量（q）的臨界值

顯著水準 0.05

誤差	組數（k）										
d	2	3	4	5	6	7	8	9	10	11	12
5	3.64	4.60	5.22	5.67	6.03	6.33	6.58	6.80	6.99	7.17	7.32
6	3.46	4.34	4.90	5.30	5.63	5.90	6.12	6.32	6.49	6.65	6.79
7	3.34	4.16	4.68	5.06	5.36	5.61	5.82	6.00	6.16	6.30	6.43
8	3.26	4.04	4.53	4.89	5.17	5.40	5.60	5.77	5.92	6.05	6.18
9	3.20	3.95	4.41	4.76	5.02	5.24	5.43	5.59	5.74	5.87	5.98
10	3.15	3.88	4.33	4.65	4.91	5.12	5.30	5.46	5.60	5.72	5.83
11	3.11	3.82	4.26	4.57	4.82	5.03	5.20	5.35	5.49	5.61	5.71
12	3.08	3.77	4.20	4.51	4.75	4.95	5.12	5.27	5.39	5.51	5.61
13	3.06	3.73	4.15	4.45	4.69	4.88	5.05	5.19	5.32	5.43	5.53
14	3.03	3.70	4.11	4.41	4.64	4.83	4.99	5.13	5.25	5.36	5.46
15	3.01	3.67	4.08	4.37	4.59	4.78	4.94	5.08	5.20	5.31	5.40
16	3.00	3.65	4.05	4.33	4.56	4.74	4.90	5.03	5.15	5.26	5.35
17	2.98	3.63	4.02	4.30	4.52	4.70	4.86	4.99	5.11	5.21	5.31
18	2.97	3.61	4.00	4.28	4.49	4.67	4.82	4.96	5.07	5.17	5.27
19	2.96	3.59	3.98	4.25	4.47	4.65	4.79	4.92	5.04	5.14	5.23
20	2.95	3.58	3.96	4.23	4.45	4.62	4.77	4.90	5.01	5.11	5.20
24	2.92	3.53	3.90	4.17	4.37	4.54	4.68	4.81	4.92	5.01	5.10
30	2.89	3.49	3.85	4.10	4.30	4.46	4.60	4.72	4.82	4.92	5.00
40	2.86	3.44	3.79	4.04	4.23	4.39	4.52	4.63	4.73	4.82	4.90
60	2.83	3.40	3.74	3.98	4.16	4.31	4.44	4.55	4.65	4.73	4.81
120	2.80	3.36	3.68	3.92	4.10	4.24	4.36	4.47	4.56	4.64	4.71
∞	2.77	3.31	3.63	3.86	4.03	4.17	4.29	4.39	4.47	4.55	4.62

A.4 Studentized 全距統計量（q）的臨界值（續）

顯著水準 0.01

誤差 組數（k）

df	2	3	4	5	6	7	8	9	10	11	12
5	5.70	6.98	7.80	8.42	8.91	9.32	9.67	9.97	10.24	10.48	10.70
6	5.24	6.33	7.03	7.56	7.97	8.32	8.61	8.87	9.10	9.30	9.48
7	4.95	5.92	6.54	7.01	7.37	7.68	7.94	8.17	8.37	8.55	8.71
8	4.75	5.64	6.20	6.62	6.96	7.24	7.47	7.68	7.86	8.03	8.18
9	4.60	5.43	5.96	6.35	6.66	6.91	7.13	7.33	7.49	7.65	7.78
10	4.48	5.27	5.77	6.14	6.43	6.67	6.87	7.05	7.21	7.36	7.49
11	4.39	5.15	5.62	5.97	6.25	6.48	6.67	6.84	6.99	7.13	7.25
12	4.32	5.05	5.50	5.84	6.10	6.32	6.51	6.67	6.81	6.94	7.06
13	4.26	4.96	5.40	5.73	5.98	6.19	6.37	6.53	6.67	6.79	6.90
14	4.21	4.89	5.32	5.63	5.88	6.08	6.26	6.41	6.54	6.66	6.77
15	4.17	4.84	5.25	5.56	5.80	5.99	6.16	6.31	6.44	6.55	6.66
16	4.13	4.79	5.19	5.49	5.72	5.92	6.08	6.22	6.35	6.38	6.56
17	4.10	4.74	5.14	5.43	5.66	5.85	6.01	6.15	6.27	6.38	6.48
18	4.07	4.70	5.09	5.38	5.60	5.79	5.94	6.08	6.20	6.31	6.41
19	4.05	4.67	5.05	5.33	5.55	5.73	5.89	6.02	6.14	6.25	6.34
20	4.02	4.64	5.02	5.29	5.51	5.69	5.84	5.97	6.09	6.19	6.28
24	3.96	4.55	4.91	5.17	5.37	5.54	5.69	5.81	5.92	6.02	6.11
30	3.89	4.45	4.80	5.05	5.24	5.40	5.54	5.65	5.76	5.85	5.93
40	3.82	4.37	4.70	4.93	5.11	5.26	5.39	5.50	5.60	5.69	5.76
60	3.76	4.28	4.59	4.82	4.99	5.13	5.25	5.36	5.45	5.53	5.60
120	3.70	4.20	4.50	4.71	4.87	5.01	5.12	5.21	5.30	5.37	5.44
∞	3.64	4.12	4.40	4.60	4.76	4.88	4.99	5.08	5.16	5.23	5.29

A.5　曼－懷 U 統計量的臨界值

算出的 U 值必須小於或等於查表值才算達到顯著。表中的小短線表示在此沒有任何值可以達到顯著。

顯著水準 0.05：單尾檢定

n_1

n_2	1	2	3	4	5	6	7	8	9	10	11	12	13	14	15	16	17	18	19	20
1	-	-	-	-	-	-	-	-	-	-	-	-	-	-	-	-	-	-	0	0
2	-	-	-	-	0	0	0	1	1	1	1	2	2	2	3	3	3	4	4	4
3	-	-	0	0	1	2	2	3	3	4	5	5	6	7	7	8	9	9	10	11
4	-	-	0	1	2	3	4	5	6	7	8	9	10	11	12	14	15	16	17	18
5	-	0	1	2	4	5	6	8	9	11	12	13	15	16	18	19	20	22	23	25
6	-	0	2	3	5	7	8	10	12	14	16	17	19	21	23	25	26	28	30	32
7	-	0	2	4	6	8	11	13	15	17	19	21	24	26	28	30	33	35	37	39
8	-	1	3	5	8	10	13	15	18	20	23	26	28	31	33	36	39	41	44	47
9	-	1	3	6	9	12	15	18	21	24	27	30	33	36	39	42	45	48	51	54
10	-	1	4	7	11	14	17	20	24	27	31	34	37	41	44	48	51	55	58	62
11	-	1	5	8	12	16	19	23	27	31	34	38	42	46	50	54	57	61	65	69
12	-	2	5	9	13	17	21	26	30	34	38	42	47	51	55	60	64	68	72	77
13	-	2	6	10	15	19	24	28	33	37	42	47	51	56	61	65	70	75	80	84
14	-	2	7	11	16	21	26	31	36	41	46	51	56	61	66	71	77	82	87	92
15	-	3	7	12	18	23	28	33	39	44	50	55	61	66	72	77	83	88	94	100
16	-	3	8	14	19	25	30	36	42	48	54	60	65	71	77	83	89	95	101	107
17	-	3	9	15	20	26	33	39	45	51	57	64	70	77	83	89	96	102	109	115
18	-	4	9	16	22	28	35	41	48	55	61	68	75	82	88	95	102	109	116	123
19	-	4	10	17	23	30	37	44	51	58	65	72	80	87	94	101	109	116	123	130
20	0	4	11	18	25	32	39	47	54	62	69	77	84	92	100	107	115	123	130	138

顯著水準 0.05：雙尾檢定

n_1

n_2	1	2	3	4	5	6	7	8	9	10	11	12	13	14	15	16	17	18	19	20
1	-	-	-	-	-	-	-	-	-	-	-	-	-	-	-	-	-	-	-	-
2	-	-	-	-	-	-	-	0	0	0	0	1	1	1	1	1	2	2	2	2
3	-	-	-	-	0	1	1	2	2	3	3	4	4	5	5	6	6	7	7	8
4	-	-	-	0	1	2	3	4	4	5	6	7	8	9	10	11	11	12	13	13
5	-	-	0	1	2	3	5	6	7	8	9	11	12	13	14	15	17	18	19	20
6	-	-	1	2	3	5	6	8	10	11	13	14	16	17	19	21	22	24	25	27
7	-	-	1	3	5	6	8	10	12	14	16	18	20	22	24	26	28	30	32	34
8	-	0	2	4	6	8	10	13	15	17	19	22	24	26	29	31	34	36	38	41
9	-	0	2	4	7	10	12	15	17	20	23	26	28	31	34	37	39	42	45	48
10	-	0	3	5	8	11	14	17	20	23	26	29	33	36	39	42	45	48	52	55
11	-	0	3	6	9	13	16	19	23	26	30	33	37	40	44	47	51	55	58	62
12	-	1	4	7	11	14	18	22	26	29	33	37	41	45	49	53	57	61	65	69
13	-	1	4	8	12	16	20	24	28	33	37	41	45	50	54	59	63	67	72	76
14	-	1	5	9	13	17	22	26	31	36	40	45	50	55	59	64	67	74	78	83
15	-	1	5	10	14	19	24	29	34	39	44	49	54	59	64	70	75	80	85	90
16	-	1	6	11	15	21	26	31	37	42	47	53	59	64	70	75	81	86	92	98
17	-	2	6	11	17	22	28	34	39	45	51	57	63	67	75	81	87	93	99	105
18	-	2	7	12	18	24	30	36	42	48	55	61	67	74	80	86	93	99	106	112
19	-	2	7	13	19	25	32	38	45	52	58	65	72	78	85	92	99	106	113	119
20	-	2	8	13	20	27	34	41	48	55	62	69	76	83	90	98	105	112	119	127

算出的 U 值必須小於或等於查表值才算達到顯著。表中的小短線表示在此沒有任何值可以達到顯著。

顯著水準 0.01：單尾檢定

n_1

n_2	1	2	3	4	5	6	7	8	9	10	11	12	13	14	15	16	17	18	19	20
1	-	-	-	-	-	-	-	-	-	-	-	-	-	-	-	-	-	-	-	-
2	-	-	-	-	-	-	-	-	-	-	-	-	0	0	0	0	0	0	1	1
3	-	-	-	-	-	0	0	1	1	1	2	2	2	3	3	3	4	4	4	5
4	-	-	-	-	0	1	1	2	3	3	4	5	5	6	7	7	8	9	9	10
5	-	-	-	0	1	2	3	4	5	6	7	8	9	10	11	12	13	14	15	16
6	-	-	-	1	2	3	4	6	7	8	9	11	12	13	15	16	18	19	20	22
7	-	-	0	1	3	4	6	7	9	11	12	14	16	17	19	21	23	24	26	28
8	-	-	0	2	4	6	7	9	11	13	15	17	20	22	24	26	28	30	32	34
9	-	-	1	3	5	7	9	11	14	16	18	21	23	26	28	31	33	36	38	40
10	-	-	1	3	6	8	11	13	16	19	22	24	27	30	33	36	38	41	44	47
11	-	-	1	4	7	9	12	15	18	22	25	28	31	34	37	41	44	47	50	53
12	-	-	2	5	8	11	14	17	21	24	28	31	35	38	42	46	49	53	56	60
13	-	0	2	5	9	12	16	20	23	27	31	35	39	43	47	51	55	59	63	67
14	-	0	2	6	10	13	17	22	26	30	34	38	43	47	51	56	60	65	69	73
15	-	0	3	7	11	15	19	24	28	33	37	42	47	51	56	61	66	70	75	80
16	-	0	3	7	12	16	21	26	31	36	41	46	51	56	61	66	71	76	82	87
17	-	0	4	8	13	18	23	28	33	38	44	49	55	60	66	71	77	82	88	93
18	-	0	4	9	14	19	24	30	36	41	47	53	59	65	70	76	82	88	94	100
19	-	1	4	9	15	20	26	32	38	44	50	56	63	69	75	82	88	94	101	107
20	-	1	5	10	16	22	28	34	40	47	53	60	67	73	80	87	93	100	107	114

顯著水準 0.01：雙尾檢定

n_1

n_2	1	2	3	4	5	6	7	8	9	10	11	12	13	14	15	16	17	18	19	20
1	-	-	-	-	-	-	-	-	-	-	-	-	-	-	-	-	-	-	-	-
2	-	-	-	-	-	-	-	-	-	-	-	-	-	-	-	-	-	-	0	0
3	-	-	-	-	-	-	-	-	0	0	0	1	1	1	2	2	2	2	3	3
4	-	-	-	-	-	0	0	1	1	2	2	3	3	4	5	5	6	6	7	8
5	-	-	-	-	0	1	1	2	3	4	5	6	7	7	8	9	10	11	12	13
6	-	-	-	0	1	2	3	4	5	6	7	9	10	11	12	13	15	16	17	18
7	-	-	-	0	1	3	4	6	7	9	10	12	13	15	16	18	19	21	22	24
8	-	-	-	1	2	4	6	7	9	11	13	15	17	18	20	22	24	26	28	30
9	-	-	0	1	3	5	7	9	11	13	16	18	20	22	24	27	29	31	33	36
10	-	-	0	2	4	6	9	11	13	16	18	21	24	26	29	31	34	37	39	42
11	-	-	0	2	5	7	10	13	16	18	21	24	27	30	33	36	39	42	45	48
12	-	-	1	3	6	9	12	15	18	21	24	27	31	34	37	41	44	47	51	54
13	-	-	1	3	7	10	13	17	20	24	27	31	34	38	42	45	49	53	56	60
14	-	-	1	4	7	11	15	18	22	26	30	34	38	42	46	50	54	58	63	67
15	-	-	2	5	8	12	16	20	24	29	33	37	42	46	51	55	60	64	69	73
16	-	-	2	5	9	13	18	22	27	31	36	41	45	50	55	60	65	70	74	79
17	-	-	2	6	10	15	19	24	29	34	39	44	49	54	60	65	70	75	81	86
18	-	-	2	6	11	16	21	26	31	37	42	47	53	58	64	70	75	81	87	92
19	-	0	3	7	12	17	22	28	33	39	45	51	56	63	69	74	81	87	93	99
20	-	0	3	8	13	18	24	30	36	42	48	54	60	67	73	79	86	92	99	105

A.6 衛氏 T 統計量的臨界值

算出的 T 值必須小於或等於查表值才算達到顯著。表中的小短線表示在此沒有任何值可以達到顯著。

n	顯著水準 0.05 單尾檢定	顯著水準 0.05 雙尾檢定	顯著水準 0.01 單尾檢定	顯著水準 0.01 雙尾檢定
5	0	-	-	-
6	2	0	-	-
7	3	2	0	-
8	5	3	1	0
9	8	5	3	1
10	10	8	5	3
11	13	10	7	5
12	17	13	9	7
13	21	17	12	9
14	25	21	15	12
15	30	25	19	15
16	35	29	23	19
17	41	34	27	23
18	47	40	32	27
19	53	46	37	32
20	60	52	43	37
21	67	58	49	42
22	75	65	55	48
23	83	73	62	54
24	91	81	69	61
25	100	89	76	68
26	110	98	84	75
27	119	107	92	83
28	130	116	101	91
29	140	126	110	100
30	151	137	120	109
31	163	147	130	118
32	175	159	140	128
33	187	170	151	138
34	200	182	162	148
35	213	195	173	159
36	227	208	185	171
37	241	221	198	182
38	256	235	211	194

39	271	249	224	207
40	286	264	238	220
41	302	279	252	233
42	319	294	266	247
43	336	310	281	261
44	353	327	296	276
45	371	343	312	291
46	389	361	328	307
47	407	378	345	322
48	426	396	362	339
49	446	415	379	355
50	466	434	397	373

A.7 卡方（χ^2）分配的臨界值

df	顯著水準 0.05	顯著水準 0.01
1	3.84	6.64
2	5.99	9.21
3	7.82	11.34
4	9.49	13.28
5	11.07	15.09
6	12.59	16.81
7	14.07	18.48
8	15.51	20.09
9	16.92	21.67
10	18.31	23.21
11	19.68	24.72
12	21.03	26.22
13	22.36	27.69
14	23.68	29.14
15	25.00	30.58
16	26.30	32.00
17	27.59	33.41
18	28.87	34.80
19	30.14	36.19
20	31.41	37.57
21	32.67	38.93
22	33.92	40.29
23	35.17	41.64
24	36.42	42.98
25	37.65	44.31
26	38.88	45.64
27	40.11	46.97
28	41.34	48.28
29	42.56	49.59
30	43.77	50.89

算出的 χ^2 必須大於或等於查表值才算達到顯著。

A.8 k 與 n 均小時的 χ_r^2 機率表

k	n	顯著水準 0.05		顯著水準 0.01	
		χ_r^2	機率	χ_r^2	機率
3	2	-	-	-	-
		-	-	-	-
3	3	6.00	0.028	-	-
		4.67	0.194	-	-
3	4	6.50	0.042	8.00	0.005
		6.00	0.069	6.50	0.042
3	5	6.40	0.039	8.40	0.009
		5.20	0.093	7.60	0.024
3	6	7.00	0.029	9.00	0.008
		6.33	0.052	8.33	0.012
3	7	7.14	0.027	8.86	0.008
		6.00	0.052	8.00	0.016
3	8	6.25	0.047	9.00	0.010
		5.25	0.079	7.75	0.018
3	9	6.22	0.048	8.67	0.010
		6.00	0.057	8.22	0.016
4	2	6.00	0.042	-	-
		5.40	0.167	-	-
4	3	7.40	0.033	9.00	0.002
		7.00	0.054	8.20	0.017
4	4	7.80	0.036	9.60	0.007
		7.50	0.052	9.30	0.012

當 k 和 n 很小時，χ_r^2 只有幾種可能的值。在每種 k 和 n 的組合中，χ_r^2 都各有兩個值。此表提供了它們最接近顯著水準時的實際機率。例如 k=3，n=6 時，χ_r^2 =7.00 或更大，機率為 0.029，比 0.05 要小，所以有達到顯著，而在 7.00 之下的 χ_r^2 值是 6.33，它的機率 0.052，表示在 0.05 的水準不太顯著。表中的小短線表示在此沒有任何值可以達到顯著。

A.9 皮爾森 r 相關係數的臨界值

df	顯著水準 0.05		顯著水準 0.01	
	單尾檢定 （有方向性）	雙尾檢定 （無方向性）	單尾檢定 （有方向性）	雙尾檢定 （無方向性）
1	0.9877	0.9969	0.9995	0.9999
2	0.9000	0.9500	0.9800	0.9900
3	0.8054	0.8783	0.9343	0.9587
4	0.7293	0.8114	0.8822	0.9172
5	0.6694	0.7545	0.8329	0.8742
6	0.6215	0.7067	0.7887	0.4343
7	0.5822	0.6664	0.7498	0.7977
8	0.5494	0.6319	0.7155	0.7646
9	0.5214	0.6021	0.6851	0.7348
10	0.4973	0.5760	0.6581	0.7079
11	0.4762	0.5529	0.6339	0.6835
12	0.4575	0.5324	0.6120	0.6614
13	0.4409	0.5139	0.5923	0.6411
14	0.4259	0.4973	0.5742	0.6226
15	0.4124	0.4821	0.5577	0.6055
16	0.4000	0.4683	0.5425	0.5897
17	0.3887	0.4555	0.5285	0.5751
18	0.3783	0.4438	0.5155	0.5614
19	0.3687	0.4329	0.5034	0.5487
20	0.3598	0.4227	0.4921	0.5386
25	0.3233	0.3809	0.4451	0.4869
30	0.2960	0.3494	0.4093	0.4487
35	0.2746	0.3246	0.3810	0.4182
40	0.2573	0.3044	0.3578	0.3932
45	0.2428	0.2875	0.3384	0.3721
50	0.2306	0.2732	0.3218	0.3541
60	0.2108	0.2500	0.2948	0.3248
70	0.1954	0.2319	0.2737	0.3017
80	0.1829	0.2172	0.2565	0.2830
90	0.1726	0.2050	0.2422	0.2673
100	0.1638	0.1946	0.2301	0.2540

算出的 r 值必須大於或等於查表值才算達到顯著。

A.10　史比曼 r_s 序數相關係數的臨界值

N	顯著水準 0.05		顯著水準 0.01	
	單尾檢定 （有方向性）	雙尾檢定 （無方向性）	單尾檢定 （有方向性）	雙尾檢定 （無方向性）
5	0.900	1.000	1.000	-
6	0.829	0.886	0.943	1.000
7	0.714	0.786	0.893	0.929
8	0.643	0.738	0.833	0.881
9	0.600	0.683	0.783	0.833
10	0.564	0.648	0.746	0.794
12	0.506	0.591	0.712	0.777
14	0.456	0.544	0.645	0.715
16	0.425	0.506	0.601	0.665
18	0.399	0.475	0.564	0.625
20	0.377	0.450	0.534	0.591
22	0.359	0.428	0.508	0.562
24	0.343	0.409	0.485	0.537
26	0.329	0.392	0.465	0.515
28	0.317	0.377	0.448	0.496
30	0.306	0.364	0.432	0.478

算出的 r_s 值必須大於或等於查表值才算達到顯著。

absolute deviation 14
additivity of factors 156–9, 200
analysis of variance (ANOVA):
    compared to t test 128;
    interaction of factors 154–63;
    introduction 104–15; multiple
    comparisons 130–9;
    nonparametric equivalents 206;
    non-significant interaction 200;
    one factor independent
    measures 118–28; one factor
    repeated measures 142–51; two
    factor independent measures
    166–76; two factor mixed
    design 177–87; two factor
    repeated measures 188–200
ANOVA *see* analysis of variance
averages 9

backward regression 286
between conditions degrees of
    freedom 111–12
between conditions sums of
    squares 111, 159–61
biased samples 47-9, 59, 70

categories 240
causal relationships 75; and
    correlation 277
central limit theorem 53
central tendency 8, 17; in
    comparisons 19; measures of
    8–11; *see also* mean
certainty 29

chi-square χ^2 230, 233–5, 237;
    assumptions of 250–1; critical
    values 314; distribution of 230,
    235–6, 249–50; as goodness of
    fit test 242–6; introduction to
    240–2; as test of independence
    246–9
coefficient of determination (r^2)
    268
comparisons:
    descriptive statistics 17–20;
    different distributions 24–5;
    multiple 130–9, 151; planned
    137; samples 70–5; unplanned
    137–8
complex comparisons (Scheffé
    test) 130–1, 135–9, 200
computers:
    using statistics programmes
    290–3
conditions 104; multiple
    104–5
confounding factors 59, 72–3
control:
    of variables 75
control groups 75
correlation, linear 254–62;
    interpretation 267–8; multiple
    281–3; partial 276–81;
    problems 268–70; *see also*
    Pearson r correlation
    coefficient; Spearman r_s
    correlation coefficient
counterbalancing 74

統計學 ／ Perry R. Hinton 作 ; 林維君·謝智謀 譯
-- 初版. -- 臺北市 ：弘智文化，2000〔民89〕
　　面 ； 公分 . --（統計學系列 ; 1）
　　譯自 ： Statistics explained : a guide for social
science students
　　ISBN 957-0453-20-6 （平裝）
　　1. 統計學
510　　　　　　　　　　　　　89016531

統計學　Statistics Explained　　　統計學叢書 ①

【原　　　著】Perry R. Hinton

【譯　　　者】謝智謀·林維君

【校 閱 者】林曾祥

【出 版 者】弘智文化事業有限公司

【登 記 證】局版台業字第6263號

【地　　　址】台北市丹陽街39號1樓

【 E-Mail 】hurngchi@ms39.hinet.net

【郵政劃撥】19467647　　戶名：馮玉蘭

【電　　　話】(02) 23959178 . 23671757

【傳　　　真】(02) 23959913 . 23629917

【發 行 人】邱一文

【總 經 銷】旭昇圖書有限公司

【地　　　址】台北縣中和市中山路2段352號2樓

【電　　　話】(02) 22451480

【傳　　　真】(02) 22451479

【製　　　版】信利印製有限公司

【版　　　次】2000年11月初版一刷

【定　　　價】400元

ISBN 957-0453-20-6 （平裝）